Philosophenweg
Schweizerweg
Bergstr.
Ladenburger Str.
Physik.-Institute
Albert-Ueberle-Str.
Brückenkopfstr.
Sackgasse
Neuenheimer Landstr.
Uferstr.
Leinpfad
Fähre
3
Neckar
Th.-Heuss-
Neckarstaden
Jubiläums-pl.
Stadthalle
Montpellier-pl.
Krahnenpl.
Syna
Mensa
Marstal
Altert. u. Polit. Wissenschaft.
Krahnengasse
Schiffgasse
Untere Neckarstr.
Ziegelgasse
Sen.Hm
Karpfengasse
Bienenstr.
Kiga
Bauamtsgasse
Kurpfälz. Museum
Neckar-
Psych.-Inst.
Bunsendenkm.
Brunnengasse
Unt.
Hauptstr.
Stadttheater
Theaterstr.
Sandgasse
Bismarckdenkm.
Sofienstr.
Fahrtgasse
Haus Riesen
Ludwig-Str.
K.-Friedrichstr.
Kiga.
Landfriedstr.
Japanol.-Sinolog. Sem.
Erzieh.-Wissensch. Seminar
Mönchgasse
Zentrales Sprachlabor
St.-Anna-Gasse
Neugasse
Akademiestr.
W.-Frommel Sen.-Heim
Dolm. Inst.
Plöck
AOK
Schiefertorstr.
Bismarckpl.
Nadlerstr.
Inst. für geschichtl. Rechtswissen.
Fr.-Ebert-Pl.
Ebert-Anlage
Hochbauamt
Friedrichstr.
Straßenbauamt
Hochschule für Musik
Fernmeldeamt
Juristisches Sem.
Riesensteinkanzel
Rohrbacher Str.
Adenauerplatz
Gaisberg-Tunnel
Riesensteinpfad
Wolfshöhlenweg
Johannes-Hoops-Weg
Verkehrsverein
10
20
19
27
21
23
17
8
28
11
26

v. Esenwein/Utz · Gedenktafeln in Heidelberg

Jürgen von Esenwein · Michael Utz

Folg' ich meinem Genius...

Gedenktafeln berühmter Männer und Frauen in Heidelberg

HVA

Fotos: Michael Utz

Die Deutsche Bibliothek – CIP-Einheitsaufnahme

Folg' ich meinem Genius...: Gedenktafeln berühmter Männer und Frauen in Heidelberg / Jürgen von Esenwein; Michael Utz. – Heidelberg: HVA, 1998
ISBN 3-8253-7089-5

Satz und Lithos: Klaus Brecht GmbH, Heidelberg
Druck: WB-Druck GmbH & Co., Rieden/Allgäu
Umschlag: Erich Kirchner, Heidelberg

Inhaltsverzeichnis

»… und fühlen keine Wunden«

Heidelbergs lückenhaftes Gedächtnis

»Lange lieb' ich dich schon«, lautet das vielzitierte Bekenntnis. Es kommt aus dem Mund eines schwäbischen Dichters und gilt der Stadt unterm Königsstuhl. Man möchte da wohl an eine langdauernde, innige Bindung glauben, auf die sich solches Eingestehen gründet. Doch weit gefehlt. Hölderlin war nur zweimal hier, und immer bloß auf der Durchreise. Einmal galt die Wallfahrt der Kultstätte Oggersheim. Exilort des von ihm bewunderten Friedrich Schiller. Das andere Mal war er auf der Flucht, von Jena her: vor Sinclair und den aufrührerischen Studenten, vor der eigenen Verführbarkeit. Mit Ebel, der ihm weiterhelfen sollte, hat er sich im »Ritter« getroffen. Er ist danach nicht wiedergekommen. Dennoch die Liebeserklärung, im Jahr der großen Oden 1799, aus der Erinnerung: »Du, der Vaterlandsstädte Ländlichschönste, so viel ich sah.«

Heidelberg ist die Stadt, die man aus der Entfernung liebt. Dagewesen sind sie alle. Der Dichter Martin Opitz hat den Doppelgipfel des Heiligenberges als Parnaß besungen. In dessen Schatten zieht durch die neuere Geschichte eine Karawane klangvoller Namen, bedeutender Gestalten am Neckarufer entlang. Aber wer von denen ist geblieben? Was ist geworden aus ihren Erwartungen? Und wem wird ein ehrendes Angedenken zuteil? Die Auswahl macht ratlos. Ist sie zufällig, oder verbirgt sich dahinter eine heimliche Selektion? Bleibt Intimes ausgespart, wie etwa die Hoffnungen, die die Günderrode in Creuzer setzte? Doch warum kein Verweis auf George, dessen ästhetische Konsequenz sich kraftvoll inmitten des literarischen Schlingerns und Entgleisens in der Zeit um die Jahrhundertwende behauptete?

Immerhin: woran, angesichts solcher Fülle von Anwesenheit und Ereignissen, läßt sich angemessen erinnern? An Texte, Erfindungen, Begegnungen. Was wirklich vorging, es entzieht sich der Beschreibbarkeit. Wie etwa beim sorgfältig installierten Treffen Goethes mit Marianne Willemer. Vermutlich ging es um viel, womöglich um alles: der weltmüde Olympier hatte sein gefährdetes Dichtertum zu retten. Er bedurfte dazu vermutlich der Liebe; und setzte wenigstens den Anschein von der in die Welt. So könnte es gewesen sein. Aber: wo die Zielsetzung maskiert ist, läßt sich das Erreichte nicht bewerten. So bleibt nur die dürre Information: An dieser Stelle trafen sich …

Dieses Buch will anregen, mehr zur Kenntnis zu nehmen als das, was Gedenktäfelchen in Höhe des ersten Stockwerkes mitteilen. Es bietet Lesarten, Würdigungen und füllt Namen und Zahlen mit Bruchstücken Lebens auf.

Was jenseits dieser Texte bleibt, sind die Leerstellen, die Fehlanzeigen. Wer in einer lauen Sommernacht durch Heidelberg geht, läuft nicht nur Gefahr, sein Herz zu verlieren, sondern er muß auch darauf gefaßt sein, daß das unerträgliche Schweigen der Unerwähnten, Vergessenen ihn an alle unsere Unbeholfenheiten im Umgang mit Geistes- und Kulturgeschichte schmerzlich gemahnt.

»Da bluten wir und fühlen keine Wunden«, heißt es bei Friedrich Hebbel. Der Vers ist in Heidelberg notiert.

Harald Gerlach

Die Gnade spricht …

Martin Luther in Heidelberg

Im April 1518 tagt in Heidelberg das Generalkapitel der sächsischen, d. h. der deutschen, Reformkongregation der Augustinereremiten. Johann von Staupitz, der Generalvikar des Ordens, hat es einberufen. Erwartet wird auch ein Bruder aus dem fernen Wittenberg, der durch seinen Protest gegen den Ablaßhandel und den Heiligen Vater in Rom seit einiger Zeit für Aufsehen sorgt. Sein Name: Martin Luther. Staupitz hat ihm die Aufgabe erteilt, eine Disputation zu leiten und damit dem sächsischen Feuerkopf Gelegenheit gegeben, seine Theologie darzustellen und zu verteidigen.

Martin Luther, Kupferstich von Lukas Cranach d. Ä. 1520

Luther ist am neunten April zusammen mit seinem Ordensbruder Leonhard Beier[1] von Wittenberg aufgebrochen. Über Weißenfels, Coburg, Würzburg erreichen die beiden Männer am 21. oder 22. April Heidelberg. Ihr Quartier ist das längst verschwundene Augustinerkloster, dessen Fundamente unter dem Universitätsplatz liegen – dort, wo sich heute die runde Gedenkplatte befindet. Zunächst absolvieren die Wittenberger ein höfisches und touristisches Programm.

Eine treffliche Aufnahme fand ich bei dem erlauchten Fürsten Pfalzgraf Wolfgang … aber auch bei dem Hofmeister Hazius. Er lud

[1] Auch die Schreibweise »Bayer« ist überliefert.

Gedenkplatte am Universitätsplatz für Martin Luther
(geb. Eisleben 10. 11. 1483, gest. daselbst 18. 2. 1546)

[1]

Martin Luther
1483 – 1546

Zum Gedenken an seinen
Aufenthalt im Kloster der
Augustiner und an seine
Heidelberger Disputation
am 26. April 1518

Im Lutherjahr
1983

nämlich uns, d.h. den Vater Vikar Staupitz, und unsern Freund Lang, nunmehr Distriktsvikar, zu sich ein; wir erfreuten uns miteinander einer freundlichen und angenehmen Unterhaltung, aßen und tranken und besahen endlich alle Kleinodien der pfalzgräflichen Hofkapelle, darauf die Kriegswerkzeuge und endlich alle Schätze dieses königlichen und hochberühmten Hofes. Magister Jakob konnte das Empfehlungsschreiben unsres Fürsten für mich nicht hoch genug rühmen und rief in seinem Neckardialekt: »Ihr habt by Gott einen köstlichen Kredenz«. Es fehlte an nichts, was die Höflichkeit verlangt.

Die Disputation findet in der Schola Artistarum statt, im Gebäude der Artistenfakultät, das östlich der heutigen Augustinergasse liegt. Luther hat für das Treffen 40 Thesen vorbereitet, achtundzwanzig zur Theologie und zwölf zur Philosophie. Den theologischen Thesen hat er eine Art Einleitung vorangestellt, in der er den Rahmen umreißt, innnerhalb dessen er seine Ausführungen verstanden wissen will.

Gänzlich mißtrauisch gegen uns selbst nach jenem Rat des Heiligen Geistes: »Verlaß dich nicht auf deinen Verstand« ... legen wir dem Urteil aller, die dabei sein wollen, in Demut diese theologischen Paradoxa vor, damit sichtbar werden möchte, ob sie zu Recht oder zu Unrecht dem göttlichen Paulus, dem erwahlten Gefäß und Werkzeug Christi und weiterhin dem Heiligen Augustinus, seinem treuesten Ausleger, entnommen sind.

Paradoxa meint hier ein Stilelement, nämlich rhetorische Zuspitzung und Überzeichnung. Auf diese Weise will Luther sein theologisches Anliegen, *die paulinische Frage nach der Gerechtigkeit vor Gott im Zusammenhang von Gesetz, Werk und Glauben,* wie der Theologe Karl-Heinz zur Mühlen es formuliert hat, verdeutlichen. Die 28 theologischen Thesen gliedern sich in mehrere Bereiche: Die Thesen eins bis zwölf handeln von den äußeren Voraussetzungen, ob es dem Menschen möglich sei, sich durch Werke, also durch Taten und Verhalten, der Gerechtigkeit Gottes zu versichern. Die Thesen 13 bis 18 ventilieren die inneren Voraussetzungen zu diesem Problem. Nachdem Luther dies abgehandelt hat kommt er zu dem Ergebnis, daß der Mensch keine Möglichkeit besitzt, sein Heil mittels eigener Anstrengung zu gewinnen. Vielmehr, wie in These 19 und den folgenden dargelegt, müsse er ganz auf Jesus Christus vertrauen, um dessen Gnade teilhaftig zu werden.

Luthers Thesen werden von Leonhard Beier vorgetragen. Spätere Theologengenerationen haben die darin angesprochenen Gedanken als Luthers Kreuzestheologie beziehungsweise Rechtfertigungslehre bezeichnet. Den Reformator bewegt die Frage, wie der Mensch zu Gott findet, durch gute Werke oder durch den Glauben an und die Zuversicht in Jesus Christus, wie er in der Bibel erscheint.

Das Gesetz, diese heilsamste Lehre des Lebens, vermag den Menschen nicht zur Gerechtigkeit zu fördern, sondern hindert ihn eher daran. … Noch viel unrichtiger ist die Behauptung, häufige Wiederholung menschlicher Werke mit Hilfe des natürlichen Gebots verhelfe zur Gerechtigkeit. … Wer glaubt, er könne zur Gnade gelangen, indem er tut, was ›an ihm‹ ist, häuft Sünde auf Sünde und wird so doppelt schuldig. … Die Rückseite und das sichtbare Wesen Gottes ist das Gegenteil seines unsichtbaren Wesens, nämlich Menschlichkeit, Schwachheit, Torheit … Da nämlich die Menschen mit der Erkenntnis Gottes aus seinen Werken Mißbrauch trieben, wollte Gott umgekehrt aus Leiden erkannt werden und jene Weisheit des Unsichtbaren verwerfen durch die Weisheit des Sichtbaren, damit auf diese Weise diejenigen, welche den aus seinen Werken offenbaren Gott nicht ehrten, den im Leiden verborgenen Gott ehren sollten … Es soll niemand genug und von Nutzen sein, wenn er Gott in seiner Herrlichkeit und Majestät erkennt, wenn er nicht denselben Gott in der Erniedrigung und Schmach des Kreuzes erkennt.

Luthers mit größter Spannung aufgenommene Ausführungen gipfeln, wie er selbst sagt, in einem Paradoxon:

Der Theologe der Glorie heißt das Schlechte gut und das Gute schlecht; der Theologe des Kreuzes sagt, was Sache ist … Nicht jener ist gerecht, der viel werkelt, sondern wer ohne Werk viel an Christus glaubt … Das Gesetz spricht, mach dies, und es geschieht nie. Die Gnade spricht, glaub an diesen, und schon ist alles getan.

Karl-Heinz zur Mühlen hat Luthers nicht leicht zu verstehende Argumentation mit folgenden Worten zusammengefaßt:

Die Liebe Gottes wendet sich … nicht dem homo sanctus zu, sondern dem homo peccator, sie liebt ›die Sünder, die Bösen, die Narren und die Schwachen, um sie gerecht, gut, weise und stark zu machen… Denn darum sind die Sünder schön, weil sie geliebt werden; nicht werden sie geliebt, weil sie schön sind … dies ist die Liebe des Kreuzes, aus dem Kreuz geboren, die sich dahin wendet, nicht wo sie Gutes findet, das sie genießen möge, sondern wo sie dem Armen und Dürftigen Gutes austeilen möge‹. Mit dieser im Kreuz offenbar gewordenen Liebe Gottes zum Sünder hat Luther den Skopus[2] *seiner theologischen Thesen formuliert. Sie schafft sich ihren liebenswerten Gegenstand selbst und ist nicht wie die Liebe der Menschen abhängig von einem bereits vorgegebenen liebenswerten Gegenstand.*

An die 28 theologischen Thesen schließen sich, gedanklich mit diesen eng verbunden, zwölf philosophische an. Über ihren Stellenwert hat Luther später folgendes gesagt:

[2] Sinn und Ziel eines Predigttextes.

Diese Thesen sind von mir deshalb behandelt und disputiert worden, um zu zeigen, erstens, daß sie weit von des Aristoteles Meinung abweichen, des Sophisten aller Scholaren, und sie klar und deutlich auf alle Hirngespinste in den Büchern des Aristoteles losgehen. Zweitens, daß, falls wir auch in höchstem Maße an seiner Denkweise festhielten (wie ich hier vorgetragen habe), dennoch keine, aber auch nicht die geringste Hilfe aus demselben gezogen werden kann im Hinblick nicht allein auf die Theologie oder die Heiligen Schriften, sondern auch nicht für die natürliche Philosophie. Denn was hülfe es zur Erkenntnis der Dinge, wenn du über Materie, Form, Bewegung, das Begrenzte und die Zeit schwatzend Haar spalten könntest mit Worten, die von Aristoteles konzipiert und vorgeschrieben worden sind?

Mit dem Ergebnis der Tage in Heidelberg kann Luther hoch zufrieden sein. Er hat mehr Gehör und Zustimmung gefunden, als erwartet. Nach seiner Rückkehr nach Wittenberg wird er an den Hofprediger Georg Spalatin schreiben:

Meine Disputation haben die Doktoren … mit Vergnügen zugelassen und mit solcher Bescheidenheit mit mir diskutiert, daß sie sich dadurch mir aufs beste empfahlen. Denn wiewohl ihnen meine Theologie fremd schien, manövrierten sie nichtsdestoweniger scharfsinnig und trefflich gegen sie; mit einer Ausnahme freilich: der fünfte, ein neugebackener Doktor, brachte die ganze Zuhörerschaft zum Lachen durch seinen Ausspruch: »Wenn das die Bauern hörten, würden sie Euch gewiß steinigen und totschlagen.«

Die Disputation ist nicht nur eine Angelegenheit der gelehrten Herren der artistischen und theologischen Fakultät der Universität gewesen, sondern der ganzen Stadt. Im Auditorium sitzen auch Mitglieder des Hofes, Bürger und Studenten. Unter letzteren ist der später berühmt gewordene Humanist Martin Bucer. In einem Brief an Beatus Rhenanus, ebenfalls Humanist und, wie Bucer, aus Schlettstadt im Elsaß stammend, berichtet er über das Geschehen:

Ich komme zu jenem Martin Luther zurück. So gewiß unsere Vornehmsten ihn mit aller Gewalt aus dem Sattel heben wollten, konnten sie ihn mit ihren spitzfindigen Darlegungen dennoch nicht einen Finger breit von seinem Standpunkt abziehen. Wunderbar ist seine Anmut, wenn er antwortet, unvergleichlich seine Langmut, mit der er zuhört. Wenn er die Einwürfe widerlegte, hättest Du den Scharfsinn des Paulus … wahrnehmen können. Durch seine sehr kurzen und dazu sachkundigen, aus dem Vorrat der Heiligen Schrift herausgeholten Antworten riß er die übrigen leicht dazu hin, ihn zu bewundern.

Bucer ist hellauf von Luther begeistert. Er sucht den Kontakt mit ihm und hat Erfolg.

Am folgenden Tag hatte ich mit ihm ein vertrauliches und für mich günstiges Gespräch unter vier Augen. Ich teilte auch mit ihm ein zwar nicht üppiges, aber mit sehr erwünschten Belehrungen ausgiebig gewürztes Mahl. Was immer ich auch erfahren wollte, er setzte es mir ganz klar auseinander. Mit Erasmus stimmt er in allem überein, ja in diesem einen scheint er ihn noch zu übertreffen, daß er offen und frei lehrt, was jener nur andeutet. Oh, hätte ich Zeit, Dir darüber noch mehr zu schreiben. Er hat es erreicht, daß in Wittenberg alle jene gewöhnlichen Schriftsteller auf einmal abgelehnt worden sind und die griechische Sprache, Hieronymus, Augustin und Paulus öffentlich gelehrt werden.

Nicht nur Martin Bucer war damals von Luther beeindruckt. Auch andere, vornehmlich junge Magister der artistischen Fakultät nehmen sein Gedankengut auf und tragen es in ihre Heimat. Vier Namen lassen sich nachweisen: Theobald Billican, Georg Ebner, Wenzel Strauß und Erhard Schnepf. Sie und noch manch andere werden nur wenig später in Süd- und Südwestdeutschland zu Streitern für die Reformation. Luther hat die Begeisterung der jungen Leute, die zu seinen Füßen in Heidelberg seinen Ausführungen gelauscht haben, gespürt. In dem schon angeführten Brief an Georg Spalatin gibt er seiner

Hoffnung Ausdruck, daß jetzt das Ende der alten, von Hirngespinsten angefüllten Theologie gekommen sei und die Jugend zum Bannerträger der neuen Gedanken werde. Auswirkungen der Disputation auf das Klima der Universität, schon gar nicht bei den älteren Theologen, hat es nicht gegeben. Erst Kurfürst Ottheinrich wird ab 1588 reformatorisches Gedankengut in die Statuten der Hochschule einführen.

Kauft mir … eine landkart …

Liselotte von der Pfalz in Heidelberg

Elisabeth-Charlotte, die kurfürstliche Prinzessin, Tochter des Kurfürsten Karl Ludwig und seiner Gemahlin, der Prinzessin Elisabeth Charlotte von Hessen-Kassel, kommt am 27. Mai 1652 im Heidelberger Schloß zur Welt. Das Kind wächst in einer angespannten Atmosphäre auf, denn die Ehe der Eltern ist schwierig. Streitereien und lautstarke Auseinandersetzungen, ja selbst Tätlichkeiten an der gemeinsamen Tafel, sind nicht selten. Sophie, Kurfürstin von Hannover und jüngste Schwester von Liselottes Vater, beobachtet mit Sorge die kurfürstliche Familie, die in immer schwierigere Situationen gerät.

Elisabeth Charlotte (Liselotte) nach Pierre Mignard

Karl Ludwig verliebt sich in Louise von Degenfeld, eine Hofdame seiner Frau. Schon bald ist es ein offenes Geheimnis, daß die beiden *kopulieret sind.* Schließlich heiraten sie sich und aus dieser morganatischen Ehe, der Ehe zur linken Hand, gehen zwischen 1658 und 1674 dreizehn Kinder hervor. Für alle braucht man einen angemessenen Titel, der zwar vom Kaiser bestätigt, aber nichts wert ist: Raugraf beziehungsweise Raugräfin.

Bereits 1657 ist die Trennung zwischen der Kurfürstin und ihrem Mann vollzogen, Charlotte lebt aber weiterhin im Heidelberger Schloß. Da wird es Tante Sophie zu viel. Sie erreicht das Einverständnis des Kurfürsten, die kleine Prinzessin

Gedenkstein am Philosophenweg für Elisabeth Charlotte (Liselotte)
(geb. Heidelberg 27. 5. 1652, gest. St. Cloud 8. 12. 1722)

[2]

Liselotte Platz
zur Erinnerung an
Elisabeth Charlotte
die Pfälzer Liselotte
Pfalzgräfin bei Rhein Herzogin von Orléans
ge. in Heidelberg 27. Mai 1652
gest. in St.Cloud 8. Dezember 1722

Errichtet vom Gemeinnützigen Verein 1908

zu sich nach Hause nehmen zu dürfen. Am 9. Juni 1659 bricht man schließlich nach Hannover auf. Tante Sophie kümmert sich außerordentlich liebevoll um ihre Nichte. Liselotte bekommt eine hervorragende Erziehung, sie lernt Französisch, ergötzt sich an dem heiteren Leben bei Hofe und genießt ihr junges Leben. Nie habe sie bessere Tage gehabt, vermerkt sie in einem ihrer fast 60.000 Briefe über diese glückliche Zeit. Der Aufenthalt am Hof zu Hannover endet schon im Sommer 1663. Karl Ludwig läßt seine Tochter zurückholen, nachdem die Mutter mit einer keineswegs fürstlichen Abfindung Heidelberg verlassen hat. Die elfjährige Liselotte bekommt Ursula Kolb von Wartemberg als Erzieherin. Sie kann die *Bohnenstange* nicht leiden und spielt ihr so manchen Streich. Einen schildert sie in dem berühmten Brief vom 6. Mai 1700 an Tante Sophie:

Die gute jungfer Kolb betrog ich oft in meinen jungen jahren mit nachts zu essen, allein wir aßen nicht so delikate sachen, als wie chocolat, café und thé, sondern wir fraßen einen guten krautsalat mit speck. Ich erinnere mich, daß man einmal in meiner kammer zu Heidelberg eine tür verändert und derowegen mein und der Kolbin bett in die kammer tat, so vor meiner jungfern kammer war.

Die Kolbin hatte mir verboten, nachts in der jungfern kammer zu gehen; ich versprach, nicht über die schwelle zu kommen, sie sollte sich nur zu bett begeben, ich könnte noch nicht schlafen, wollte die sterne noch ein wenig am fenster betrachten. Die Kolbin wollte mir nicht trauen, blieb immer an ihrem nachttuch sitzen; ich sagte, sie jammerte mich, sie sollte sich doch zu bett legen und den vorhang aufmachen, so könnte sie mich ja sehen. Das tat sie. Sobald sie im bett war, machten die jungfern ihre tür auf und setzten den teller mit dem specksalat auf die schwell. Ich tat als wenn mein schnupftuch gefallen wäre, hub damit den teller auf und ging stracks ans fenster. Kaum hatte ich drei gute maulvoll geschluckt, so schießt man auf einmal das stück[3] los, so auf der altane vor meinem fenster war, denn

[3] Mit *Stück* ist eine Art Kanone gemeint.

es war ein brand in der stadt angangen. Die Kolbin, so das feuer unerhört fürchtet, springt aus dem bett; ich, aus furcht, ertappt zu werden, werfe meine serviette mitsamt dem silbern teller mit salat zum fenster naus, hatte also nichts mehr, das maul abzuwischen. Indem höre ich die hölzerne stiege heraufgehen, das war der Kurfürst, unser papa selig, der kam in meine kammer, zu sehen, wo der brand war. Wie er mich so mit dem fetten maul und kinn sah, fing er an zu schwören: »Sacrement, Liselotte, ich glaub, Ihr schmiert Euch etwas auf den gesicht.« Ich sagte: »Es ist nur mundpomade, die ich wegen der gespaltenen lefzen geschmiert habe.« Papa selig sagte: »Ihr seid schmutzig.«

Da kam mir das lachen an; papa und alle, so bei ihm waren, meinten, ich wäre narrisch worden, so zu lachen. Die Raugräfin kam auch herauf und ging durch meiner jungfern kammer, kam daher und sagte: »Ah, wie riechts in der jungfern kammer nach specksalat.« Da merkte der Kurfürst den possen und sagte: »Das ist denn Eure mundpomade, Liselotte.« Wie ich sah, daß der Kurfürst in guter laune war, gestund ich die sache und verzählte den ganzen handel, wie ich die hofmeisterin betrogen hätte. Der Kurfürst selig lachte nur drüber, aber die Kolbin hat mirs lang nicht verziehen. Dies ist eine alte geschichte, sage sie nur, um Euer Liebden zu erweisen, daß ich den spaß wohl kenne, so man in der jugend hat, etwas nachts gegen der hofmeisterin willen zu essen.

Liselotte wächst heran. Sie weiß, daß sie nicht besonders hübsch ist, eine Tatsache, über die sie sich ihr ganzes Leben mit Selbstironie retttet. Als sie ins heiratsfähige Alter kommt, beginnt die Politik eine entscheidende und traurige Rolle in ihrem Leben zu spielen.

Nach den Verwüstungen des Dreißigjährigen Krieges, der 1648 zu Ende gegangen ist, beginnt sich die Kurpfalz langsam zu erholen. Karl Ludwig fördert diesen Prozess nach Kräften. Es ist ihm sehr daran gelegen, den wiedergewonnenen Frieden in der Pfalz durch eine sichere Grenze im Westen zu stabilisieren. Da erreicht ihn die Nachricht vom Tod der Schwägerin Louis' XIV., Henriette. Der Witwer, Philippe, Herzog von Orléans, braucht eine neue Frau. Liselotte von der Pfalz kommt ins Gespräch und nach langem Hin und Her ist der Handel perfekt. Beide Herren, Louis XIV. und Kurfürst Karl Ludwig, versprechen sich durch die Einheirat von Liselotte Ruhe an den Grenzen ihrer Länder. Es sollte anders kommen. Am 20. Oktober 1671 verläßt Liselotte mit ihrem Gefolge Heidelberg. Für immer. In Metz muß sie ihrem protestantischen Glauben abschwören und die Beichte ablegen. *Madame*, wie sie nach der Eheschließung genannt wird, ist jetzt katholisch. Anfang Dezember kommt man in Paris Saint-Germain an. 50 Jahre verbringt *Madame la Palatine* in verschiedenen Schlössern des französischen Hofes. Ihr Mann liebt sie nicht besonders, und auch sie scheint nie übergroße Zuneigung zu ihm zu empfinden. Sie führen eine Ehe aus *raison*, aus der drei Kinder hervorgehen. Liselotte fühlt sich nicht wohl bei Hofe. Galanterie, amouröse Abenteuer und das ganze dekadente Getue sind nicht ihre Sache. Sie ist Zeit ihres Lebens die Kurpfälzerin aus Heidelberg geblieben, voller Heimweh, Erinnerungen und großer Trauer. Weder der Tod ihres Mannes noch der ihres geliebten Halbbruders Carllutz und auch nicht der Tod des Vaters sind die härtesten Schläge in ihrem Leben, sondern die Zerstörung ihrer Heimat im pfälzisch-orléanischen Erbfolgekrieg. In einem Brief vom 20. März 1689 finden sich die folgenden Sätze:

Mir kommt die traurigkeit noch schwerer an als ein anderes, denn mein herzlieb ma tante weiß wohl, daß ich es nicht von natur bin; allein wenn einen das unglück so auf allen seiten überhäuft, kann man doch nicht lassen, solches zu empfinden. Kaum hatte ich mich über des armen Carllutz tod ein wenig erholt, so ist das erschreckliche und erbärmliche elend in der armen Pfalz angangen, und was mich am meisten daran schmerzt, ist, daß man sich meines namens gebraucht, um die armen leute ins äußerste unglück zu stürzen. Und wenn ich darüber schreie, weiß man mirs gar großen undank und man protzt mit mir drüber. Sollte man mir aber das leben darüber nehmen wollen, so kann ich doch nicht lassen, zu bedauern und zu beweinen, daß ich sozusagen meines vaterlands untergang bin und über das alle des Kurfürsten, meines herrn vater seligen sorge und mühe auf einmal so über einen haufen geworfen zu sehen an dem armen Mannheim …

Liselotte hat den Schmerz über die Zerstörung der Kurpfalz nie verwunden. Auch ihr Heimweh nicht. Aus St. Cloud schreibt sie 1722 an ihre Halbschwester, die Raugräfin Louise:

Ich glaube, wenn ich Mannheim, Schwetzingen oder Heidelberg wiedersehen sollte, glaube ich, daß ich es nicht würde ausstehen können und vor tränen vergehen müßte. Denn wie alle unglück dort geschehen, bin ich länger als sechs monat gewesen, daß, sobald ich die augen zugetan um zu schlafen, habe ich die örter in brand gesehen, bin mit schrecken aufgefahren und länger als ein stund geweint, daß ich geschluchzt habe. Was würde es denn sein, wenn ich mit meinen augen sehen sollte und gedenken, daß unser herr vater und bruder nicht mehr sein, wie auch meine frau mutter!

Ich bitte, liebe Luise, kauft mir, wo es zu finden ist, eine landkart vom amt Heidelberg, laßt sie sauber auf ein tuch kleben, damit sie nicht zerreißt, und schickt sie mir und schreibt mir, was sie Euch kost!

Die Bitte wird ihr erfüllt.

Herzallerliebe Luise, – antwortet sie am 1. Oktober 1722 – *vorgestern … habe ich Euer paket und zwei liebe schreiben … empfangen mit der pfälzischen kart … danke Euch, liebe Luise, wohl von herzen davor. Ich möchte Euch gar gern eine exacte antwort auf Euer schreiben machen, aber, liebe Luise, ich bin noch gar nicht wohl, der appetit ist mir ganz wieder vergangen, der atem ist kurz und die füß und bein sehr geschwollen … Muß doch noch sagen, daß ich alle bagatellen, so ich Euch geschickt, vor lappereien halte gegen die schöne karte, worinnen ich schon viel spaziert habe; bin schon von Heidelberg bis nach Frankfurt, von Mannheim nach Frankenthal ... Mein Gott, wie macht einen dieses an die alten guten zeiten gedenken, die leider nun vorbei sein! Aber Euer karte, liebe Luise, wird mich all mein leben erfreuen. Aber da ruft man mich, um schlafen zu gehen. Ich embrassiere Euch von herzen und behalte Euch von herzen lieb.*

Der Gesundheitszustand Madames verschlechtert sich. Sie wird müde an der Welt. Aber immer wieder schreibt und spricht sie über ihre Heimat, erinnert sich an den Geschmack der Ketscher Erdbeeren und an die Spaziergänge im Heidelberger Wald.

Am 3. Dezember 1722 schreibt sie ihren letzten Brief an die *Hertzallerliebste Louise.*

Fünf Tage später, am 8. Dezember, stirbt Liselotte von der Pfalz in St. Cloud. Drei Tage später wird sie in der Grabkirche von St. Denis beigesetzt. Es ist ein schlichtes Begräbnis, wie sie es sich gewünscht hat.

Gedenktafel im Burgweg (Aufgang zum Schloß) für Carl Philipp Fohr
(geb. Heidelberg 26. 11. 1795, gest. – ertrunken – Rom 29. 6. 1818)

[3]

… mit der Rabenfeder

Carl Philipp Fohr in Heidelberg

Am 26. November 1795 bringt Elisabetha Fohr, geborene Kling, im Burgweg 12, einst Sitz der *Kurfürstlichen Münze*, ihr erstes Kind zur Welt, einen Knaben, den die Eltern auf den Namen Carl Philipp taufen lassen. Das Geburtshaus wurde erst 1925 wiederentdeckt, durch die Fohr-Forscher Kuno Graf Hardenberg und Karl Lohmeyer. Wenig wäre über den Maler, der trotz seines frühen Todes zu einem der bedeutendsten Künstler der deutschen Romantik wurde, bekannt, wenn nicht sein Freund Philipp Dieffenbach fünf Jahre nach seinem Tod eine Biographie über ihn verfaßt und die Stationen dieses kurzen Künstlerlebens der Nachwelt überliefert hätte. Nachdem er die Herkunft Fohrs beschrieben hat, schildert er dessen Jugendzeit.

Carl Philipp Fohr, Selbstbildnis 1816

… unser Freund besuchte, so wie später seine beiden andern Brüder, das Gymnasium seiner Vaterstadt. Aber schon damals offenbarte sichs bei ihm, wie wohl nirgends sich besondere Veranlassung darbot, wozu er Anlagen und Vorliebe habe: jedes Blättchen Papier, welches er fand, wurde zum Zeichnen oder Malen benutzt. Schade nur, daß uns aus jenen Zeiten zur näheren Beurtheilung nichts übrig geblieben ist; es würde uns zeigen, ob der Maler, wie der Dichter, geboren sey …

Es sei dahingestellt, ob diese Zeilen auf Tatsachen beruhen, oder ob Dieffenbach die Dinge in das Licht gestellt hat, in welchem er sie zeigen wollte. Fohrs zeichnerische Begabung wurde jedenfalls bald entdeckt, zuerst von seinen Eltern.

Fohrs Vater, welchem diese »Liebhaberei« des Kindes herzliche Freude machte, welcher vielleicht auch schon mehr als bloßes Spiel darin erkannte, trug darum Sorge, daß er schon in zarter Jugend Unterricht im Zeichnen bekam. Damals scheint in Heidelberg die Kunst nicht sehr viele Anhänger und Liebhaber gehabt zu haben; auch war außer Rottmann[4] *Niemand, der mit Fug hätte Unterricht im Zeichnen und Malen geben können. Dieser … Rottmann wurde Carls Lehrer*[5]*, und die Mutter besitzt noch jetzt zwei Gemälde, welche ihr Sohn damals bei demselben und unter seiner Leitung verfertigte …*

Fohrs Drang, sich zeichnerisch zu betätigen hat fatale Folgen. Er folgt dem Schulunterricht unkonzentiert, ist oft gelangweilt und wird bald ein schlechter Schüler, bleibt, wie Dieffenbach schreibt, in intellektueller Ausbildung hinter manchem seiner Mitschüler zurück. Später hat sich Fohr sehr bemüht, diese Schwächen zu beseitigen. Ganz ist es ihm allerdings nicht gelungen. Immer wieder, vor allem beim Briefeschreiben, unterlaufen ihm *ziemlich derbe Fehler*. 1810 kommt es zur entscheidenden Wende in seinem Leben. Während eines Besuchs auf Stift Neuburg lernt er den kunstinteressierten Georg Wilhelm Issel kennen, der ihn nach Darmstadt einlädt und ihm anbietet, seine Kenntnisse und sein Talent zu vervollkommnen. Dort begegnet er auch seinem späteren Biographen und Freund Philipp Dieffenbach, der am hessen-darmstädtischen Hof als *Prinzenerzieher* wirkt. Issel ermuntert ihn, seine Heimat mit offenen Augen zu durchstreifen und in freier Natur zu arbeiten. Fohr hat diesen Rat befolgt. Im Winter 1813/14 erwandert er die *Neckargegend* und erscheint im

---

[4] Es handelt sich um den Vater des Heidelberger Malers Carl Rottmann.

[5] Friedrich Rottmann unterrichtet zusammen mit Fohr auch seinen Sohn Carl.

darauffolgenden Frühling in Darmstadt mit einem, wie Dieffenbach schreibt, *ziemlich dicken Hefte voll der herrlichsten illuminirten Zeichnungen.* Dieffenbach ist es auch, der Fohr der Erbprinzessin Wilhelmine von Hessen-Darmstadt vorstellt. Diese ist sehr angetan von den Arbeiten des jungen Heidelbergers, insbesondere von dem *Skizzenbuch der Neckargegend*, das Fohr ihr zum Geschenk macht. Wenig später erhält er von ihr eine Einladung, nach Baden-Baden zu kommen und *in der Gegend, was ihm beliebe und der Aufnahme werth scheine, aufzunehmen, um gelegenheitlich ein neues Heft liefern zu können.* Der Aufenthalt bringt Fohr künstlerisch ein bedeutsames Stück voran, wie Dieffenbach bezeugt:

So reich war Fohr auf keiner seiner früheren Wanderungen geworden; diese hatten sich alle nur auf wenige Meilen in den Odenwald und Neckaraufwärts erstreckt … Ganz anders kehrte er jetzt zurück, und ich sage nicht zuviel, wenn ich behaupte, daß der obgleich nur kurze Aufenthalt zu Baden und der Umgegend ihn erst recht eigentlich zum Landschaftsmaler stempelte. … Als er nach Hause gekommen war, lag ihm nichts so sehr am Herzen, als das, was er gesehen, größtentheils skizziert und was er gefühlt hatte, auf dem Papier auszuarbeiten.

So entsteht das *Badische Skizzenbuch*, das Fohr um die Jahreswende ebenfalls seiner Mäzenatin überreicht. Sie reagiert überaus angetan.

Die Fürstin hatte sich überzeugt, daß einem solchen jungen Künstler aufgeholfen werden müsse; sie fühlte aber auch zugleich, da anderwärts vor der Hand für ihn nicht leicht etwas zu erwarten war, in sich den Beruf, sich seiner anzunehmen, damit er frei von Nahrungssorgen, dem schönen Ziele, das er sich vorgesteckt, entgegenarbeiten könne: sie bestimmte ihm daher, so wenig günstig die Verhältnisse auch damals waren, einen einstweiligen jährlichen Gehalt von vierhundert Gulden, und mir wurde abermals das Vergnügen zutheil, ihm solches nach Heidelberg zu melden! Welch' eine Freudens-Nachricht für unsern Freund! Was er kaum nach vieljährigem mühvollem Arbeiten zu erlangen hoffte, das hatt' er auf Einmal erlangt. Jetzt war, das fühlte er, sein Glück für die Zukunft gegründet; jetzt hatte er die Mittel, ein großer Maler zu werden.

Die mäzenatische Gabe ermöglicht ihm, seine Ausbildung voranzutreiben. Er hat über die Münchener Malerakademie soviel Gutes gehört, daß er am 8. Juni 1815 von Darmstadt aus gen Süden aufbricht. Aber München wird beinahe zur Katastrophe. Die akademischen Lehrer verlangen von ihm Ein- und Unterordnung, wogegen Fohr sich mit aller ihm zur Verfügung stehenden Kraft wehrt. Zum Glück stehen erst einmal die Ferien an, die er zu einer Reise nach Italien nutzt. Über Tirol und die oberitalienischen Seen erreicht er Verona und wenig später die adriatische Küste. Einer der wenigen erhaltenen Briefe läßt ahnen, wie gewaltig für Fohr das Erlebnis Italien gewesen sein muß.

Nach dreitägigem Aufenthalte gieng ich nach Vicenza und bei Padua die Brenta hinunter an den Meeresstrand, allwo ich die herrliche Inselstadt Venedig ungefähr 1½ Stunden im Meere drein wunderschön erblickte. Ich fuhr hinüber und blieb dorten an die 10 Tage, zeichnete Vieles auf dem Markusplatze und an dem großen Kanale und schiffte dann wieder ans feste Land, tief in Trauer über die Abfahrt von dieser herrlichen Meeresstadt.

Nach den Erfahrungen in München verwundert es nicht, daß Fohr dort nicht lange bleiben wird. Obwohl er Freundschaften geschlossen hat und auch künstlerisch produktiv ist, kehrt er in seine Geburtsstadt zurück, die er am 8. Mai 1816 erreicht. Über das Klima, das damals im Zentrum der Romantik herrschte, schreibt Johanna Roos:

Ein unglaubliches Hochgefühl beflügelte nach dem Ende der napoleonischen Ära die jungen Menschen; sie konnten sich nun daran machen, eine neue und bessere Welt zu entwerfen und nach ihr zu leben versuchen. Die Romantik hatte die Universität wie die Bürger, sie hatte alle erfaßt. Fohr suchte und fand Zutritt zu dem Kreis der Heidelberger Studenten, die mit Begeisterung die Ideale der Demokratie und Freiheit verfochten.

Der »Kreis«, das sind die Teutonen, Keimzelle der Heidelberger Burschenschaft. Fohr hat sie schon 1814/15 kennengelernt. Jetzt, nach München und Italien, heimgekehrt an den Neckar, wird er in ihren Bund aufgenommen. Und noch eine studentische Gruppierung fällt im Stadtbild auf: die *Schwarzen*, eine Verbindung, die nach den Freiheitskriegen an den Universitäten von Jena und Gießen entstanden ist. Sie kleiden sich *altdeutsch*, orientieren sich am deutschen Mittelalter beziehungsweise an dem, was sie dafür halten. Angeführt werden sie von Adolf Follen, einer schillernden, charismatischen Persönlichkeit. Der Arzt und *Teutone* Carl Heinrich Alexander Pagenstecher, hat den wilden Gesellen eindrucksvoll geschildert.

Das Geburtshaus Fohrs, Burgweg 12

Er stellte in seinem Äußeren das vollendete Bild eines Revenant der Ritterzeit dar. Von stolzer Figur, mit mächtigen Gliedern ausgestattet, trug er auf seinen breiten Schultern ein wunderbares, fast furchtbar schönes Haupt, von einer Fülle kastanienbrauner Locken wie von einer Löwenmähne umwallt. Seine Haltung, sein Gang, sein Blick, seine Sprache harmonierten vollständig mit diesen heldenmäßigen Körperformen, und wenn er, mit dem Eisenhelm bedeckt, ein altes Ritterschwert schwang oder in ungeheurem Anlauf einen 18 Fuß breiten Raum übersprang, dann glaubte man wahrhaftig, einen ur-

weltlichen Recken vor sich zu sehen. Während er im Alltagsleben schwarz wie eine Kohle gekleidet einherging, bestand seine Galatracht in einem kornblumfarbigen deutschen Rock, der nur mit ein paar Krämpen am Hals und an den Schultern geschlossen war, die Brust bedeckte eine Weste aus Purpursamt, oben und unten mit Goldborten eingefaßt, das rehfarbige Beinkleid lag eng an, und befranste Halbstiefelchen umschlossen die Füße.

Fohr hat sie alle gezeichnet, Pagenstecher, Ludwig von Mühlenfels, einen der Führer der Teutonia, wahrscheinlich auch Karl Ludwig Sand, den Mörder August von Kotzebues und immer wieder Adolf Follen. Pagenstecher schreibt über Fohr:

Der Maler Fohr hatte seine besondere Freude an diesen äußeren Formen unserer Ritterlichkeit und verewigte dieselben in trefflichen Zeichnungen, die er mit der Rabenfeder in kürzester Zeit und mit außerordentlichem Talent zu Papier brachte.

Fohrs letzter Heidelberger Aufenthalt ist nicht nur eine Zwischenstation auf dem erneuten Weg in den Süden, der ihn magisch anzieht. Jens Christian Jensen hat in wenigen Sätzen das Wesentliche dieser Wochen zusammengefaßt:

Dieser Sommer, dieser Frühherbst war für Fohr wie eine Neugeburt, ein Rausch, der in der Wirklichkeit gelebt wurde. Das Wichtigste für den Künstler war, daß er das ausleben konnte, was in seiner Kunst als romantischer Stoff schon fest Wurzeln geschlagen hatte, das Mittelalter. Nun war es nicht nur das unerschöpfliche Reservoir für historische Darstellungen, sondern nun wurde es zur Quelle der Kunst selbst. … Kunst und Leben fielen Fohr jetzt in Heidelberg zusammen.

Wenige Tage vor der Abreise aus Heidelberg zeichnet er ein Selbstporträt und schenkt es seinen Eltern zum Abschied. Das Blatt ist eine der schönsten Zeichnungen der deutschen Romantik. Den Schriftsteller Peter Härtling, der bekennt, seit dreißig Jahren nicht von diesem Bild loszukommen, hat es zu diesem Gedicht inspiriert:

Wenn nichts mehr
von vorher ist,
nichts
als die Linie
nichts
als der Gedanke
an ein
zarteres Licht,
nichts
als die aufgegebene
Sprache,
dann wird er
durch geschlossene Türen
gehn,
durch sommerwarme Mauern
in den Fluß.

Als Georg Wilhelm Issel Mitte Mai 1816 Carl Philipp Fohr die Nachricht überbringt, daß Wilhelmine von Hessen die Reise nach Italien genehmigt habe, beginnt er unverzüglich mit den notwendigen Vorbereitungen. Einen Monat später trifft im Burgweg 12 Post aus Darmstadt ein. Als Fohr am Abend nach Hause kommt, merkt er sofort, daß etwas besonderes geschehen ist.

... der Tisch war gedeckt und auf den Gesichtern der Anwesenden lag etwas, was er sich nicht erklären konnte. Noch zweifelte er, was man vorhabe. Da verrieth das Vaterherz durch das Lächeln, was noch eine Zeitlang Geheimniß bleiben sollte. Schnell lüpfte er das Tischtuch – und vor seinen Augen lag glänzend das Reisegeld mit einem Briefe. Nun kannte die lange zurückgehaltene Freude der Übrigen keine Gränzen mehr; alle fühlten sich glücklich in dem Glücke des Einen.

Um Michaelis 1816, berichtet Dieffenbach, *zog er von Heidelberg fort.* Sein Ziel ist Rom. Ohne irgendwo länger zu verweilen, über Freiburg, Zürich, den Comer See, Bologna und Florenz, erreicht er schließlich sein Ziel.

In Rom, dem Wohnsitze der Künste, der geheiligten Stätte der ehrwürdigsten Trümmer vergangener Jahrhunderte, wo unendlich Vieles die Kunstfreunde anspricht, die Künstler begeistert, welche aus ganz Europa zusammenströmen, um zu schauen und zu lernen, hier war Fohr an seinem Platze.

Philipp Dieffenbach irrte, denn das Schicksal wollte es anders. Drei Tage nach der Niederschrift eines Briefes an seine Eltern, in dem er von sich als *ausgebildeter Künstler* spricht und einen Besuch in Heidelberg ankündigt, am Abend des 29. Juni 1818, ertrinkt Carl Philipp Fohr beim Baden im Tiber. Vielleicht hat er geahnt, daß sein Leben nur kurz sein oder tragisch enden werde. In einem dicken Folianten, der sich im Besitz des bekannten Schweizer Psychologen C. G. Jung befand, gibt es eine Zeichnung, die Fohr dem Großvater Jungs, einem seiner Heidelberger Freunde, gewidmet hat. Auf das linke untere Eck ist ein Blatt Papier aufgeklebt, das eine Widmung Fohrs an Jung enthält. Die wenigen Zeilen wirken bestürzend.

Schwarz und dunkel liegt ob uns die Zukunft
Wir kennen die Grenze des Grabes nicht
Doch es glüht im Innern ein Funke
Er strahlt durch das Dunkel der Nacht.

Wir wollen allen alles Wiedergeben

Achim von Arnim und Clemens Brentano in Heidelberg

Die schlichte Sandsteintafel am Haus in der Hauptstraße 151 verrät Kennern der deutschen Literatur, daß hier die berühmteste Volksliedsammlung unserer Sprache entstanden ist, zusammengetragen von den beiden romantischen Dichtern Achim von Arnim und Clemens Brentano. 1805, vordatiert auf 1806, veröffentlichen sie den ersten Band unter dem Namen *Des Knaben Wunderhorn.* Der zweite und dritte folgen 1808. Der Titel stammt vom ersten Text der Sammlung und geht auf eine französische Romanze zurück.

Clemens Brentano

Das Wunderhorn

Ein Knab auf schnellem Roß
Sprengt auf der Kais'rin Schloß;
Das Roß zur Erd' sich neigt,
Der Knab sich zierlich beugt.

Wie lieblich, artig, schön
Die Frauen sich ansehn;
Ein Horn trug seine Hand,
Darin vier goldne Band.

Achim (Ludwig Joachim) von Arnim,
(geb. Berlin 26. 1. 1781, gest. Wiepersdorf 21. 1. 1831)

Clemens Brentano,
(geb. Ehrenbreitstein 8. 9. 1778, gest. Aschaffenburg 28. 7. 1842)

Gedenktafel in der Hauptstraße 151

[4]

Gar mancher schöne Stein
Gelegt ins Gold hinein,
Viel Perlen und Rubin
Die Augen auf sich ziehn.

Das Horn vom Elephant,
So groß man keinen fand.
So schön man keinen fing
Und oben dran ein Ring.

Wie Silber blinken kann
Und hundert Glocken dran
Vom feinsten Gold gemacht,
Aus tiefem Meer gebracht.

Von einer Meerfei Hand
Der Kaiserin gesandt,
Zu ihrer Reinheit Preis,
Dieweil sie schön und weis'.

Der schöne Knab sagt auch:
»Dies ist des Horns Gebrauch:
Ein Druck von eurem Finger,
Ein Druck von euerm Finger,

Und diese Glocken all,
Sie geben süßen Schall,
Wie nie ein Harfenklang
Und keiner Frauen Sang,

Kein Vogel obenher,
Die Jungfraun nicht im Meer
Nie so was geben an!«
Fort sprengt der Knab bergan.

Ließ in der Kais'rin Hand
Das Horn, so weltbekannt;
Ein Druck von ihrem Finger,
O süßes hell Geklinge!

Clemens Brentano kommt schon im Juli 1804 an den Neckar. Er ist der Einladung von Friedrich Creuzer gefolgt, der einen Ruf an die Universität angenommen hat und von Marburg, wo sich die beiden kenngelernt haben, nach Heidelberg gezogen ist. Der Professor für Philologie und Geschichte, ein großer Kenner altdeutscher Dichtung, beschäftigt sich wie Brentano intensiv mit Volksliedern. In welchem Maße die beiden befreundeten Männer zusammenarbeiten, ist nicht bekannt. Jedenfalls wohnt Brentano während seiner ersten Tage in Heidelberg bei Creuzer, mit dem er lange Wanderungen unternimmt und so Land und Leute kennenlernt. Schon im August desselben Jahres läßt er seine Frau Sophie, geborene Mereau, und deren Tochter aus erster Ehe nach Heidelberg nachkommen. Wohnung findet die Familie bei Frau Registrator Klingelhöfer am - ganz sicher ist dies allerdings nicht - ehemaligen Paradeplatz; dem heutigen Universitätsplatz.

Im Frühjahr 1805 ziehen die Brentanos in ein Gartenhäuschen um, das irgendwo zwischen der Brunnen- und Fahrtgasse steht. Es existiert längst nicht mehr. Wahrscheinlich schreibt Brentano von dort am 2. April an Achim:

Hier, mein Lieber, schwätzen die Bäume schon ganz anders ..., hier ist schon von mehr Knospen, hier ist schon von Blüte und Blatt die Rede. Auf! auf! ermuntre Dich, breche auf, ehe die Knospen bei Euch aufbrechen.

Beide, Brentano und Achim von Arnim, sind seit 1802 unentwegt am Sammeln von Volksliedern. Die Idee vom *Wunderhorn* nimmt zusehends Gestalt an. Ende April erhält Brentano Antwort auf seinen drängenden Brief:

Mein Sammeln ist recht glücklich ... Koch[6] *hat mir Ausschnitte aus dem Deutschen Museum, aus Canzlers Quartalschrift, aus Gottscheds Büchersaal, aus tausend andern Zeitschriften gegeben. Auch von Reichardt erhalte ich auf meiner Durchreise viele alte Sachen; sorge doch im voraus für einen Schreiber in Heidelberg ... Vor dem Ende Mais kann ich nicht bei Dir sein, also zur Taufe! – die erste, der ich beiwohne.*

Johann Friedrich Reichardt, auf den Arnim hier Bezug nimmt, gilt als einer der Hauptvertreter der Berliner Liederschule und trägt in der Tat viel zur Sammlung für das *Wunderhorn* bei. Arnim kann an der Taufe, die er in seinem Schreiben erwähnt, allerdings nicht teilnehmen. Das erste gemeinsame Kind von Sophie und Clemens Brentano, eine Tochter, stirbt schon fünf Wochen nach der Geburt am 17. Juni an Scharlach. Achim von Arnim kommt rechtzeitig zum Begräbnis des Kindes nach Heidelberg.

Schon einen Monat später geht der erste Band des *Wunderhorn* in Druck. Bei Mohr und Zimmer in Heidelberg. Im August fährt Brentano mit seinem *Herzbruder* nach Frankfurt. Dort erscheint dann während der Michaelismesse im September der erste von drei Bänden. Am 22. September 1805

6 Gemeint ist Erduin Julius Koch (1764–1834), Prediger an der Marienkirche zu Berlin, später Bibliothekar in Breslau, bekannt für seine große Büchersammlung, Verfasser des »Compendium der deutschen Litteraturgeschichte von den ältesten Zeiten bis auf Lessings Tod« (2 Bde., 1790–98).

wird dies von den Herausgebern in Beckers *Reichsanzeiger* wie folgt angekündigt:

Wir glauben durch diese Sammlung dem allgemeinen Wunsche nach näherer Kenntniß deutscher Volkslieder alles das zu gewähren, was ähnliche Sammler in Schottland und England, bey viel leichterer Mittheilung kaum erreichten: eine Auswahl des beßten in jeder Gattung zu liefern … Wir hoffen, daß einige aufmunternde Worte an die Leser zum Schlusse, den Herausgebern zur Fortsetzung in die Hände liefern, was ihren mehrjährigen Bemühungen entgangen.

Die Bemühungen gehen weiter. In Göttingen, wo sich Arnim bald wieder aufhält, in Marburg, oder auch in Heidelberg und seiner Umgebung. Arnim und Brentano führen ein unstetes Leben, sind einmal hier, einmal dort. Die Briefe, die zwischen den verschiedenen Orten hin- und hergehen, sprechen eine beredte Sprache. Am 1. Juni 1806 berichtet Brentano seinem Freund Achim von einem Ausflug in die Umgebung Heidelbergs:

Auf einen Pfingsttag es geschach,
Daß man die Wälde und Felde sach
Schön lustig stehen mit Laub und Gras
Und mannich Vogel lustig was

und ich in Heidelberg Kirschen aß! Kirschen, lieber Junge, Kirschen! welche Du in Göttingen … so artlich in die Schnauze stecken kuntest, daß ich Dir oft mit großer Liebe nach dem Maul sah; warum bist Du nun nicht hier? Ich habe mit meiner Frau Pfingsten einen herrlichen Spaziergang gemacht, der allein wert wäre, daß Du ihn machtest. Um drei Uhr morgens über Ziegelhausen und Schönau durch ein überirdisch schönes Tal nach Neckarsteinach, wo in einem Halbkreis um den Fluß auf einem Bergrücken vier wunderschöne alte Ruinen lauern. Vier Brüder, die Landschaden von Steinach genannt, erbauten sie … Auf einem der Schlösser saßen sechs Mädchen auf einem flachen Turm, der weit über den Neckar und alle Berge hinsieht, und sangen in reinem, gleichen Orchesterton eine Reihe schöner Lieder in das sonnige Land hinaus. Ich setzte mich zu ihnen und bat sie, sich nicht stören zu lassen. Sie machten keine Miene und sangen herlich weiter; die Lieder, die ich wollte, sagten sie mir ruhig her … Ich habe mir einige aufgeschrieben.

Achim (Ludwig Joachim) von Arnim

Wir wollen allen alles wiedergeben, was im vieljährigen Fortrollen seine Demantfestigkeit bewährt, nicht abgestumpft, nur farbespielend geglättet, bemerkt Achim von Arnim, als er zusammen mit Brentano längst den Entschluß gefaßt hat, eine große Liedersammlung herauszugeben. Er ist es auch, der die Hauptarbeit beim Sammeln und Sichten der Texte leistet. Nicht umsonst wendet sich Brentano immer wieder an ihn, wenn es darum geht, neues Terrain zu erschließen. So findet sich denn auch nach der begeisterten Schilderung des überirdisch schönen Tals im selben Schreiben vom 1. Juni 1806 folgendes:

Weißt Du keine Quelle nach Tirol hinein oder nach Levante, Krain usw.? Nach Windischgrätz will ich an den Herrn Pagliateschi … und nach Triest an den Herrn Compagnia schreiben; aus der Schweiz höre ich oft von großem Mangel solcher Lieder, aber ich habe dennoch bei verschiedenen Männern angeknüpft. Ich glaube, dieser ganze Mangel entspringt daher, daß sie gar nicht wissen, was man eigentlich will. In mehreren Schweizer Wochenschriften wird jetzt eine Anzeige deswegen gedruckt. Ich lege Dir hier einen meiner Briefe bei; ich habe dreihundert Exemplare; wenn das Formular Dir recht ist, so will ich Dir eine Partie schicken, die ich Dich besonders in Schlesien und im Riesengebirge zu verbreiten bitten muß. Doch bitte ich Dich vorher um Deine Erklärung. Ein Student von Speyer hat mir eine kleine Partie Lieder überreicht, die er für uns mit sehr vielem Sinne gesammelt; einige darunter sind vorzüglich und ganz unbekannt.

Die Sammlung wächst. 1808, am 21. Januar, zieht Arnim in das Haus Hauptstraße 151. Er wohnt in einem kleinen Zimmer im dritten Stock. Ende April ist auch Brentano wieder in Heidelberg. Der Tod seiner Frau hat den stets Ruhelosen zwei Jahre umgetrieben. Für kurze Zeit wohnen die beiden Freunde zusammen. Der zweite und dritte Band des *Wunderhorns* werden gedruckt und erscheinen noch im selben Jahr. Im Mai 1808 nehmen sie ihre letzte gemeinsame Wohnung am Schloßberg in einem kleinen Haus, das in der Nähe des ehemaligen Gasthofs *Fauler Pelz* liegt.

Arnim schildert diesen idyllischen Ort Bettina, der Schwester Brentanos, die er knapp drei Jahre später heiratet. Sein Brief trägt das Datum vom 26. Mai.

Alles ist sehr reizend; ich habe wieder ein Gärtchen, was ich baue und das kalte Reich der Regenwürmer mit feurigen Blumen verdränge.

Mein Schweiß begießt sie und die Sonne erweckt sie, die Waschweiber beschwätzen sie und legen die Kinder aus der Hand ins Grüne, als wären sie von den Bäumen geschüttelt; vor den Fenstern sitzen allerlei Abentheurer unter den Weinlauben, da lerne ich Weltgeschichte, und so kommt über mich ein großer Ernst, durch den ich kaum durchsehen kann.

Wenig später endet der Aufenthalt von Arnims und Brentanos in Heidelberg. Am 16. November verläßt Arnim die Stadt in Richtung Kassel und gegen Ende des Monats reist Brentano nach München. Der Widerhall des *Wunderhorns* war nicht so stark, wie es sich seine Herausgeber erhofft hatten. Noch um 1900 stehen in den Regalen so mancher Buchhandlung Exemplare der Originalausgabe.

Trauer eines fast gebrochenen Hertzens

Joseph Freiherr von Eichendorff in Heidelberg

Eigentlich wollte er nach Halle an der Saale zurückfahren, sein Studium fortsetzen. Aber als Joseph von Eichendorff am Ende der Semesterferien, die er auf dem elterlichen Gut Lubowitz in Oberschlesien verbracht hat, gen Westen aufbricht, ist dies nicht mehr möglich. Die Hallenser Studenten hatten sich nach dem Einzug Napoleons gegenüber dem neuen Herrn unbotmäßig erwiesen und waren deshalb aus der Stadt verwiesen worden. Nach einigem Überlegen, an welchem Ort man das Studium nun weiterführen solle, entscheiden sich Joseph und sein Bruder Wilhelm für Heidelberg. Es sollte die Stadt werden, die ihn endgültig zum Dichter werden ließ. Nach einer langen Reise erreichen sie am 17. Mai 1807 ihr Ziel. Das gute Jahr in der Neckarstadt wurde, so der Eichendorff-Biograph Paul Stöcklein, zum *entscheidungsreichsten* seines Lebens.

Joseph Freiherr von Eichendorff (nach Fechner)

Endlich um 4 Uhr Morgens fuhren wir mit Hertzklopfen durch das schöne Triumphthor in Heidelberg ein, das eine über alle unsere Erwartung unbeschreiblich wunderschöne Lage hat. Enges blühendes Thal, in der Mitte der Neckar, rechts u. links hohe felsigte laubigte Berge. Am linken Ufer Heidelberg, groß u. schön, … Nur Eine Hauptstraße mit mehreren Thoren u. Märkten. Links überschaut von dem Abhange eines Berges die alte Pfaltzburg, gewiß die größte

Gedenkstein am Philosophenweg – Philosophengärtchen –
für Joseph Freiherr von Eichendorff
(geb. Schloß Lubowitz -Oberschlesien- 10. 3. 1788, gest. Neisse 26. 11. 1857)

[5]

Joseph von Eichendorff
1788 – 1857

Schläft ein Lied
in allen Dingen
die da träumen
fort und fort
und die Welt hebt
an zu singen
triffst du nur
das Zauberwort

u. schönste Ruine Deutschlands majestätisch die gantze Stadt. Alles schlief noch. Nur Studenten, wie überall gleich zu erkennen, durchzogen mit ihren Tabakspfeiffen schon die Straßen. Wir kehrten im Carlsberge auf dem Paradeplatze ein, u. legten uns noch einige Stunden schlafen.

Schon am zweiten Tag seines Aufenthaltes nimmt Eichendorff die Stadt in Besitz: Er steigt den Schloßberg hinauf und schaut sich den Hortus palatinus und die Schloßruine an.

Nachmittags schwärmte ich oben in dem paradisischen Hofgarten herum, wo sich eine Terasse über der anderen erhebt voll Alleen u. Brunnen u. Klüften etc. (auch Cofféhaus) u. durchkroch alle Treppen u. Winkel der alten herrlichen Burg. Eine Brüke über ein blühendes Thal führt durch ein antiques Thor in einen weiten gepflasterten Hof. 2 Hauptgebäude, eines von Friedrich, eines von Ott Hainrich, voll alter Statuen. Herrliche Altane, von wo man die gantze Stadt etc. übersieht. Alter Thurm, deßen eine Hälfte abgerißen u. gesunken, so daß man in alle Gewölbe sieht. Herrlich, himmlisch.

Die überschwenglichen Worte korrelieren mit Sätzen, die Eichendorff Jahre später geschrieben hat. In *Halle und Heidelberg* schreibt er nicht von der Romantik in Heidelberg, sondern davon, daß die ganze Stadt selbst eine *prächtige* Romantik sei. Dort *umschlingt der Frühling Haus und Hof und alles Gewöhnliche mit Reben und Blumen.* Burg und Wald erzählen Märchen aus längst vergangenen Zeiten. Eine *solch' gewaltige Szenerie*, da war er sich sicher, hat zu allen Zeiten auf die Besucher der Stadt größten Eindruck gemacht. Und natürlich auch auf ihn. Hans Brandenburg hat in seiner Eichendorff-Biographie darauf hingewiesen, daß dessen Tagebuch nirgends sonst angefüllt ist mit Natureindrücken und Landschaftsstimmungen wie in Heidelberg. Aber er sieht auch, allerdings erst mit dem Abstand und Wissen des Alters, unter die romantische Oberfläche, erkennt das Kranke, Manirierte, Übersteigerte dieser exaltierten Gefühlswelt, spricht gar von einem

Afterkultus. Hohepriester dieser Winkelkirche war sein Freund Otto Heinrich Graf von Loeben, ein Mann mit vielen Talenten und Anlagen.

Der Jurastudent belegt unter anderem *Institutionen* bei Professor Anton Friedrich Justus Thibaut sowie Ästhetik und Philosophie bei Joseph Görres. Beide sind herausragende Köpfe des Lehrkörpers. In seiner kenntnisreichen Studie *Das Heidelberger Jahr Joseph von Eichendorffs* berichtet Günther Debon:

Anton Friedrich Justus Thibaut war mit 3000 Gulden Jahreseinkommen für lange Zeit der höchstbezahlte Professor der Stadt: Er verdiente mehr als die gesamte theologische Fakultät einschließlich der Extraordinarien.

Im Gegensatz zu manch anderen Studenten, sind die Eichendorff-Brüder fleißig. Zuweilen stehen sie morgens um vier auf, um das selbstgewählte Pensum bewältigen zu können, das außer Jura und Philosophie noch Sprachen, Musik und Kirchenrecht umfaßt.

Von besonderer Bedeutung für Eichendorff wird Joseph Görres. Viele Jahre später, in seinem autobiographischen Bericht *Halle und Heidelberg* schreibt er:

Aber es trat grade damals … noch eine ganz besondere Macht hinzu, um jene glückliche Stimmung zu vertiefen. Es hauste dort ein einsiedlerischer Zauberer, Himmel und Erde, Vergangenheit und Zukunft mit seinen magischen Kreisen umschreibend – das war Görres. Es ist unglaublich, welche Gewalt dieser Mann, damals selbst noch jung und unberühmt, über alle Jugend, die irgend geistig mit ihm in Berührung kam, nach allen Richtungen hin ausübte. Und diese geheimnisvolle Gewalt lag lediglich in der Großartigkeit seines Charakters, in der wahrhaft brennenden Liebe zur Wahrheit und einem unverwüstlichen Freiheitsgefühl, womit er die einmal erkannte Wahrheit gegen offene und verkappte Feinde und falsche Freunde rücksichtslos auf Tod und Leben verteidigte; denn alles Halbe war ihm tödlich verhaßt, ja unmöglich, er wollte die ganze Wahrheit.

Um die Jahreswende 1807/08, vielleicht auch schon etwas früher, tritt *K* in das Leben Joseph von Eichendorffs. K, das ist Katharina Barbara Förster aus Heidelberg-Rohrbach, sechstes Kind des Küfermeisters Johann Georg Förster. Sie wird 1789 in der Rathausstraße 72 geboren und lebt, als Eichendorff sie kennenlernt, im Haus ihrer Eltern, wenige Häuser weiter in derselben Straße, Haus Nummer 55. Tagsüber arbeitet sie in der Bäckerei ihres Bruders Jacob, die in der Mannheimer Vorstadt liegt, heute Hauptstraße 59. Dort hat Eichendorff sie zum ersten Mal zu Gesicht bekommen. Wie sie ausgesehen hat, steht in seinem Roman *Ahnung und Gegenwart.*

Lange, dunkle Locken fielen zu beiden Seiten bis auf die Schultern und den blendendweißen Busen hinab. Die schönste Reihe von Zähnen sah man manchmal zwischen den vollen roten Lippen hervorschimmern. Aus ihren großen Augen blickte sie so frisch und freudig. Es war die prächtigste Schönheit, die ich jemals gesehen.

Kein Wunder, daß sich der Student rasch und innig in das Mädchen verliebt. *Beym Bierbringen erste Küße* notiert er im Januar in seinem Tagebuch. Am 20. desselben Monats, an »Käthchens« Geburtstag, schenkt er ihr Blumen und einen Vierzeiler.

Mag es Winter oder Sommer sein,
bleibt diese Blume doch ewig rot,
so bleibe auch ich voll Treue dein,
fern und nah bis in den Tod.

Das kleine Gedicht überdeckt, daß über dieser Liebe von Anfang an die Tragik des Scheiterns schwebt. Eichendorff ist katholisch, Käthchen protestantisch. Und dann ist da noch der Standesunterschied, der den Freiherrn von der Küferstochter trennt. Das reichte damals aus, Unglück über zwei Menschen zu bringen. Bereits Ende Januar notiert der Studiosus: *Die lezten*

8 Tage zum Tode betrübt. Und am siebten Februar hat das Unglück schon seinen Lauf genommen.

Verunglükter Spaziergang … Wie wir zurükkehren, geht K. mit dem Bruder nach Rohrbach. Mein Nachrennen u. Einhohlen. Großer Wind. Trauer eines fast gebrochenen Hertzens. Sich selbst bedauern. Ich allein im Ochsen. Trüber Tag. Die Laden dunkel zu. Rauschen des Baches draußen.

Wenig später finden sich im *Tagebuch* Satzfetzen wie *Hertzerschneidende Resignation … Große, große Schmertzen … Unsägliche Bangigkeit.*

Die Märztage scheint Eichendorff in einem Wirbel der Gefühle verbracht zu haben, verbunden mit großer Hektik. Teilweise läuft er an einem Tag mehrmals zwischen der Altstadt und Rohrbach hin und her, was bei dem noch reichlich vorhandenen Schnee recht beschwerlich ist. Einmal spricht er von großem *Koth.*

Nachmittags schreklich nachgelauffen nach Rohrbach. Den Nahmen in den Schnee. Herausguken bey meinem Hinaufgehn in der langen Straße. Beym Vater. Uralte Großmutter. Wein u. Nüße. … Wieder beym Vater, u. Wein u. Nüße. – Roth u. schön. – … Gespräche über die Bibel. – Ueberall protestantische Rothkäppchenartige Sonntagsruhe fast mystisch – … bey großem Winde nach Hause. – Traurig.

Eichendorffs Bedenken und Resignation sind berechtigt. Was vor wenigen Wochen begann, ist Anfang April schon zu Ende. Vermutet wird, daß Käthchens Vater in wirtschaftliche Schwierigkeiten geraten ist und deshalb erwägt, mit der Familie nach Speyer zu ziehen. Vielleicht hat aber auch die Wirtin Eichendorff und Käthchen in einer »verfänglichen« Situation überrascht. Eine recht kryptische Tagebuchnotiz vom 21. März könnte so interpretiert werden. Jedenfalls verlassen Joseph und sein Bruder Wilhelm am fünften April 1808 überstürzt Heidelberg und reisen nach Paris ab. Der letzte Eintrag in

Josephs Tagebuch, der das Kürzel *K* enthält, ist vom dritten April.

Als ich eben vom Spatziergange zurükam, K. mit Schwester u. Kameradin nach Rohrbach hinaus, unerwarteterweise Heidelberg gantz verlaßend… Schöner, warmer Abend. K. umschlungen u. sehr lieb. An der wohlbekannten Heke am Bache langer herzlicher Abschied. Durch die Dämmerung… schnell nach Hause.

Wahrscheinlich wüßten wir mehr über das Paar und die Gründe des Scheiterns ihrer Liebe, wenn nicht von unbekannter Hand die Seiten zwischen dem vierten April und Anfang Oktober aus dem Tagebuch herausgeschnitten worden wären. Jedenfalls beginnen die Aufzeichnungen erst wieder kurz vor dem achten Oktober, mitten in einem Satz.

Die Tage voller Seligkeit und Liebe, voller Schmerz und Trauer, haben im Werk des Dichters tiefe Spuren hinterlassen. Sie finden sich in annähernd 70 Gedichten. Walter Reiprich, der einen schönen Essay über Eichendorffs Heidelberger Zeit verfaßt hat, zählt auch das folgende dazu:

Die Welt ruht still im Hafen,
mein Liebchen, gute Nacht!
Wann Wald und Berge schlafen,
treu Liebe einsam wacht.

Ich bin so wach und lustig,
die Seele ist so licht,
und eh ich liebt, da wußt ich
von solcher Freude nicht.

Ich fühl mich so befreiet
von eitlem Trieb und Streit,
nichts mehr das Herz zerstreuet
in seiner Fröhlichkeit.

Mir ist, als müßt ich singen
so recht aus tiefer Lust
von wunderbaren Dingen,
was niemand sonst bewußt.

O könnt ich alles sagen!
O wär ich recht geschickt!
So muß ich still ertragen,
was mich so hoch beglückt.

Eichendorff-Anlage Philosophenweg

Ein Abschnitt des heute verschollenen Tagebuchbereichs hat Eichendorffs Sohn Hermann noch vorgelegen. Aus der von ihm verfaßten Biographie seines Vaters geht hervor, daß die Brüder bereits Anfang Mai nach Heidelberg zurückgekehrt sind. Als Joseph die Silhouette der Stadt am Horizont erkennt, durchflutet ihn ein unbeschreibliches Glücksgefühl.

Fröhlichste Fahrt meines Lebens. Alle bebauten Fluren und Dörfer begrüßt, alles grün und reizend, frohe Gesichter, ewiger Frühling. Hinter den letzten Höhen trat endlich auch das Amphitheater von Heidelberg hervor, alle Berge bis weit hinter Rohrbach wie beschneit von Blüte. Mit Entzücken eingefahren!

Natürlich hat er gehofft, das Mädchen wieder zu sehen. Doch es sollte anders kommen. Die Familie Förster war tatsächlich nach Speyer gezogen. Eichendorff mag dies wie ein Treuebruch Käthchens vorgekommen sein; aber heimatkundliche Forschung hat ergeben, daß Katharina Barbara Förster ledig gestorben ist, am 30. Juli 1837. Vielleicht war das Erkennen des Verlustes der Moment, als ihm der Anfang des volksliedhaften, weltberühmten Liedes *Das zerbrochene Ringlein* in den Sinn gekommen ist. Es soll jedoch nicht verschwiegen werden, daß es auch andere Hypothesen zur lokalen und zeitlichen Zuordnung gibt. Doch Rohrbach erscheint am wahrscheinlichsten. Dort gibt es heute noch einen *Kühlen Grund* und mehrere Mühlen, von denen eine Käthchens Onkel Johann Jakob Förster gehört hat.

Das zerbrochene Ringlein

In einem kühlen Grunde,
Da geht ein Mühlenrad,
Mein' Liebste ist verschwunden,
Die dort gewohnet hat.

Sie hat mir Treu versprochen,
Gab mir ein'n Ring dabei,
Sie hat die Treu gebrochen,
Mein Ringlein sprang entzwei.

Ich möcht' als Spielmann reisen
Weit in die Welt hinaus,
Und singen meine Weisen
Und gehn von Haus zu Haus.

Ich möcht' als Reiter fliegen
Wohl in die blut'ge Schlacht,
Um stille Feuer liegen
Im Feld bei dunkler Nacht.

Hör' ich das Mühlrad gehen,
Ich weiß nicht, was ich will,
Ich möcht' am liebsten sterben,
Da wär's auf einmal still.

Gedenktafeln am Haus Hauptstraße 207 – 209
für die Gebrüder Boisserée

Melchior Boisserée
(geb. Köln 23. 4. 1786, gest. Bonn 14. 5. 1851)

Sulpiz Boisserée
(geb. Köln 2. 8. 1783, gest. Bonn 2. 5. 1854)

Du steh' noch lange, Bildersaal ...

Die Sammlung Boisserée in Heidelberg

In den Jahren nach 1806, nach der Auflösung des Heiligen Römischen Reiches Deutscher Nation, tragen die leidenschaftlichen Kunstsammler Melchior und Johann Sulpiz Boisserée einen unvergleichlichen Schatz an altniederländischen und altdeutschen Bildern zusammen. Doch in Köln, damals französische Provinzstadt, interessiert sich kaum jemand für diese einzigartige Kollektion. Deshalb entschließen sie sich 1810 ihre Geburtsstadt zu verlassen. In einem Brief an Bernhard Hausmann, einen Kunstsammler aus Norddeutschland, schreibt Sulpiz rückblickend:

Melchior Boisserée (nach Schöninger)

Im Frühjahr ... (zog) ich mit Bertram und meinem Bruder hieher nach Heidelberg. Wir wollten uns durch literarische Hülfsmittel und einen Wirkungskreis ein angenehmeres Leben verschaffen. Indem ich mich mit der Baukunst beschäftigte, hatte mein Bruder sich mit verdoppeltem Eifer der Sammlung angenommen; sein erster Lohn war das große Bild von Eyck, und ein schönes Bild von Lukas von Leyden, und endlich noch kurz vor der Abreise, der schöne Tod der Maria. Diese und noch einige andere Bilder, wirkten mit solchem Zauber auf die Gemüther, und wir fanden unsern

Sulpiz Boisserée (nach Dominik)

Aufenthalt so förderlich, daß wir zur Verbreitung und bessern Erkenntniß alter Kunst nach und nach fast alles Bessere von unsrer Sammlung kommen ließen.

Schon nach kurzer Zeit gehören die Neubürger zur Hautevolee Heidelbergs. Mit von der Partie ist ihr Freund Johann Baptist Bertram. Wenn sie auf Reisen sind, macht er den Kustoden und zeigt die Sammlung den zahlreichen Besuchern, die oft von weither gekommen sind. Von dem *Zentrum der romantischen Schule*, also von Heidelberg, sowie dem literarischen Klima der Stadt erhoffen sich die Brüder, wie der Brief schon andeutet, bedeutende Anstöße für ihre Gemäldegalerie.

Die Überführung der Bilder, ein logistisches Abenteuer ersten Ranges, erfolgt in mehreren Schritten. Am 18. November 1810 trifft die erste Sendung ein. Weitere Transporte folgen. Im Dezember kommt, wie Sulpiz Boisserée in seinem Tagbebuch notiert, der beste Teil der Galerie an und wird *Sonntags nachmittags bei schönem Wetter und großen Jubel auf dem Hof ausgepackt.* Nach und nach verteilen sie die rund 200, meist kleinformatigen Bilder auf einige wenige Räume im Palais Sickingen, dem heutigen Palais Boisserée, Hauptstraße 207-209. Ein paar Monate später, Anfang Mai 1811, informiert Bertram den gerade in Weimar weilenden Sulpiz über den Fortgang des Umzuges.

Unsere Wohnung wird *täglich heimlicher und gemüthlicher und der Bildersaal wirklich und wahrhaft zur Kirche. Mitten in dieser leichtsinnigen, eitlen Umgebung vertiefen wir uns immer mehr in die ehrwürdigen Überreste einer besseren Vergangenheit … Wie viele Erinnerungen leben von diesen Bildern nicht auf, wer sollte in ihrer Nähe, die so wunderbar der Zerstörung entrissen sind, sich nicht unter höherem Schutze glauben …*

Max von Schenkendorf wird dichten:

Mir winkt ein alter schöner Saal,
Zwei Brüder haben ihn gebaut,
Da hab' ich in dem reinsten Strahl
Mein Vaterland geschaut.

Das war in jener trüben Zeit
Ein holder stiller Wallfahrtsort,
Wo sich der Väter Herrlichkeit
Verbarg im sichern Port.
…
Du steh' noch lange, Bildersaal,
Ihr Brüder, übet euer Amt,
Daß an der frommen Vorzeit Strahl
Sich manche Brust entflammt.

Sulpiz und Melchior Boisserée geht es nicht nur um die Schaffung eines Museums, sondern auch um eine – allerdings schon damals falsche – Neubewertung altdeutscher Malerei und Kunst. Um dieses Ziel zu erreichen, versucht Sulpiz den großen alten Mann in Weimar, den *Heidenkönig*, wie er Goethe nennt, für sich und seine ästhetischen Theorien zu gewinnen. Wenn er die Sammlung lobte, wäre viel gewonnen. Aber das Unternehmen gleicht der Quadratur des Kreises, denn Goethe, ganz dem Ideal der klassischen griechischen Kunst verbunden, hegt eine große Distanz zu dieser Art von Malerei. Doch das ficht Sulpiz Boisserée nicht an. Schließlich gelingt es ihm, ihn zu einer Reise nach Heidelberg zu überreden.

Goethe trifft am 24. September 1814 ein. Es ist sein siebenter Aufenthalt in der Neckarstadt. Gleich zu Beginn des Besuchs will er die Bilder sehen. Beim Betreten des *Zaubersaals* soll er den römischen Schriftsteller Aulus Gellius zitiert haben: *Introite, nam et hic Dii sunt!* – Tretet ein, denn auch hier sind Götter! Das ist das Motto, das Lessing seinem Nathan vorangestellt hat. Was dann geschieht, hat Johann Baptist Bertram, der äußerst gespannt ist, wie sein Besucher reagieren wird, in seinen Aufzeichnungen festgehalten:

Wie Goethe sich in die farbenprächtige und wahrheitsvolle Idealwelt dieser altdeutschen Bilder, in die überraschende Ursprünglichkeit ihrer Gedanken hineinlebte und über die empfangenen Eindrücke sich äußerte, ist für den alten Herrn im hohen Grade charakteristisch. Er betrachtete die Bilder nicht, wie sie eins neben dem andern an der Wand hingen, wodurch der Eindruck zerstreut und mehr oder minder abgeschwächt wird; er ließ sich immer nur eins, abgesondert von den andern, auf die Staffelei stellen und studirte es, indem er es behaglich genoß und seine Schönheiten unverkümmert durch fremdartige Eindrücke von außen, sei es der Bilder- oder Menschenwelt, in sich aufnahm. Er verhielt sich dabei still, ohne viel zu reden, bis er des Gesehenen, seines Inhalts und seiner tieferen Beziehungen Herr zu sein glaubte …

Bei einer dieser seltsamen Vernissagen ist es dann aus Goethe herausgebrochen:

Ei der Teufel (sagte er mir mehrmal), die Welt weiß noch nicht, was Ihr habt, und was Ihr wollt, wir wollens ihr sagen, und wir wollen ihr, weil sie es doch nun einmal nicht anders verlangt, die goldenen Äpfel in silbernen Schalen bringen; wenn ich nach Haus komme, mache ich ein Schema, das schicke ich Euch, damit Ihr eure Bemerkungen dazu machen und sehen könnt, was für Materialien mir allenfalls noch abgehen … es müßte seltsam zugehen, wenn wir nicht etwas recht Schönes zu Stande brächten; es ist schwer, so was zu schreiben, aber ich weiß den Weg ins Holz, laßt mich nur machen …

Goethes Lob ist echt, verrät aber auch tiefe Unsicherheit. Er weiß nicht recht, wie er die ihm fremde Kunst bewerten soll. Sulpiz Boisserée hat das sofort gemerkt. Einem Freund vertraut er an, daß Goethe wohl noch nie einen Johann van Eyck gesehen habe und, außer Dürer und Cranach, keine altdeutschen beziehungsweise altniederländischen Maler kenne. Um seine

Kenntnisse zu vertiefen, geht Goethe jeden Morgen früh um acht in den Bildersaal und vertieft sich ins Beschauen und Betrachten. Die Gastgeber kommen, soweit sie können, regelmäßig dazu. Goethe saugt gierig alle Informationen auf, die er über die Bilder bekommen kann. Über Stunden hinweg, bis zur Mittagszeit, diskutiert er mit den beiden Sammlern, will deren Meinungen erfahren und die historischen Hintergründe für die Bilder. Am Ende eines dieser Besuche entringt sich ihm ein Stoßseufzer:

Ach Kinder …, was sind wir dumm, was sind wir dumm …, das waren andere Kerle als wir, ja Schwerenoth! die wollen wir gelten lassen, die wollen wir loben und abermals loben! Die verdienen, daß Fürsten und Kaiserinnen, daß alle Nationen kommen, und ihnen huldigen! –

Während jener Septembertage 1814 treffen jedoch nicht nur drei Kunstsammler und ein Dichter aufeinander, es geht um mehr. Es geht um die Ablösung des klassischen Kunstideals durch die aufkommende Romantik, um den Gegensatz zwischen heidnisch-griechischer Antike und christlich-deutschem Mittelalter. Als Goethe nach zwei Wochen das gastliche Palais der Brüder Boisserée verläßt, ist er verstört und angeregt, verunsichert und angetan ob dem, was er gesehen und erfahren hat. Wie tief die existentielle Erfahrung ist, die er gemacht hat, verdeutlicht vielleicht eine Bemerkung, die der Buchhändler und Verleger Friedrich Perthes überliefert hat. Vor dem Flügelaltar mit einem Sankt Christophorus soll Goethe, schreibt Perthes, gesagt haben:

Wäre ich nicht ein so alter Heide, das Bild würde mich bekehren.

Ziemlich genau ein Jahr später reist Goethe erneut nach Heidelberg und findet wiederum *gastfreundlichste Aufnahme* bei Sulpiz Boisserée.

Diese Stadt, von so mancher Seite merkwürdig, beschäftigt und unterhält den Besuchenden auf mehr als eine Weise. Der Weg jedoch, welchen wir zu unsern Zwecken eingeschlagen haben, führt uns zuerst in die Sammlung alter Gemälde, welche, vom Niederrhein heraufgebracht, seit Jahren als besondere Zierde des Ortes, ja der Gegend angesehen werden kann.

Indem ich nun die Boisseréesche Sammlung nach einer jährigen Pause zum zweitenmal betrachte, in ihren Sinn und Absicht tiefer eindringe, auch nicht abgeneigt bin, darüber ein Wort öffentlich auszusprechen, so begegnen mir alle vorgefühlten Schwierigkeiten …

Dabei sollte es dann auch bleiben. Faszination hin, Interesse her. Der Kunsthistoriker Wilhelm Waetzoldt hat Goethes Position so beschrieben:

Zur Anerkennung mittelalterlicher Kunst ließ Goethe sich überzeugen, nicht aber zu den kunstpolitischen, ästhetischen und religiösen Folgerungen, die der Kreis um die Boisserée aus solcher Anerkenntnis für Leben und Kunst der Gegenwart ziehen wollte. Goethe kam über die Antinomie der Vorstellungsart nicht hinweg.

In seinen eigenen, Goethes, Worten, hört sich das so an:

Unter denjenigen Vortheilen, welche mir meine letzte Reise gebracht, stehet wohl die Duldsamkeit oben an, die ich, mehr als jemals, für den einzelnen Menschen empfinde. Jeder sucht und wünscht wozu ihm Schnabel oder Schnauze gewachsen ist. Der will's aus der enghalsigen Flasche, der vom flachen Teller, einer die rohe, ein anderer die gekochte Speise. Und so hab ich mir denn auch, bey dieser Gelegenheit, meine Töpfe und Näpfchen, Flaschen und Krüglein gar sorgsam gefüllt, ja mein Geschirr mit manchen Geräthschaften vermehrt. Ich habe an der Homerischen, wie an der Nibelungischen Tafel geschmaust, mir aber für meine Person nichts gemäßer gefunden, als die breite und tiefe immer lebendige Natur, die Werke der griechischen Dichter und Bildner.

Es war nicht bloß eine Liebhaberei, was die drei Freunde fast für ihr Leben vereinte. Ihre Anstrengungen wurden auch nicht ausschließlich von Kunstliebe und Patriotismus geleitet. Die Sammeltätigkeit war ihnen ein ernster Beruf … Die Galerie sollte ein

Haus in der Hauptstraße 207–209 (ehem. Palais Sickingen am Karlsplatz)

Ganzes, ein nationales Institut werden, und als deren Pfleger hofften sie für sich auf staatliche Anstellung und Entschädigung,

schreibt Eduard Firmenich-Richartz in seiner voluminösen Monographie über *Sulpiz und Melchior Boisserée als Kunstsammler.*

Richtiger wäre es, von Berufung zu sprechen, von Passion, denn die *drei Freunde* stecken mehr Geld und Arbeit in ihre Galerie, als sie dürften. Während Freunde und Verwandte das Geschehen mit Kopfschütteln betrachten, sind sie allerdings schon dabei, sich *durch die Bilder eine ehrenvolle und sorgenfreie Existenz zu verschaffen.* Das erste Kaufangebot kommt aus Berlin. Insbesondere Friedrich Schinkel bemüht sich sehr, die Sammlung an die Spree zu holen. Doch der Transfer kommt nicht zustande. Auch die Pläne, die Kollektion nach Köln zurückzuführen, scheitern, ebenso eine Übernahme durch Wien und Frankfurt am Main. Noch jemand pokert mit. Am Münchener Hof hat man schon lange größtes Interesse an den

Gemälden. Mitte August 1816 erscheint bei den Boisserées der bayerische Kronprinz Ludwig.

Er war in Civil-Kleidern und im strengsten incognito. Er verlangte Anfangs nur noch einige Bilder zu sehn, die er im vorigen Jahre nicht gesehn hatte, kam aber sehr bald auf das Capitel unserer Unterhandlung mit Preußen und äußerte seyn Bedauern darüber, daß wir uns vielleicht überreden ließen nach Berlin zu gehn ohne (statt) in den südlichen Ländern zu bleiben. – Gestern Morgen um 8 Uhr kam er von neuem wieder, blieb sehr lange bei Sulpiz, äußerte sehr freundschaftlich und vertraulich den Wunsch, wir möchten nach München kommen. –

Doch wird die Sammlung – noch – nicht nach Bayern kommen. Aus dem Feilschen geht Stuttgart als vorläufiger Sieger hervor. Einige Bürger der Stadt haben König Wilhelm I. von Württemberg auf die Kollektion aufmerksam gemacht. Als er sich der Angelegenheit annimmt, kommen die Dinge in Bewegung. Wilhelm sorgt für geeignete Ausstellungsräume, und ab Mai 1819 wird ein Teil der Bilder öffentlich gezeigt. Was so hoffnungsvoll begonnen hat, endet jedoch mit Mißklang und deshalb müssen die Gemälde noch einmal auf eine weite Reise gehen. Ihre endgültige Heimat wird München. 1827 kauft König Ludwig I. sie für 240.000 Gulden und legt damit den Grundstein für die weltberühmte Alte Pinakothek.

Bis zum Mittelpunkt der Erde …

Goethe und Marianne von Willemer in Heidelberg

Anfang Juni 1815 weilt Goethe zur Kur in Wiesbaden. Zu den Arbeiten, die er dennoch erledigen will, gehört die Erstellung eines Gutachtens über die Bildersammlung der Brüder Boisserée. Da er nach Beendigung der Kur plant, nach Weimar zurückzukehren, bittet er Sulpiz Boisserée, zu ihm zu kommen. Doch als ihm sein Landesherr im Spätsommer mitteilt, daß er ihn in Heidelberg treffen möchte, muß Goethe seine Reisepläne ändern. Am 19. September trifft er zu seinem achten und letzten Besuch in der Neckarstadt ein, die er stets besonders gemocht und über die er in seinem letzten Lebensjahr gesagt hat:

Heidelberg wiederzusehen muß ganz wunderbar sein, nur daran zu denken bringt mich in einen ganz eigenen Zustand.

Johann Wolfgang von Goethe (nach Gerhard v. Kügelgen)

Nur wenige Tage später kommt auch das gerade ein Jahr verheiratete Ehepaar Johann Jakob und Marianne Willemer – geadelt wird es erst 1816 – nach Heidelberg. Goethe und der Frankfurter Bankier Willemer kennen sich seit vielen Jahren. Als der Dichter im Sommer 1814 nach Wiesbaden in Kur geht – sie tut ihm so gut, daß er ein Jahr später erneut hinfährt – sehen sich die beiden Männer. Willemer, der bereits zweimal verheiratet war, hat auch seine Pflegetochter Marianne mitgebracht. Etwa zwei Monate später, am 27. September 1814, wird er sie heiraten. Die junge Frau mit, wie Richard Friedenthal in

Marianne von Willemer, geb. Jung,
(geb. Linz 20. 11. 1784, gest. Frankfurt a. M. 6. 12. 1860)

Tafel mit dem Gedicht von Marianne Willemer im Stückgarten
des Heidelberger Schlosses

[7]

Auf der Terasse hoch gewölbtem Bogen
war eine Zeit sein kommen und sein gehn
die Chiffre von der lieben Hand gezogen
ich fand sie nicht sie ist nicht mehr zu sehn

O schliesst euch nun ihr müden Augenlider
im Dämmerlicht der fernen schönen Zeit
umtönen mich des Freundes hohe Lieder
zur Gegenwart wird die Vergangenheit

Schliesst euch um mich ihr unsichtbaren Schranken
im Zauberkeirs der magisch mich umgibt
versenkt euch willig Sinne und Gedanken
hier war ich glücklich liebend und geliebt

Diese Verse schrieb Marianne von Willemer
in Erinnerung an ihre letzte Begegnung mit
Goethe in den Herbsttagen des Jahres 1815

seiner Goethebiographie schreibt, *unsicherster Herkunft*, gehörte, als Willemer sie kennenlernt, zum Personal des Frankfurter Theaters. Er war so angetan von ihr, daß er sie ihrer Mutter kurzerhand für zweitausend Gulden und ein Rentenversprechen abkaufte und als Pflegekind in seinen Haushalt aufnahm, wo sie seinen Töchtern als Gesellschafterin dienen sollte. Dafür erhielt sie Unterricht in Sprachen, Zeichnen und Musik. Schon bald bat er sie, seine Frau zu werden, aber erst nach 14 Jahren des Zusammenlebens hat sie seinem Werben nachgegeben. Goethe, der bei seinen diversen Badeaufenthalten fast immer die Nähe von Frauen suchte, ist sofort fasziniert von Marianne. Zunächst nennt er sie *Demoiselle Jung*, dann *Willemers kleine Gefährtin* oder nur die *Kleine*, schließlich *Marianne*. Sie wird *die einzige Partnerin Goethes (werden), die sich einen kurzen Augenblick zu seiner Poetenhöhe aufgeschwungen hat.*

Im Sommer 1814 steckt Goethe in einer schweren produktiven Krise. Auch die Arbeit am West-östlichen Divan kann darüber nicht hinwegtäuschen. Die Anregung zu dem *Tagebuch in Versen* hat er durch die Lektüre des *Divan* erhalten, verfaßt von dem persischen Dichter Hafis. Auf der Reise nach Wiesbaden und in den Rheingau entstehen die ersten Gedichte. Die Begegnung mit Marianne Jung setzt in dem fast fünfundsechzigjährigen Mann ungeahnte Lebensenergien frei und führt zu einem gewaltigen Schub seiner dichterischen Produktivität. Die Dreißigjährige wird zur *Sulaika* des Divans.

Das Treffen in Heidelberg ein Jahr später zwischen Goethe, Willemer, dessen Tochter Rosine und Marianne dauert vom 23.–26. September. Über den Verlauf des ersten Tages geben Goethes und Boisserées Tagebücher Auskunft. Der Reigen der Eintragungen beginnt mit Goethe.

Schloß. Divan. Mittag Familie. Kam Willemer. Kamen die Frauenzimmer. Erst über die Brücke, dann zum Karlstor. Den Neckar aufwärts.

Boisserée schreibt:

Goethe morgens früh auf dem Schloß, dichtend. Mittags, als wir bei Tisch, kömmt Willemer unerwartet. ... Nachdem wir eine kurze Weile gesessen und uns von der ersten Überraschung erholt, springt Goethe plötzlich auf, ich folg ihm in sein Zimmer, er sagt: »Wir können doch nicht essen, während die Frauen im Gasthof warten – das gibt ein Precipizio.[7] *von der ersten Sorte!« Ich gehe zu den Frauen, und erst als ich sie bringe, setzt sich Goethe wieder zu Tisch.*

An diesem Tag schreibt Goethe das Gedicht *Was bedeutet die Bewegung* ... von Marianne von Willemer ins Reine.

Was bedeutet die Bewegung?
Bringt der Ost mir frohe Kunde?
Seiner Schwingen frische Regung
Kühlt des Herzens tiefe Wunde.

Kosend spielt er mit dem Staube,
Jagt ihn auf in leichten Wölkchen,
Treibt zur sichern Rebenlaube
Der Insekten frohes Völkchen.

Lindert sanft der Sonne Glühen,
Kühlt auch mir die heißen Wangen,
Küßt die Reben noch im Fliehen,
Die auf Feld und Hügel prangen.

Und mir bringt sein leises Flüstern
Von dem Freunde tausend Grüße;
Eh noch diese Hügel düstern,
Grüßen mich wohl tausend Küsse.

[7] Etwa: Skandal, Aufsehen.

Und so kannst du weiterziehen!
Diene Freunden und Betrübten.
Dort, wo hohe Mauern glühen,
Find ich bald den Vielgeliebten.

Ach, die wahre Herzenskunde,
Liebeshauch, erfrischtes Leben
Wird mir nur aus seinem Munde,
Kann mir nur sein Atem geben.

Am nächsten Tag werden Schloß und Schloßgarten besichtigt. Plötzlich entdeckt Goethe ein Ginkgobäumchen. Da er Marianne vor einiger Zeit ein Blatt dieser Baumart geschenkt hat, nutzt er die Gelegenheit, ihr die botanischen Besonderheiten des fernöstlichen Baumes zu erklären. Auch ein Gedicht des West-östlichen Divans handelt vom Ginkgo. Wann und wo es entstanden ist, hat Heerscharen von Germanisten beschäftigt. Die meisten Argumente in diesem Gelehrtenstreit sprechen für Heidelberg. Die *rhythmische Übersetzung* seiner *prosaischen Auslegung* zählt zu den schönsten Gedichten in Goethes West-östlichem Divan.

Dieses Baums Blat[t], der, von Osten,
Meinem Garten anvertraut,
Giebt geheimen Sinn zu kosten,
Wie's den Wissenden erbaut.

Ist es ein lebendig Wesen?
Das sich in sich selbst getrennt;
Sind es Zwey? Die sich erlesen,
Daß man sie als Eines kennt.

Solche Frage zu erwidern
Fand ich wohl den rechten Sinn;
Fühlst du nicht an meinen Liedern,
Daß ich Eins und Doppelt bin?

Heidelb. d. 27. Sept. 1815

Den Spaziergang im Schloßgarten und das Gespräch über den Ginkgo hat Marianne von Willemer nie vergessen. Am 28. August 1824, an Goethes 75. Geburtstag, schreibt sie ihr berühmtes Erinnerungsgedicht *Auf dem Heidelberger Schlosse · An Goethe · 1824*[8].

…
Auf der Terrasse hoch gewölbten Bogen
War eine Zeit sein Kommen und sein Gehn,
Die Chiffer von der lieben Hand gezogen
Ich fand sie nicht, sie ist nicht mehr zu sehn.

[8] Der Text der Tafel im Stückgarten weicht vom Gedichttext ab. Es handelt sich um eine erneuerte, veränderte Fassung der ursprünglichen Gedenktafel.

Dort jenes Baums Blatt das aus fernem Osten
Dem westöstlichen Garten anvertraut,
Gibt mir geheimer Deutung Sinn zu kosten,
Ein Selam, der die Liebende erbaut.

O schließt euch nun ihr müden Augenlider!
Im Dämmerlicht der fernen schönen Zeit
Umtönen mich des Freundes hohe Lieder,
Zur Gegenwart wird die Vergangenheit.
...

Auch noch 45 Jahre später hat sich Marianne von Willemer bei ihrem letzten Besuch in Heidelberg an den Spaziergang im Schloßgarten erinnert. Ihre Begleiterin, Emilie Kellner, berichtet darüber:

Im Hinaustreten aus dem Schloßhofe, wenn man sich rechts wendet, gleich vornen am Wege in der Anlage, steht der Baum Gingobiloba. Frau von Willemer blieb hier stehen, suchte mit ihrem Sonnenschirm einige Blätter desselben zu erhaschen und sagte dann leise zu mir, mich bedeutungsvoll ansehend: »Dies ist der Baum, von welchem er mir damals ein Blatt brach und schenkte und mir dann das Gedicht machte und zuschickte..«

Der für die deutsche Literatur so folgenreiche Spaziergang im Schloßgarten hat nicht nur aus botanischen Gesprächen bestanden. Auf einer Bank im Stückgarten – sie ist auf dem Ölbild *Der Dicke Turm des Heidelberger Schlosses* von Philipp Christian Koester zu sehen – hat das Paar eine Rast gemacht; vielleicht Abschied genommen.

Hier saß ich lange ganz allein mit ihm in traulichem Gespräche! Hier schrieb er mit seinem Stock mir einen Vers in den Sand und dann wurden wir durch eine Horde jubilirender Studenten und Soldaten gestört.

Der *Vers*, den Goethe für Marianne von Willemer in den Sand des Stückgartens gezeichnet hat, ist bekannt. Es handelt sich um ein hymnenartiges Gedicht, das der Dichter, aus welchen Gründen auch immer, nicht in den *West-östlichen Divan* aufgenommen, sondern dem Nachlaß zugeordnet hat. Günther Debon hat es in seinem schönen Buch über die Begegnungen Goethes mit Heidelberg zu Recht eine der *hinreißendsten Schöpfungen* des Dichters genannt. Die reimlosen Zeilen sind die Summe, die Goethe aus den Heidelberger Tagen des Jahres 1815 gezogen hat.

Nicht mehr auf Seidenblatt
Schreib ich symmetrische Reime;
Nicht mehr faß ich sie
In goldne Ranken;
Dem Staub, dem beweglichen, eingezeichnet,
Überweht sie der Wind, aber die Kraft besteht,
Bis zum Mittelpunkt der Erde
Dem Boden angebannt.
Und der Wandrer wird kommen,
Der Liebende. Betritt er
Diese Stelle, ihm zuckt's
Durch alle Glieder.
...

Am 26. September kehren Willemers nach Frankfurt zurück; Goethe reist ein paar Tage später über Meiningen nach Weimar. Korrespondiert haben sie noch über viele Jahre hinweg, aber gesehen haben sie sich nicht mehr. Die fünfzehn Gedichte des Buches *Sulaika* im West-östlichen Divan, die im September 1815 in Heidelberg entstanden sind, zählen zu den Perlen der deutschen Literatur.

Wir befinden uns ... gottlob recht wohl ...

Georg Wilhelm Friedrich Hegel in Heidelberg

An einem Sommerabend des Jahres 1816, vielleicht am 14. August, lehnt sich der Vizedirektor der Studienkommission in Karlsruhe – sie ist für Auswahl und Bestallung von Professoren an den badischen Universitäten zuständig – Johann Friedrich von Eichrodt zufrieden in seinen Sessel zurück. Endlich ist es ihm gelungen, einen Kandidaten für den vakanten Lehrstuhl für Philosophie an der Universität Heidelberg zu finden. Seine Aufzeichnungen über die damit verbundene Arbeit sind ein einziger Stoßseufzer.

Georg Wilhelm Friedrich Hegel

Schon seit einigen Monaten, wo der bevorstehende Abgang des Professors Fries von Heidelberg nach Jena bekannt worden, beschäftigte ich mich damit, einen andern tüchtigen Mann an seiner Stelle ausfindig zu machen. Es war dies bei den seit mehrern Jahren in der Philosophie erfolgten Auswüchsen eine sehr schwierige Aufgabe, und nach einigen fruchtlosen Versuchen glaube ich so glücklich gewesen zu sein, nun den rechten Mann gefunden zu haben, der dies Fach vollständig zum gedeihlichen Nutzen der Lernenden und zur Ehre Heidelbergs ausfüllen wird. Der wahre Philosoph darf nicht ein Mann sein, der das Heil der Wissenschaft einzig und allein in die Kantische Vernunftkritik oder in die Psychologie oder bloß und allein in die Logik setzt oder gar sein Phantasieren für ein Philosophieren ausgibt und sinnreich dichtend sich für einen geistreichen Denker hält. Aber

Gedenktafel in der Plöck 48 – 50 für Georg Wilhelm Friedrich Hegel
(geb. Stuttgart 27. 8. 1770, gest. Berlin 14. 11. 1831)

[8]

von diesem Schlag sind die meisten beschaffen, und darum eben war es so schwer, den wahren zu finden ... Sein Besitz wird für Heidelberg ein ganz ungezweifelter großer Gewinn.

Der von Eichrodt Vorgeschlagene ist der 1770 in Stuttgart geborene Georg Wilhelm Friedrich Hegel. Als ihn der Ruf erreicht, ist er Rektor des Ägidien-Gymnasiums in Nürnberg. Obwohl er sich dort nicht unwohl fühlt, drängt es ihn, endlich wieder eine akademische Lehrtätigkeit ausüben zu können, so wie vor langen Jahren in Jena. Obwohl auch Angebote aus Berlin und Erlangen vorliegen, entscheidet er sich für Heidelberg. Am 19. Oktober 1816 trifft er ohne seine Frau, die durch die Anstrengungen beim Packen vorzeitig niedergekommen ist, in Heidelberg ein und bezieht eine Wohnung in der Friedrichstraße. Ob in dem Eckhaus östlich oder westlich der Einmündung in die Plöck, ist nicht mehr festzustellen. Der Schriftsteller Adolf Stahr schreibt, eine frühe Biographie Hegels von Karl Rosenkranz zitierend:

Hier stand Hegel oft am Fenster, auf die im Duft schwimmenden Berge und Kastanienwälder hinblickend, in Sokratisches Sinnen verloren, – während die Masse der Studenten ihn deshalb für nicht besonders fleißig hielt. Obwohl er viele unwiderstehlich anzog, gingen doch nach Jugendweise die meisten scheu um ihn herum. Einige traten ihm näher und begleiteten ihn, der, wie sonst, in grauen Beinkleidern und grauem Frack einherging, auf seinen Spaziergängen. Während des Sommers 1817 war er so in seine Gedanken verloren, daß er das Äußerliche oft ganz vergaß. So ging er einst über den Platz zum Universitätsgebäude, nachdem ein tüchtiger Regen die Erde aufgeweicht hatte. Ein Schuh blieb im Kot stecken. Er ging aber weiter, ohne in seiner Vertiefung diesen Defekt zu bemerken.

Das Gehalt des zerstreuten Professors beträgt 1500 Gulden und beinhaltet das Recht, *ein beliebiges Quantum von Korn und Spelz*[9] für

[9] Spelz ist die Weizenart Dinkel

seinen Hausbedarf besonders preiswert zu stipulieren, dessen Wert ihm allerdings vom Gehalt abgezogen wird. Da ihm der Ruf vorauseilt, einer der führenden Köpfe des geistigen Deutschland zu sein, sind die Studenten ziemlich gespannt, wer da das Katheder erklimmen werde. Für Alexander Pagenstecher, einen Freund des Malers Carl Philipp Fohr, verläuft die Begegnung zunächst enttäuschend.

Alles an (Hegel) war unförmig, disharmonisch. Sein Schädel dick und knollig, das Gesicht hängend, faltig, das Auge zwinkernd, leblos, die Gestalt des Körpers breit und sitzengeblieben, der Gang watschelnd, die Sprache undeutlich, kauend, durch häßliches Schwäbeln entstellt. Sein Vortrag war überdies unzusammenhängend, in hervorgestoßenen Einzelsätzen durch eine Unmasse neugebackener Ausdrücke und Wendungen verunstaltet und dadurch Ungeübten, wie mir, absolut unfaßbar.

Das Manuskript der ersten Vorlesung vom 28. Oktober 1816 zum Thema *Enzyklopädie der philosophischen Wissenschaften* hat sich erhalten.

Indem ich die Geschichte der Philosophie zum Gegenstande dieser Vorlesungen mache, und heute zum erstenmal auf hiesiger Universität auftrete, so erlauben Sie mir nur diß Vorwort hierüber vorauszuschicken, daß es mir nemlich besonders erfreulich, vergnüglich (ist), gerade in diesem Zeitpunkte meine philosophische Lauffbahn auf einer Akademie wieder aufzunehmen; denn der Zeitpunkt scheint eingetreten zu seyn, wo die Philosophie sich wieder Aufmerksamkeit und Liebe versprechen darf, diese beynahe verstummte Wissenschafft ihre Stimme wieder erheben mag, und hoffen darf, daß die für sie taub gewordene Welt ihr wieder ein Ohr leihen wird.

Trotz des beträchtlichen Aufsehens, das der neue Dozent erregt, ist seine Zuhörerschaft klein. Zunächst drücken nur etwa eine Handvoll Studenten die Hörsaalbänke; gegen Ende seiner Heidelberger Zeit werden es dann immerhin *etlich um 70* Studenten geworden sein. Einer von ihnen ist der Balte Boris

Ehemaliges Wohnhaus Hegels, Plöck 48–50

Uxkull. Er hat bis 1815 unter russischer Flagge gegen Napoleon gekämpft und hört nun in Heidelberg Philosophie. Wie seine Kommilitonen stöhnt auch er über die immensen Schwierigkeiten, die Hegel seinen Studenten zumutet.

Kaum angekommen, war mein erstes Geschäft, nachdem ich mich etwas umgesehen, den Mann zu besuchen, von dessen Persönlichkeit ich mir die abenteuerlichsten Bilder entworfen hatte. Mit ausstudirten Phrasen, denn ich war mir meiner völligen Unwissenschaftlichkeit wohl bewußt, ging ich nicht ohne Scheu aber äußerlich zuversichtlich zu dem Professor hin und fand zu meiner nicht geringen Verwunderung einen ganz schlichten und einfachen Mann, der ziemlich schwerfällig sprach und nichts Bedeutendes vorbrachte. Unbefriedigt von diesem Eindruck, obschon heimlich angezogen durch Hegels freundlichen Empfang und einen gewissen Zug gütiger und doch ironischer Höflichkeit, ging ich, nachdem ich die Collegia des Professors angenommen, zum ersten besten Buchhändler, kaufte mir die schon erschienenen Werke Hegels und setzte mich abends bequem in meine Sophaecke, um sie durchzulesen. Allein je mehr ich las, und je aufmerksamer ich beim Lesen zu werden mich bemühte, je weniger verstand ich das Gelesene, so daß ich, nachdem ich mich ein paar Stunden mit einem Satze abgequält hatte, ohne etwas davon verstehen zu können, das Buch verstimmt weglegte, jedoch aus Neugierde die Vorlesungen besuchte. Ehrlicherweise aber mußte ich mir sagen, daß ich meine eigenen Hefte nicht verstand und daß mir alle Vorkenntnisse zu diesen Wissenschaften fehlten. Nun ging ich in meiner Not wieder zu Hegel, der, nachdem er mich geduldig angehört, mich freundlich zurechtwies und mir verschiedene Privatissima zu nehmen anrieth …

Über die Schwierigkeiten, Hegel zu lesen und zu verstehen, wird bis heute geklagt. Auch gab und gibt es nicht wenige, die den Philosophen heftig kritisieren. Sein Fachkollege Bertrand Russell hat ihm vorgeworfen, daß fast alle seine Lehren falsch seien, und Karl R. Popper sagt von ihm, daß er die Vernunft erniedrigt habe. In der Tat ist es nicht leicht, Hegels kompliziert formulierten Gedankengängen auf die Spur zu kommen. Einer der zentralen Begriffe in Hegels Werk ist *Weltgeist.* Paul-Heinz Koesters schreibt dazu in seinem Buch *Deutschland deine Denker:*

Im Gegensatz zur Bibel, die einen vollendeten, absoluten Gott beschreibt, der über der Welt thront, begreift Hegel Gott als eine noch nicht fertige Weltvernunft, als einen im Werden befindlichen Weltgeist. … Hegel behauptet nun, daß sich die allmähliche Bewußtwerdung des Weltgeistes – also des werdenden Gottes oder der Vernunft – in einem universellen Prozeß vollzieht, an dem alles geistige und materielle Sein beteiligt ist. Ziel des komplexen Vorgangs: die Entfaltung der ganzen, der absoluten Wahrheit … das ganze Geschehen zwischen Himmel und Erde (läßt sich) auf einen Satz bringen: Die Wahrheit (Gott, Vernunft) bedient sich der Welt und aller Ereignisse in ihr, um sich ihrer selbst bewußt zu werden.

Hegel lebt sich in Heidelberg schnell ein. Die Stadt sagt ihm zu, ebenso die Situation an der Universität. Dem Freund Karl Friedrich Ernst Frommann schreibt er Mitte April 1817:

Was zuerst meine Veränderung der Lage betrifft, so ist sie mir fortdauernd in jeder Rücksicht vergnüglich. Das Lehramt auf einer Universität ist das gewesen, was ich, je länger ich in Nürnberg war, desto mehr wieder wünschte, und die hiesiege hat in so mancher Rücksicht Annehmlichkeiten und Vorzüge. Das Interesse an Philosophie, das Fries so gut als aussterben lassen hatte … scheint doch wirklich noch gewesen zu sein. Ich habe in der Logik, wo er 5 bis 6 Zuhörer hatte, deren in diesem Halbjahre etliche um 70, und es ist mir lieber, sie in meinem zweiten Semester als im ersten zu haben …

Trotz der intellektuellen Anstrengungen, die Hegel seinen Studenten zumutet, genießt er unten den jungen Männer einen guten Ruf. Der Schriftsteller Adolf Stahr hat überliefert, daß der Philosoph großen Anteil an dem Leben der akademischen Jugend genommen hat.

Er (wußte) besonders die später so boshaft verketzerten und bitter und schonungslos verfolgten, in ihrem tiefsten Grunde aber edlen und reinen Bestrebungen der deutschen Jugend in der Burschenschaft damals in ihrer vollen Bedeutung zu würdigen, und (stand) den Studierenden in dieser Hinsicht stets gern mit Rat und Hilfe zur Seite, die sie denn auch oft bei ihm suchten.

Auch über die private Situation Hegels sind Quellen erhalten geblieben. Einen schönen Einblick in den Alltag des Philosophen, dessen Frau, eine geborene von Tucher, nun auch in Heidelberg eingetroffen ist, gibt ein Brief, den Hegel am 27. Juli 1817 an seine Schwester Christiane schickt:

Wir befinden uns bisher gottlob recht wohl; meiner Frau hat der hiesige Aufenthalt recht sehr zur Bestärkung ihrer Gesundheit gedient; meine Kinder erfreuen sich ebensosehr unserer schönen Gegend und des erquickenden Einflusses der Sonne. – Wir wohnen hier in der Vorstadt; unser Hausbesitzer hat einen großen Feldbau; im Hofe bei den Kühen, Pferden, der Scheune, – seit ein paar Tagen wird Korn und Dinkel heimgefahren – fehlt es ihnen nicht an

Unterhaltung und freier Bewegung. Ich habe alle Ursache, mit meiner Lage zufrieden zu sein; ... Die hiesige Gegend ist sehr lachend, romantisch und fruchtbar; ... So ist unser Leben im ganzen vergnüglich gewesen ...

Mit der Übernahme der Dozentur in Heidelberg ist auch die Mitarbeit an den berühmten *Heidelbergischen Jahrbüchern* verbunden. Das Periodikum besteht seit 1808 und ist ein Podium für alle Universitätsdiziplinen. Um die Jahreswende 1817/18 schlagen in der Redaktion die Wellen hoch. Hegel hat einen Artikel über die politische Situation seiner Heimat Württemberg geschrieben und darin überholte Verfassungsstrukturen kritisiert, was ihm übel angekreidet wurde. So mag denn auch dieser Streit mit ein Grund gewesen sein, daß er eine Anfrage der philosophischen Fakultät Berlin, ob er Nachfolger Johann Gottlieb Fichtes werden wolle, positiv beantwortet hat. Wenige Wochen vor seinem Weggang wird am Abend des elften Juli die Idee geboren, den Dichter Jean Paul ehrenhalber zu promovieren. Der Chronist der denkwürdigen Stunden ist Heinrich Voß.

Mein Punschabend ... ist überaus herrlich ausgefallen; es war ein Friede, eine Freude in der Gesellschaft, die sich besser fühlen als beschreiben läßt. Und lauter auserlesene Männer hatte ich für meinen Jean Paul geladen ... Alle saßen um einen langen Tisch, nur ich allein ging ohne Aufhören umher und sah zu, ob auch die Gläser voll süßen Weins waren ... Die Zungen wurden immer beredter, die Schädel feuriger, und gesprochen ist unstreitig mehr als zehn dicke Folianten voll. Ein Pfarrer bat Hegeln, er möchte ihm eine Philosophie für junge Mädchen schreiben, die er beim Unterricht gebrauchen könnte. Der entschuldigte sich, seine Gedanken wären nicht faßlich genug, und vollends mit der Sprache, da würd' es hapern. »Wenn's weiter nichts ist«, rief der Pfarrer in feurigem Entzücken aus, dafür ist gesorgt, das muß unser Jean Paul übernehmen, der weiß Leben zu verbreiten durch Sprache und Darstellung.« –

»Also so steht die Sache«, rief nun Jean Paul dazwischen, unser Hegel soll den Geist hergeben, ich soll einen tüchtigen Leib darum ziehn und ein Schmuckgewand, und dann wollen Sie das Ding zu Markte führen.« – Das gab nun Anlaß zu einem Füllhorn von gutmütigen Scherzen; und Hegel ward so ausgelassen, so frohherzig, so populär (was er auf dem Katheder nicht immer ist), daß wenig fehlte, er hätte die Philosophie sogleich begonnen. Als die dritte Bowle aus war, machten ein paar Gäste ein Gesicht, als wenn sie gehn wollten. Geschwind ließ ich die vierte Bowle anrücken, und alles saß wieder. Erst um 12 Uhr trennten wir uns, dann ging jeder zu Hause, einige auf unsicheren Füßen, neben sich selbst. Kurz vor dem Auseinandergehen sagte Hegel, auf Jean Paul deutend: »Der muß Doktor der Philosophie werden ...«

Und so geschieht es. Nur wenige Tage später, am 16. Juli, beschließt die philosophische Fakultät Heidelberg, Jean Paul das entsprechende Ehrendiplom zu überreichen. Als der Dichter das Dokument, fein bedrucktes Pergament in einem prächtigen Futteral aus Saffian-Leder, in die Hände bekommt, ist er, wie Voß überliefert, überwältigt.

Als ich gestern nach 12 Uhr zu meinem teuren Jean Paul kam, fand ich ihn ganz in Freude verloren über die ihm erwiesene Ehre. ... Den Abend gab Creuzer[10] *einen großen Doktorschmaus, wozu auch aus andern Fakultäten Kollegen geladen waren. Das war wieder ein seliger Abend. Schrecklich hoch ließen wir den Doktor leben.*

Hegel hält noch bis Ende des Sommersemesters Vorlesungen. Kurz vor Beginn des Wintersemesters 1818/19 verläßt er Heidelberg und reist über seine Heimatstadt Stuttgart weiter nach Berlin. Auf dem Höhepunkt seiner Karriere stirbt er dort am 14. November 1831.

[10] Georg Friedrich Creuzer, Geb. 1771 in Marburg, gest. 1858 in Heidelberg; klassischer Philologe und Professor in Heidelberg.

Gedenktafel in der Grabengasse 9
für Friedrich Christoph (Christof) Schlosser
(geb. Jever 17.11.1776, gest. Heidelberg 23.9.1861)

[9]

Wie schön es sich hier lebt, ist schwer zu glauben

Friedrich Christoph Schlosser in Heidelberg

Als Friedrich Christoph Schlosser am 23. September 1861 in Heidelberg stirbt, ist ein langes Gelehrtenleben zu Ende gegangen. Über Göttingen, wo er Theologie studiert hat, Rußland, wohin er auswandern wollte, und Frankfurt am Main, wo er als Hauslehrer einer Kaufmannsfamilie und später als Professor am Lyzeum tätig war, kommt er 1817 nach Heidelberg. Die Universität hat ihn als Nachfolger des Historikers Friedrich Wilkens berufen, der nach Berlin gegangen ist. Wie damals in dieser Zunft üblich, liest er ein universalhistorisches Programm: von der Antike bis ins 19. Jahrhundert. Unter seinen Hörern ist auch der junge Student Georg Gottfried Gervinus, der später in Schlossers Fußstapfen treten wird. In seinem *Nekrolog* auf den verehrten Lehrer erinnert er sich an seine Studienzeit bei Schlosser.

Friedrich Christoph Schlosser

In dieser Zeit saß ich in Heidelberg zu seinen Füßen, sein dankbarer Schüler, und lauschte in gleich gefesselter Spannung, wenn er seine Vorträge mit einzelnen Bemerkungen einer treffenden Welt- und Menschenkenntnis würzte, die in den mannichfaltigsten Fragepuncten und Zweifeln, von denen die jugendliche Seele bewegt ist, mir die Schuppen von den Augen nahm, und wenn er die Entwicklungsepochen des menschlichen Geschlechts in großartigen Orientirungen entwarf, unter denen vor dem jungen Geiste die Pforten der Geschichte gleichsam knarrend auseinander sprangen.

Wie viele, die nach Heidelberg gekommen sind, ist auch Schlosser von der Stadt, ihrer Lage zwischen Fluß und Berg und der Umgebung begeistert. An Katherine Schmidt, eine Bekannte aus Frankfurt am Main, schreibt er 1818:

Wie schön es sich hier lebt, ist schwer zu glauben. Wer, wie ich, phantastisch an der Natur hängt, und stets diese Berge sieht, bald in Nebel und Wolken, bald rein und klar, bald halb umkränzt, dies friedliche Wasser, dies liebe Thal, die stolzen Felsen, die thronende Burg, und wohin er geht hoch über die Häuser dies alles sieht, und nur lebt um zu fühlen, wird er nicht glücklich sein? Und nun die Liebe und Achtung der Jugend, die Fassung derer, die sein Collegium, das sie anspricht, besuchen, auch wenn sie roh scheinen, die edle lohnende Beschäftigung mit der herrlichsten Wissenschaft, deren Leben sogleich mündlich hinüber geht zu dem werdenden, ja fast schon seienden Geschlecht der Leitenden, Lehrenden, Predigenden! … Sie sehen mich begeistert – ich wanderte in freundlichem Wetter allein den Neckar weit hinauf, bis über Kloster Neuburg, da schien mir alles so licht, so schön, ich versank nach meiner schwärmenden Art zwischen den Bergen in den Schooß der Natur selbst …

Ein Jahr später hat sich Schlosser soweit etabliert, daß er sich ein stattliches, mehrstöckiges Haus kaufen kann, heute Grabengasse Nummer neun. Die dort angebrachte Sandsteintafel verrät, daß er es vierunddreißig Jahre lang bewohnt hat, bis 1853. Bald zieht auch das akademische Leben in das Gebäude ein. Schlosser, der immer ein intensives Verhältnis zu seinen Studenten gepflegt und nicht etwa auf professorale Distanz geachtet hat, hält regelmäßig Zusammenkünfte ab, die sowohl dem wissenschaftlichen Diskurs dienen, wie auch geselligem Beisammensein. Biograph Georg Weber hat festgehalten, wie es dabei zuging.

Bei diesen Abendcirkeln wurden die jungen Freunde mit einem einfachen Thee bewirthet, wobei er die Stelle des Hausherrn und zugleich der Hausfrau versah mit einer gesellschaftlichen

Gewandtheit, wie man sie nicht an dem ernsten Professor gesucht hätte, und gepaart mit der großen Unterhaltungsgabe und lebhaften Conversation, die ihm bis in sein höchstes Alter eigen geblieben ist. Alle die jungen Männer, die in jenen regsamen Jahren ihm nahe kamen, haben ihm ihr ganzes Leben die größte Verehrung und Anhänglichkeit bewahrt; und so sehr er bemüht war, alle Stunden aufs eifrigste zu verwerthen und die edle Zeit sorgsam zu verwenden: für Jünglinge, die bei ihm Rath oder Unterweisung suchten, war sein Haus immer offen, und wie mancher hat durch ihn seine Lebensrichtung empfangen!

Schlosser steht am Beginn einer imponierenden Reihe von Heidelberger Historikern – ihm folgen Georg Gottfried Gervinus, Ludwig Häusser und – ab 1876 – der nationaltümelnde Heinrich von Treitschke –, die eine Art Schule geschaffen haben. Ihnen ging es, im Gegensatz zu den Berliner Historikern um Leopold von Ranke und Heinrich von Sybel nicht so sehr um die Frage »Wie war es?«, sondern um das Problem des Lernens aus der Geschichte. Sie wollten öffentlich, das heißt politisch und gesellschaftlich wirken. Bei Schlosser führt das, wie Gervinus schreibt, zu einem *intimeren Bezug der Wissenschaft zu dem Leben*, zu einer Ausrichtung der historischen Forschung auf die Gegenwart. Seine Geringschätzung der Neben- und Hilfswissenschaften mit ihrer *abgelegenen, antiquarischen, archäologischen und mythologischen Weisheit* geht soweit, daß ihm schon mal die Fakten durcheinander geraten.

Es schlüpft ihm ein Anachronismus von 100 Jahren aus der Feder; er läßt Schlachten gewinnen die verloren wurden, und klassische Werke verlieren, die erhalten sind, gesteht Gervinus. Daß Schlosser trotz seiner Fehler, seiner trockenen Schreibweise und seiner wissenschaftsgeschichtlichen Antiquiertheit noch immer Reputation besitzt, liegt in seiner Haltung. Er lehnt jede Verfassung, jeden Stand und jeden Staatsmann ab, der sein

Wirken nicht auf eine Verbesserung des *Wohles der Vielen* ausrichtet. Er fordert, daß der König für das Volk da sei und nicht das Volk für den König. Das ist die Haltung eines durch und durch in der Wolle gefärbten Demokraten. Typisch für sein Denken ist eine Anekdote, die sich auf ein Gespräch zwischen ihm und dem Freiherrn von Stein bezieht. Der hatte Schlosser 1813 in Frankfurt, wie der Historiker Bernd Erdmannsdörfer in seiner *Gedächtnisrede* zu Schlossers 100. Geburtstag schreibt, gefragt, wie es daheim in Jever stehe. Der hatte ihm die bezeichnende Antwort gegeben:

Schlecht, Excellenz, grundschlecht, aber doch noch besser, als an den meisten anderen Orten, denn wir haben keine Edelleute im Lande.

Diese Einschätzung wird auch von heutigen Historikern geteilt, so von Eike Wolgast. In seinem Beitrag *Politische Geschichtsschreibung in Heidelberg* kommt er zu folgendem Urteil über Schlossers wissenschaftlichen Ansatz:

Für Schlosser war die Geschichte noch einmal und ganz unmittelbar magistra vitae, Bildungsmacht, und sollte ›ein solches Mittel tieferer Bildung (werden), wie das bis dahin nur das Altertum und die Philosophie und Poesie für uns Deutsche gewesen waren.‹ Seine ganze Geschichtsschreibung ist vom pädagogischen Impetus bewegt, zur moralischen Besserung und zur sittlichen Hebung des Menschen beizutragen. Damit entsprach Schlosser den Postulaten der Aufklärung. Allerdings war der aufgeklärte Optimismus mit seinem Glauben an die Entwicklungsfähigkeit des Menschen und an moralischen Fortschritt bei ihm nicht mehr ungebrochen wirksam, sondern durch die Erfahrung der Geschichte und seine eigenen Erfahrungen eingeschränkt.

Schon in den ersten Jahren seiner Heidelberger Lehrtätigkeit versucht Schlosser, seine Vorlesungen und Seminare auf eine neue, breitere wissenschaftliche Grundlage zu stellen. Diese glaubt er am besten in Paris erwerben zu können. 1822 kann er endlich dorthin reisen. Insgesamt trägt der Aufenthalt reiche Früchte. Er lernt bedeutende Persönlichkeiten der deutschen Kolonie kennen, darunter auch Alexander von Humboldt.

Bald nach seiner Rückkehr aus Paris erscheint Schlossers Hauptwerk seiner langen Heidelberger Zeit, die *Geschichte des 18. Jahrhunderts und des 19. bis zum Sturz des französischen Kaiserreichs*. Er veröffentlicht sie erstmals 1823 in zwei schmalen Bänden, die er im Laufe der Jahre ständig umarbeitet und erweitert. 1848 umfaßt sie insgesamt sieben Bände. In dem Werk bemüht sich Schlosser unter anderem um eine kritische Sicht Napoleons, fernab der oft nationalistischen Häme, wie sie in Deutschland üblich war. Das bringt ihm im Laufe der Zeit eine gewisse Wertschätzung der napoleonischen Familie ein. Königin Hortense von Holland, Tochter des Generals Beauharnais und der späteren Kaiserin Josephine, und die von Napoleon adoptierte badische Großherzogin Stephanie stehen mit Schlosser in persönlichen Beziehungen. Napoleons Sohn, der Herzog von Reichstadt besucht ihn sogar in seiner Heidelberger Wohnung. *Diese Verbindung*, schreibt Georg Weber, *hätte Schlosser in den fünfziger Jahren leicht zur Erwerbung von Orden und Ehren nutzen können; allein über diese Schwächen und Eitelkeiten war er stets erhaben, und in Paris hat man Takt genug besessen, keinen unpassenden Schritt zu thun.*

Schlossers Haus in der Grabengasse 9

1830 fällt Schlosser eine neue Aufgabe zu. Zusammen mit dem Publizisten Gottlob Friedrich August Bercht gründet er in

Frankfurt das *Archiv für Geschichte und Literatur*. Da er im Zorn die Leitung der Universitätsbibliothek abgegeben hat - gegen seinen Willen waren zu überteuerten Preisen Bücher des Klosters Salem angekauft worden - hat er genügend Zeit, sich mit der Edition und Publikation der Zeitschrift, die rund sechs Jahre lang erscheint und eine Reihe der interessantesten Arbeiten Schlossers enthält, zu beschäftigen. Auch Gervinus, wie überhaupt einige der bekanntesten Historiker der Zeit, haben für das Journal geschrieben.

Zur Revolution von 1848 hat er als Historiker ein merkwürdig distanziertes Verhältnis. Im Grunde berührt ihn das nicht. Immerhin begreift er sie als *Gericht über die Schichten, die nach 1814 das Volk um die Früchte des Sieges betrogen hatten*, zumindest sieht das der Historiker Eike Wolgast so und hat damit sicher nicht Unrecht.

Anfang der fünfziger Jahre, Schlosser ist mittlerweile fast ein dreiviertel Jahrhundert alt, fällt ihm das ständige Treppensteigen in seinem Haus immer schwerer. Schon von Krankheit gezeichnet sucht er ein neues, bequemeres Domizil. Er findet ein Haus mit Garten und Hühnerhof in der Plöck Nummer 50. Dort ist er, hochgeehrt und längst mit der Ehrenbürgerschaft der Stadt Heidelberg ausgezeichnet, am 23. September 1861 gestorben.

Fassen wir die Schlosser'sche Geschichte in ihrer Totalität auf, so werden wir finden, daß in politischer und religiöser Hinsicht einige wenige Grundzüge, gleichsam als die Grund- und Ecksteine des Baus, durch das ganze Werk durchgehen, und wir glauben nicht zu irren, wenn wir diese Grundzüge als die innerste Lebensanschauung des Verf., als die Basis seines geistigen Wesens, als den Kern und Boden seiner Natur bezeichnen. Diese Fundamentalprincipien, die als Unterlage seiner historischen Anschauung, Beurtheilung und Würdigung aller Erscheinungen, Handlungen und Persönlichkeiten gelten können, sind erstlich eine d e m o k r a t i s c h e G e s i n n u n g, aber nicht in der wörtlichen und modernen Bedeutung ... resümiert Georg Weber dieses Gelehrtenleben. Was Schlosser, wie allzuvielen aufrechten Geistern des 19. Jahrhunderts fehlt, ist der Sprung über das liberale Denken des Bürgertums hinaus, hin zu mehr Rechten für breite Volksschichten. Dennoch gehört er zu den Gestalten deutscher Wissenschaftsgeschichte, die nicht in Vergessenheit geraten sollten.

Gedenktafel in der Hauptstraße 78 für Robert von Mohl
(geb. Stuttgart 17. 8. 1799, gest. Berlin 4. 11. 1875)

[10]

Eine nicht ganz befriedigende akademische Wirksamkeit

Robert von Mohl in Heidelberg

Im Wintersemester 1819/20 immatrikuliert sich der Student der Rechte Robert von Mohl in Heidelberg. Er ist aus Tübingen gekommen, kennt also schon das akademische Leben. Deshalb fallen ihm auch gleich die großen Unterschiede auf, die zwischen beiden Universitäten und Universitätsstädten bestehen.

Robert von Mohl

So elend im ganzen der Unterricht, wenigstens in der Rechtswissenschaft, dort bestellt war, so glänzend war er hier; so naiv und roh-gemütlich die Zustände der Studentenwelt am ersteren Orte, so luxuriös, verhältnismäßig raffiniert, aber teilweise auch verdorben waren sie am andern; an der Stelle des engbürgerlichen Lebens in dem schwäbischen Landstädtchen war hier eine freiere, feinere Geselligkeit und Lebenssitte, eigentlich weit über die natürlich begründeten Verhältnisse und Bedürfnisse hinaus gesteigert.

Mohl empfindet die neue Situation als ausgesprochen angenehm. In der Rückschau auf sein Leben zählt er die rund 18 Monate in Heidelberg zu den angenehmsten. Er lernt Professor Anton Friedrich Justus Thibaut kennen und ist begeistert von ihm.

Der schöne, namentlich im Sitzen sehr groß erscheinende Mann bot in seiner Würde und Ruhe eine imponierende, vornehme Erscheinung dar. Sein Organ war vortrefflich und von dem großen

Musikkenner vollständig künstlerisch ausgebildet. Die Rede floß leicht und angenehm, war rhetorisch gut geordnet, geschmackvoll in positiver und negativer Richtung. Eine unverkünstelte Wärme und Teilnahme an dem Gegenstande hatte einen entsprechenden Einfluß auf die Zuhörer. Die gelegentlich angebrachte Schmeichelei, daß gebildete und ehrenwerte junge Männer geeignet seien, den Verstand und großen Sinn der Römer zu begreifen, wurde gern hingenommen.

Mit dem Wintersemester 1821 geht Mohls Studienzeit in Heidelberg zu Ende. Damals ahnt er noch nicht, daß ihn sein Leben ein knappes Vierteljahrhundert später in die Neckarstadt zurückführen würde.

1845 kandidiert er für den württembergischen Landtag und kritisiert in diesem Zusammenhang innenpolitische Mißstände. Als das öffentlich wird, kann er einer Zwangsversetzung nach Ulm nur dadurch entgehen, daß er den Staatsdienst quittiert. Was zunächst wie ein schlimmer Karrierebruch aussieht, erweist sich bereits zwei Jahre später als Aufbruch zu neuen Ufern. In Karlsruhe entschließt man sich, dem gemaßregelten Professor einen Lehrstuhl anzubieten.

Seine königliche Hoheit, der Großherzog, haben auf den unterthänigsten Vortrag des Präsidenten Aller-Höchst Ihres Ministeriums des Innern allergnädigst geruht, den ehemaligen Tübinger Profeßor Robert vom Mohl in Tübingen vorbehaltlich seiner Entlaßung aus dem Königlich Württembergischen Staatsverbande zum Geheimen Hofrath und zum ordentlichen Profeßor des Verwaltungsrechts und der damit verwandten Wißenschaften an der Universität Heidelberg mit einer Besoldung von jährlich Zweitausend Gulden zu ernennen …

Ab dem Wintersemester 1847/48 hält er Vorlesungen und Übungen über: *Encyklopädie der Staatswissenschaften, Polizei, Politik und Allgemeines deutsches Staatsrecht.* Über die Atmosphäre in Heidelberg schreibt er in seinen *Lebenserinnerungen:*

Schon die ganze äußere Physiognomie von Heidelberg war eine andre, das Ganze vornehmer. Zwar bildete die Universität in der größeren und gewerbereicheren Stadt und bei der schon damals bedeutenderen Anzahl von wohlhabenderen Fremden, welche ihren kürzeren oder längeren Aufenthalt hier zu nehmen pflegten, nicht den allein maßgebenden Mittelpunkt des ganzen Lebens; auch war der Umfang der Anstalt kleiner, da nur eine theologische Fakultät und keine staatswirtschaftliche bestand; auch war der äußere Zuschnitt der öffentlichen Anstalten im ganzen kein sehr glänzender, allein es war ein größeres, reicheres Leben in mehr als einer Beziehung. … Die häuslichen Einrichtungen waren stattlich und vielfach kostbar, wozu denn auch die vielen schönen Wohnungen beitrugen, ehemalige Herrenhäuser aus kurpfälzischer Zeit. (Ich selbst wohnte in einem solchen ausnehmend gut.) Bei gesellschaftlichen Zusammenkünften herrschte viel Luxus und ein feiner geselliger Ton, zu welchem denn namentlich die Fremden beitrugen. Fehlten auch die fatalen großen Gastereien nicht ganz, so waren doch die leichteren Formen, Bälle, musikalische Abende und dergleichen, vorherrschend. Immer aber wurde entschiedenes Gewicht gelegt auf gute Weine und entsprechender Aufwand hierfür gemacht. Endlich zeigte die Erscheinung und das Verhalten der Studenten, daß dieselben zu gutem Teile hochgestellten und reichen Familien angehörten. Heidelberg war überhaupt ein teurer Ort, und Ärmere suchten es daher nicht leicht auf…

Wovon Mohl allerdings nicht spricht, ist der Umstand, daß sich der Beginn seiner Arbeit in Heidelberg schwierig gestaltet. Zunächst erkrankt er *auf Leben und Tod* an einer Rippenfellentzündung. Dann traut er sich, inzwischen zum Mitglied der Frankfurter Nationalversammlung gewählt und prominentes Mitglied des *Württemberger Hofes*, nicht nach Heidelberg zurück, weil dort die Revolution herrscht. All das nimmt ihn ziemlich mit, zumal er auch große Angst vor tiefgreifenden gesellschaftlichen Veränderungen hat.

Ich bedurfte der Erholung von den Aufregungen und der übermäßigen Arbeit so sehr, daß ich erst im Spätsommer nach Heidelberg zurückkehren, meine Vorlesungen also erst im

Wintersemester 1849–50 wieder aufnehmen konnte, also nach fast zweijähriger Unterbrechung.

Aber auch nach der Rückkehr nach Heidelberg gestalten sich die Dinge nicht so, wie Mohl sich das erhofft hat. Vor allem gilt dies für seine akademische Tätigkeit. Die Zahl seiner Studenten und damit sein Einkommen, bleibt bescheiden. Im *Deutschen Staatsrecht* hat er 1852 etwa 90 Hörer, in der *Encyklopädie der Staatswissenschaften* 30 und in seinem Spezialfach Verwaltungsrecht gar nur zwölf, die er völlig frustriert als *Esel* tituliert, in dem Bewußtsein, daß seine Übungen hier auf wackeligen Füßen stehen. Das bedeutendste akademische Werk der Heidelberger Jahre ist seine *Geschichte und Literatur der Staatswissenschaften.* Seit langem hat er sich mit der Konzeption dieses Kompendiums beschäftigt. Nun stürzt er sich mit Vehemenz in die Arbeit. 1858 liegt der dritte und letzte Band vor. Ein photomechanischer Nachdruck des ganzen Werks von 1960 zeugt davon, daß es auch heute noch von Interesse ist. Stolz auf das Geleistete gestattet er sich ein Selbstlob:

Ich darf mir das Zeugnis geben, daß ich während einer Reihe von Jahren mit großer Thatkraft, intensivster Anstrengung und unermüdet mein Ziel verfolgte. Auch brachte ich nicht geringe Opfer. Ich hielt mich wochen- und monatelang am Sitze großer oder für meine Zwecke besonders brauchbarer Bibliotheken auf, so in Göttingen, Hamburg, Paris (hier zweimal); ließ mir viele Hunderte von Bänden weither zur Benützung kommen, namentlich von Berlin, München, Stuttgart. Ich setzte sogar mein Augenlicht daran, indem ich mir durch übermäßiges Lesen und Schreiben ein hartnäckiges Übel zuzog, welches mit gänzlicher Erblindung des linken Auges endigte, mich aber nicht an der Vollendung der Arbeit hinderte ... Das Ergebnis war dann aber nicht etwa bloß eine so oder so geordnete Aufzählung von Büchertiteln; nicht einmal bloß eine Beurteilung der einzelnen Schriften, sondern eine Reihenfolge von zwanzig zum Teil sehr ausführlichen Monographien über einzelne Teile der Staatswissenschaf-

ten, in welchen ich allerdings die einschlagende Litteratur in möglichster Vollständigkeit aufführte, auch womöglich jedes einzelne Buch kürzer oder weitläufiger beurteilte, hauptsächlich jedoch den Gegenstand selbst und die ganze Art seiner bisherigen wissenschaftlichen Bearbeitung einer kritischen Darstellung unterzog.

Erich Angermann, Mohls enzyklopädischer Biograph, lobt, ohne die zweifellos vorhandenen Schwächen der Arbeit zu verkennen:

Das Werk fand … ausgezeichneten Absatz. Trotz mancher Kritik im einzelnen … gewann es als Gesamtleistung und als außergewöhnliches Resultat deutschen Gelehrtenfleißes, freien, umsichtigen Urteils und ungeachtet mancher Weitschweifigkeit klarer und logischer Darstellungskraft auch die ungeteilte Anerkennung der gelehrten Welt. Die Riesenleistung ist um so erstaunlicher, als das Ganze, freilich auf der soliden Grundlage vieler Vorarbeiten, in wenigen Jahren zusammengetragen und gestaltet worden ist.

Wohnhaus Mohls in der Hauptstraße 78

Insgesamt sind die Heidelberger Jahre für Mohl eine ruhige Zeit. Das spiegeln auch seine *Lebens-Erinnerungen* wider. Was er notiert, bleibt merkwürdig substanzlos. Mit einer Ausnahme: Ausgesprochen lebendig sind seine Aufzeichnungen, wenn er über Zeitgenossen berichtet. Unter den Porträtierten sind der Philosoph Kuno Fischer und der Germanist Georg Gottfried Gervinus, die Entdecker der Spektralanalyse Robert Bunsen und Gustav Kirchhoff, der Chemiker Leopold Gmelin, der weit über Baden hinaus bekannte Chirurg Maximilian Joseph von Chelius und viele andere mehr. Leider muß festgestellt werden, daß er keinen Blick für die Leistungen der Frauen in seinem Umkreis hat.

1861 geht Mohls zweiter Heidelberger Aufenthalt zu Ende. Nach seiner Ernennung zum Großherzoglich-badischen Gesandten am Deutschen Bundestag verläßt er die Stadt und zieht nach Frankfurt am Main. Voll Stolz über das Geleistete, aber auch mit nicht überhörbarer, leiser Resignation zieht er am Ende Bilanz.

So war denn das Ergebnis eines beinahe vierzehnjährigen Aufenthaltes in Heidelberg: eine anständige, mich aber doch nicht ganz befriedigende akademische Wirksamkeit, unterbrochen durch mannigfache, zum Teil lange dauernde politische Aufgaben; eine große und anerkannte Thätigkeit als Schriftsteller, welche Veranlassung gab zu wiederholten Reisen; ein anregender Verkehr mit geistreichen und wohlwollenden Amtsgenossen und Freunden; ein bunter Verkehr mit vorüberziehenden Fremden verschiedensten Stammes. Viel Gutes also, dessen ehrenvolle, von mir nicht gesuchte Beendigung mir jedoch erwünscht war. ... Daß ich nicht ohne Beifall gewirkt und gelebt hatte, bewies die Erteilung von Orden, die Ernennung zum Ehrenbürger der Stadt, ein Fackelzug bei dem Abzuge. In gebührendem historischen Abstand urteilt Erich Angermann über Stärken und Schwächen dieses Gelehrtenlebens:

Mehr ein umfassend interessierter, kritischer, anregender, suchender als ein schöpferischer, konstruktiver Geist, dachte Mohl in der Politik pragmatisch und verabscheute den halsstarrigen Doktrinarismus vieler liberaler Oppositionspolitiker, ohne doch je ein kritikloser Bewunderer des Erfolgs zu werden. Ein eifriger Kulturkämpfer und nicht selten gehässiger Antisemit, hielt er doch für gewöhnlich an den liberalen Grundwerten fest ..., ein verdienstvoller und hochangesehener Gelehrter von großem Einfluß auf das liberale Denken seiner Zeit. Daß es ihn nicht lange überlebte, lag weniger an seiner geistigen Unfruchtbarkeit als am schwindenden Interesse des im Kaiserreich herrschenden Positivismus an einer Rechtsstaatskonzeption, wie sie Mohl aus einer lebendigen Verwaltungspraxis entwickelt hatte.

Aber man muß doch einmal suchen, aus diesen Schranken durchzubrechen

Georg Gottfried Gervinus in Heidelberg

Mannheim, den 25. Februar 1853. (Es wird erkannt), daß der Angeklagte, Professor Georg Gottfried Gervinus in Heidelberg, von der Anklage wegen der durch die Presse verübten Aufforderung zum Hochverrath freigesprochen, dagegen der Gefährdung der öffentlichen Ruhe und Ordnung durch die Presse für schuldig zu erklären und deshalb zu einer auf der Festung zu erstehenden Kreisgefängnißstrafe von zwei Monaten, in die Proceßkosten sowie in die Kosten der Urtheilsvollstreckung zu verurtheilen sei.

Georg Gottfried Gervinus, Lith. n. d. Originalgemälde von Osterley

Zugleich wird die Vernichtung der mit Beschlag belegten Exemplare der Druckschrift: »Einleitung in die Geschichte des neunzehnten Jahrhunderts«, sowie derjenigen Exemplare ausgesprochen, welche an Orten, die dem Publikum zugänglich sind, oder sich noch im Besitze des Verfassers oder eines Buchhändlers im Inlande vorfinden, oder von diesen sonst im Inland hinterlegt worden sind.

Obwohl dieses Urteil in der Revision, in die sowohl Staatsanwaltschaft wie Verteidigung gegangen sind, nicht bestätigt wird und der Prozeß im Sande verläuft – die nächste Instanz erklärte sich für nicht zuständig, eine erneute Anklage wurde nicht erhoben –, wird Gervinus durch Entschließung des Großherzoglichen Staatsministeriums die Bewilligung zur Haltung von Vorlesungen an der Universität Heidelberg, die ihm 1844 verliehen worden ist, wieder entzogen. Gervinus verläßt die

Gedenktafel in der Friedrich-Ebert-Anlage 5 für Georg Gottfried Gervinus
(geb. Darmstadt 20. 5. 1805, gest. Heidelberg 18. 3. 1871)

[11]

Universität und lebt als Privatgelehrter in Heidelberg. Damit brach eine akademische Karriere zusammen, die 27 Jahre zuvor am selben Ort hoffnungsvoll begonnen hatte.

1826 immatrikuliert sich der 1804 in Darmstadt geborene Student Georg Gottfried Gervinus an der Universität Heidelberg. Der junge Mann macht gerade einen tiefgreifenden Wandel seiner Interessen und Einstellungen durch. Ursprünglich ein romantisch veranlagter Mensch, dem Weltreich der Ideen zuneigend, fesselt ihn mehr und mehr die reale Seite des Lebens. Das Studium soll nicht länger nur Kenntnisse von Vergangenem bringen, sondern einen Raster für eigenes, zukunftsorientiertes Handeln schaffen. Manifest wird diese Veränderung im Wechsel seines Studienfaches: Bislang hat er sich vor allem mit Philologie und Ästhetik beschäftigt. Jetzt genießt Geschichte Priorität. Gespannt lauscht er den Vorlesungen Friedrich Christoph Schlossers, der ihn mit Machiavelli bekannt macht und dessen Verständnis vom Funktionieren moderner Gemeinwesen. Ein Italienaufenthalt und die Begegnung mit dem Werk des Historikers Friedrich Christoph Dahlmann werden den Wandel Gervinus' von einem romantischen Schwärmer zu einem scharfsichtigen Beobachter und Kritiker seiner Zeit voll enden.

Neun Jahre nach seiner Immatrikulation ist aus dem Studenten ein Professor geworden. Seit 1835 lehrt Gervinus in Heidelberg Literatur. Unter den entstehenden Werken ist besonders die fünfbändige, 1842 vollendete *Geschichte der poetischen Nationalliteratur der Deutschen* zu nennen. Schon in der Einleitung wird die Sehweise, die für Gervinus lebensbestimmend wird, deutlich. Literatur und Geschichte als Modell für gesellschaftliches Handeln und, nicht minder wichtig, für historische Forschung.

Mir schien es aber, als ob die Geschichte der deutschen Nationalliteratur noch von Niemand aus einem Gesichtspunkte behandelt worden sei, welcher der Sache selbst würdig, und der Gegenwart und jetzigen Lage der Nation angemessen wäre; mir schien es, als ob zu einer solchen würdigeren Auffassung der Sache auch auf dem hergebrachten Wege nur schwer oder gar nicht zu gelangen sei. Ähnlich verhält es sich auch mit der politischen Geschichte von Deutschland. Man machte zwar die ungeheuersten Anstrengungen, man legte die gewaltigsten Werke an, um der Nation Ehrendenkmale zu setzen, allein je höher man baute, je gleichgültiger ward das erst in Masse versammelte Publicum und verlief sich allgemach. Die Ursache war keine andere, als daß man hier nur der Vorzeit Monumente setzte und sie mit heimlichen oder ausgesprochenen Vorwürfen einer Zeit und einem Geschlechte vorhielt, das, wenn es auch nicht in der Gegenwart großen äußeren Ruhm gegen den seiner Vorfahren zu stellen hatte, doch in seinem inneren Leben ein ersetzendes Verdienst kannte …

Walter Boehlich, der sich in den späten sechziger Jahren sehr um den kaum noch bekannten Gervinus bemüht hat, schreibt über die Literaturgeschichte, die bis heute keine kongeniale Nachfolge gefunden hat:

Er wählte nicht die Geschichte, sondern die Literatur, weil deren gegenwärtige Größe ihm ein Versprechen auf politischen Fortschritt zu enthalten schien. Er wollte ermutigen, nicht entmutigen. Er zielte auf seine Zeitgenossen, nicht auf das Fach. Er schrieb, nicht weil alles anders geworden war als in grauer Vorzeit, sondern damit alles anders werde. Wenngleich er über Literatur schrieb, schrieb er doch gegen die Literatur – und vor allem gegen die ihm gleichzeitige –, wie sich bei Erscheinen des letzten Bandes zeigen sollte. Dort deutet er an, daß es nun genug sei mit der Poesie, daß sich die Deutschen endlich politischem Handeln zuwenden, daß sie den Weg zu Freiheit und Einigkeit finden müßten, und sei es durch Revolution.

1835 wechselt Gervinus nach Göttingen, wo der von ihm verehrte Friedrich Christoph Dahlmann lehrt. Im selben Jahr erscheint der erste Band seiner *Geschichte der deutschen Dichtung*, der ihm die Ernennung zum außerordentlichen Professor in

Heidelberg und wenig später die zum ordentlichen in Göttingen einbringt. Als 1837 der hannoversche König Ernst August die Verfassung seines Königreichs suspendiert und Dahlmann das Verhalten des Herrschers kritisiert, solidarisiert sich Gervinus mit Dahlmann. Der Protest der beiden Wissenschaftler, dem sich noch fünf weitere Männer anschließen, darunter Jakob und Wilhelm Grimm, ist unter dem Namen *Göttinger Sieben* in die Geschichte eingegangen. Von König Ernst August deshalb des Landes verwiesen, kehrt er nach Heidelberg zurück, schreibt weiter an seiner Literaturgeschichte, die er 1842 mit dem fünften Band abschließt. Zwei Jahre später nimmt er, inzwischen zum Honorarprofessor ernannt, seine Vorlesungstätigkeit wieder auf. Ein Brief, den er Mitte November an den Freund Dahlmann richtet, macht die gesellschaftlichen Implikationen seiner Arbeit deutlich:

Wenn ich es in zwei Worten sagen sollte, so versuche ich den Vorrath politischer Ideen und Maasregel … einer Kritik zu unterwerfen, ein haltbares System einer Volkspolitik daraus zu entwickeln, das sich weiterbauen läßt; ich gehe also der Zeit und unserer Lage direct zu Leibe, und wage etwas, was man nach dem Fortbestande der Karlsbader Beschlüsse mit einem Criminalprocesse ahnden müßte. Aber man muß doch einmal suchen, aus diesen Schranken durchzubrechen.

Als 1848 die Revolution in Deutschland ausbricht, versucht Gervinus seine politisch-gesellschaftlichen Vorstellungen zu realisieren. Er wird Vertrauensmann der Hansestädte im Deutschen Bundestage sowie Abgeordneter des Vorparlamentes und der Frankfurter Nationalversammlung und schließt sich der Casino-Partei an, einer gemäßigt liberalen Gruppierung. Besser hätte diese freilich Buridans Esel geheißen. Obwohl im Besitz der Mehrheit, starrte sie ängstlich sowohl auf die radikale Linke als auch auf die rechts-konservativen Kräfte und kam nicht zu eigener Aktivität. Schon bald ist

Gervinus dermaßen von der Politik, die in Frankfurt am Main gemacht wird, enttäuscht, daß er sein Mandat abgibt und sich zurückzieht. In einem Brief an seinen Freund Karl Hegel, einen Sohn des Philosophen, macht er seinem Unmut und seiner Verbitterung Luft:

Heidelberg, 4. Okt. 49. … Ich kann's nicht verfehlen, daß das Ungeschick grade der Beseler[11] *und Co. die Sache in Frankfurt wesentlich verdorben hat und daß die Zeit kommen muß, wo gegen den gefeierten Gagern*[12] *grade der Vorwurf geschleudert wird, daß er durch Unverstand und Schwäche eine im Anfang so glorreich stehende Sache zu Grunde gerichtet hat. Ich erschrecke über die Wüste von Menschen, in die man hineinsieht, wenn man die Leute mustert, die in diesen 2 Jahren sich als die Berufenen gerirten! Von jeher gewöhnt, in der Politik nicht mit Theorien und Lieblingszwecken zu rechnen, sondern mit den Menschen und ihrer Natur, hab ich die Sache in Frankfurt von dem Tage an, wo Gagern die Volkssouveränität proclamirte und sie nachher privatim desavouirte, halb aufgegeben, und wie er seinen kühnen Griff*[13] *machte, ganz. Nach der gemachten Erfahrung der 2 Jahre gebe ich die ganze deutsche Sache auf und setze meine Hoffnung wie meine Furcht auf die Revolution.*

Jonathan F. Wagner, der Briefe von Gervinus nach der Revolution herausgegeben hat, urteilt über dieses Verhalten:

Gervinus' Reaktion auf das Versagen der Nationalversammlung war weitaus bitterer als die seiner meisten Freunde aus der Casinopartei. … Er … konnte sich nicht wieder mit den Kräften arrangieren, die den Traum der Revolution zerstört hatten. Der gemäßigte Anhänger Dahlmanns, der lange Zeit für die konstitutionelle Monarchie eingetreten war, glaubte jetzt, daß die alten Mächte

[11] Georg Beseler war Abgeordneter der Casinopartei

[12] Heinrich von Gagern war Präsident der Frankfurter Nationalversammlung

[13] Formulierung von Gagern in seiner Rede vom 24. Juni 1848, als er die Nationalversammlung aufrief, eine provisorische Regierung zu wählen.

nicht mit der Aufgabe der Schöpfung eines freien und einigen Deutschlands betraut werden könnten. Deshalb wandte er sich von der konstitutionellen Monarchie ab und der demokratischen Republik zu.

In den Jahren nach 1850 arbeitet Gervinus - noch nicht in dem Haus in der Friedrich-Ebert-Anlage Nummer 5; das hat er erst 1860 bezogen - an seiner *Geschichte des neunzehnten Jahrhunderts seit den Wiener Verträgen.* Gedrängt von Freunden veröffentlicht er schon im Dezember 1852 die *Einleitung* ... zu dem Werk, von dem zwischen 1855 und 1866 acht dickleibige Bände erscheinen werden. Über seine Absichten, die er mit seinen Untersuchungen verbindet, schreibt er:

Gervinus' Wohnhaus in der Friedrich-Ebert-Anlage 5

Wenn wir uns ... überzeugen, daß in drei bis vier zusammenhängenden Jahrhunderten die Geschichte sich nach einem innewohnenden Geist und Gesetze in einer einzigen Richtung, trotz allen Hemmungen und Abbeugungen, stetig bewegt, so werden wir leicht voraussetzen, daß auch die drei bis vier Jahrzehnte, die wir zuletzt durchlebten, derselben Richtung unterworfen sind. Und es wird dann nicht vermessen scheinen, aus eben der Stetigkeit dieser Richtung ihr Ziel erkennen, aus der verbundenen Betrachtung der Gegenwart und der Vergangenheit die Bedeutung unserer Zeit und den Geist ihrer Geschichte - was wir den Zweck unseres Geschichtswerkes nannten - ermitteln zu wollen.

Mit anderen Worten: Gervinus will seinen Zeitgenossen, insbesondere den Inhabern politischer Macht vor Augen führen, daß die gesellschaftliche und staatliche Entwicklung unaufhaltbar in Richtung Republik und Demokratie geht. Und das ist ihm gelungen. Seine Zeitanalyse ist von außergewöhnlicher Klarheit. Schon kurz nach Erscheinen der *Einleitung* erhebt der Staatsanwalt am Großherzoglich Badischen Hofgericht, von Seyfried, Anklage wegen Aufforderung zum Hochverrat, beginnt der Prozeß, der eingangs erwähnt wurde. Wie diese Attacke obrigkeitsstaatlicher Justiz auf Gervinus gewirkt hat, ist aus der Entstehungsgeschichte der *Geschichte des neunzehnten Jahrhunderts* deutlich ablesbar: Das Werk bleibt unvollendet, weil sich Gervinus' Hoffnungen auf eine demokratische Entwicklung des Deutschen Bundes nicht erfüllt haben. Eingeholt von der Realität der Geschichte legt er die Feder verbittert aus der Hand. Fünf Jahre nach Erscheinen des achten Bandes, 1871, stirbt Gervinus in Heidelberg und fällt schnell der Vergessenheit anheim. Wäre das Land, vor allem aber die Historikerzunft des Wilhelminischen Kaiserreiches, seinen Weg gegangen und nicht den der Rankes, Treitschkes, Sybel und Hillebrand, wäre wahrscheinlich manches anders gekommen. Doch so zog sich die Geschichtsforschung zurück in eine höchst gelehrsame Form der Innerlichkeit, urteilt Gordon A. Craig, *aus der sie nur sporadisch zu Verbeugungsritualen vor dem 1871 gegründeten Reich heraustraten – oder, je nachdem, vor dem Hitlerreich von 1933–45. Sie leisteten damit ihren Beitrag dazu, daß, Gervinus' düstere Vorahnungen sich bewahrheiteten, und gleichzeitig liefern sie uns damit allen Anlaß, zu fragen, ob nicht seine Auffassung von Geschichtswissenschaft, wenn man alles bedenkt, der Rankeschen vorzuziehen ist.*

Folg' ich meinem Genius, so weist er mich zur Kunst …

Robert Schumann in Heidelberg

Ein Flug durch *Hunderte von Frühlingshimmeln* ist die Reise, die der Jurastudent Robert Schumann im Frühjahr 1829 unternimmt, teilweise gemeinsam mit dem Dichter Willibald Alexis. Er kommt von Leipzig, fährt über Frankfurt am Main und trifft schließlich in Mainz ein. Am nächsten Morgen nimmt er *einen erbärmlichen Lohnwagen*, der ihn über Worms nach Mannheim bringt. Da er sehr knapp bei Kasse ist, legt er die letzten 20 Kilometer zu Fuß zurück. Am 21. Mai 1829, gegen 21 Uhr, nach einem fünfstündigen Fußmarsch, erreicht Schumann *mit einem gemischten Gefühl von Freude und Wehmuth* sein lang ersehntes Ziel:

Robert Alexander Schumann (Jugendbildnis)

… mein freundliches Heidelberg, bist du so schön und idyllisch-unschuldig; wenn ich den Rhein mit seinen Bergen der männlichen Schönheit vergleichen könnte, so das Neckarthal der weiblichen; dort ist Alles in starken, festen Ketten, altdeutschen Akkorden; hier Alles in einer sanften, singenden, provençalischen Tonart.

Das Studium der Rechte ist der Berufswunsch seiner Mutter Christina gewesen, dem er halbherzig gefolgt ist. Doch ihr Bestreben, aus dem jungen Mann einen Juristen zu machen, ist von Anfang an zum Scheitern verurteilt, auch wenn der sich bemüht, den an ihn gestellten Anforderungen gerecht zu werden. Deshalb versucht er, Leipzig schon nach wenigen Monaten zu verlassen. An Christina Schumann, der diese Pläne offen-

Gedenktafel in der Hauptstraße 160 für Robert Alexander Schumann (geb. Zwickau 8. 6. 1810, gest. Endenich [Bonn] 29. 7. 1856)

[12]

sichtlich unrecht sind, schreibt er, seine wahren Antriebe verschleiernd:

... mein Plan ist gemacht, und ich harre nur noch auf eine zusagende Antwort von Deiner Seite – da ich in Leipzig das Examen machen und als Sachse hier zwei Jahre studiren muß, so will ich lieber Ostern 1829, also im künftigen Jahre, Leipzig verlassen und nach Heidelberg gehen, um da die berühmtesten deutschen Juristen, Thibaut, Mittermayer u. a. m. hören zu können ...

Die wahren Antriebe für die Reise sind nicht Thibaut, den er allerdings sehr schätzt, auch nicht Mittermayer, sondern das geistige Klima Heidelbergs, das ihn magisch anzieht, sowie die Anwesenheit seiner Freunde Gisbert Rosen und Moritz Semmel. Unter diesen Umständen verwundert es nicht, daß sich Schumann schon nach wenigen Tagen in der Neckarstadt ausgesprochen heimisch fühlt. In diesem Sinne schreibt er am 17. Juli an seine Mutter:

Was mich anbetrifft, so bin ich heiter, ja manchmal recht glücklich: ich bin fleißig und ordentlich; das Jus schmeckt mir bei Thibaut und Mittermayer excellent und ich fühle erst jetzt die wahre Würde der Jurisprudenz ... Das Leben ist angenehm und freundlich, obgleich nicht so großartig, großstädtisch und mannigfaltig, wie das Leipziger . .. Dies ist auch das Einzige, was ich hier manchmal vermisse.

Doch so ganz scheint das nicht zu stimmen, denn im selben Brief klagt er auch über das musikalische Klima der Stadt, das sehr darnieder liege. An einen ordentlichen Klavierspieler sei nicht zu denken. Allerdings bereitet er diesem Mißstand bald ein Ende.

Seine erste Studentenbude liegt in der Seminarstraße drei, gegenüber dem Carolinum. Fuhrmann Panzer ist sein Hauswirt. Zur Zeit der Ankunft Schumanns dient das Seminarium Carolinum als Irrenhaus. Die Insassen sind ihm nicht geheuer. Ihr gelegentliches Lärmen, vermischt mit dem Glockenklang von Peters- und Jesuitenkirche, stört ihn beim Lernen. Der Mutter klagt er:

Eben geht die katholische Kirche neben mir an; die Leute fangen zu singen an; wenn ich Musik höre, kann ich nicht schreiben; darum brech' ich jetzt ab: beiläufig gesagt, so grenzt mein Logis rechts an das Irrenhaus und links an die katholische Kirche, daß ich wahrlich im Zweifel bin, ob man verrückt oder katholisch werden sollte. –

Dem Protestanten ist das Eingeklemmtsein zwischen Katholiken und Kranken unbehaglich; er hält nach einer neuen Bleibe Ausschau. Bald hat er sie gefunden: ein Zimmer beim Kaufmann Ritzhaupt im dritten Stock des Gasthofes *Zu den drei Königen*, einem großen Haus in der Hauptstraße, heute Nummer 160. Es ist das Gebäude, an dem sich die Gedenktafel befindet. Weitere Tafeln könnten an Mozart, Goethe und Tieck erinnern, denn sie und andere Berühmtheiten sind vor Schumann in den *Drei Königen* abgestiegen.

Obwohl er sich rasch einlebt, bleibt er nur wenige Wochen. Im August bricht er zu einer Reise nach Italien auf, kehrt aber schon am 20. Oktober an den Neckar zurück. In den folgenden Monaten, das Erlebnis des Südens hat entscheidend dazu beigetragen, wird ihm endgültig klar, daß Jura nicht seine Profession ist. Er stürzt sich förmlich in die Musik, sitzt bis zu sieben Stunden täglich am Klavier. Freunden ruft er zu und bittet sie:

Kommt heute, denn heute abend werde ich bestimmt gut spielen.

Heidelberg ist übrigens der einzige Ort, an dem Schumann öffentlich konzertiert hat. Trotz Schmerzen in den Fingern, die vom ständigen Üben kommen, spielt er im Hause Thibaut vor. Seine Zuhörer sind begeistert. Einige ihrer Urteile hat Schumann in seinem Tagebuch notiert:

Musiklehrer Faulhaber: Ich erkenne in Ihnen einen außerordentlichen Meister an.
Musikdirektor Hofmann: Bravo: so was freut Einen wieder.
Buchhändler Mayr ernsthaft: Das ist ein wahrer Genuß.
Eine Französinn … aus Lausanne: vous jouez vraiment trop joli pour les hommes.

Dem Bruder Julius vertraut er stolz an:

Du glaubst kaum, wie ich in Heidelberg allgemein beliebt und wirklich, ohne mir zu schmeicheln, geachtet und verehrt werde. Ich habe sogar das Epitheton eines »Lieblings des Heidelberger Publikums« erhalten. Den Grundstein dazu legte natürlich – ein Konzert, in welchem ich die Alexandervariationen von Moscheles spielte. Das Bravo- und Dacaporufen hatte bei Gott kein Ende …

Es ist dies auch die Zeit erster eigener Arbeiten. Győry Kroó schreibt in seinem kleinen Buch *Wenn Schumann ein Tagebuch geführt hätte:*

Er plante eine Sinfonie, schrieb auch einige Sätze nieder, begann ein Klavierkonzert zu komponieren und brachte – Ende 1829 und Anfang 1830 – jene Klavierstücke zu Papier, die bereits mit Opus-Nummern versehen sind und für die Nachwelt den Beginn seiner Komponistenlaufbahn bedeuten. Jetzt wurden von den späteren »Papillons« (Op. 2) Nr. 1, 3, 4, 6 und 8 fertig, ferner die 1831 in Druck erschienenen »Abegg-Variationen«, Op. 1.[14]

Schumanns Wohnhaus in der Hauptstraße 160

So kommt, was kommen muß. Entgegen dem Versprechen an die Mutter, Ostern nach Leipzig zurückzukehren, verlängert er den Aufenthalt. Der Besuch eines Konzertes mit Niccolò Paganini in Frankfurt am Main verstärkt seinen Wunsch, die Juristerei aufzugeben und sich ganz der Musik zuzuwenden. Wieder in Heidelberg, beginnt er die Arbeit an den *Paganini-*

[14] Akio Mayeda vertritt allerdings in ihrem Aufsatz Schumann in Heidelberg… die Ansicht, daß diese Kompositionen nur begonnen wurden.

Etüden. Das Eingeständnis an die Mutter, daß aus der geplanten Laufbahn nichts werden wird, leitet er mit einem Brief ein, in dem er ihr mitteilt, selbst Thibaut rate ihm, Musiker zu werden, denn ohne Herz und Hingabe könne niemand ein großer Jurist werden. Weitere Briefe, in denen er sich Schritt um Schritt weiter offenbart, folgen.

Heidelberg, den 1. Juli 1830. Morgens 4 Uhr.

Ist Dir ein Bildchen von meiner Lebenseintheilung nicht unlieb, so gebe ich Dir es gern. Nur die Jurisprudenz legt manchmal einen kleinen, frostigen Winterreif über meinen Morgen; sonst ist lauter Sonnenschein drinnen und Alles glänzt und blitzt, wie junge, frische Thauperlen auf Blumen. … Ich steh' früh auf. Von vier bis sieben Uhr arbeite ich, von sieben bis neun geht's ans Klavier, dann zu Thibaut; Nachmittags wechselt Collegium mit englischer und italienischer Stunde und Lectüre, und Abends geht's unter die Menschen und in die Natur. Das ist das ganze und Ein Ganzes. … Daß ich gern ein großer Jurist werden möchte, kannst Du glauben und es fehlt mir jetzt auch wohl nicht an gutem Willen und Eifer; daß ich es aber niemals weiter bringen werde, als jeder Andre, liegt nicht an mir, sondern an den Umständen und vielleicht an meinem H e r z e n, das nie gern lateinisch sprach.

Heidelberg, den 30. Juli 1830. 5 Uhr.

Guten Morgen, Mama!

Mein g a n z e s L e b e n war ein z w a n z i g j ä h r i g e r K a m p f zwischen Poesie und Prosa oder nenn' es Musik und Jus. Im praktischen Leben stand für mich ein eben so hohes Ideal da, wie in der Kunst. – Das Ideal war eben das praktische Wirken und die Hoffnung, mit einem großen Wirkungskreise ringen zu müssen – aber was sind überhaupt für Aussichten da, zumal in S a c h s e n, für einen Unadeligen, ohne große Protektion und Vermögen, ohne eigentliche Liebe zu juristischen Betteleien und Pfennigstreitigkeiten! In Leipzig hab' ich unbekümmert um einen Lebensplan so hingelebt, geträumt und geschlendert und im Grunde nichts Rechtes zusammengebracht; h i e r hab' ich mehr gearbeitet, aber dort und hier immer innig und inniger an der Kunst gehangen. – Jetzt stehe ich am Kreuzwege und ich erschrecke bei der Frage: Wohin? – Folg' ich meinem Genius, so weist er mich zur Kunst, und ich glaube, zum rechten Weg. Aber eigentlich – nimm' mir's nicht übel, und ich sage es Dir nur liebend und leise – war mir's immer, als verträtest Du mir den Weg dazu … Ich stehe noch mitten in der Jugend der Phantasie, die die Kunst noch pflegen und adeln kann; zu der Gewißheit bin ich auch gekommen, daß ich bei Fleiß und Geduld und unter gutem Lehrer binnen sechs Jahren mit jedem Klavierspieler wetteifern will, da das ganze Klavierspiel reine Mechanik und Fertigkeit ist; hier und da hab' ich auch Phantasie und vielleicht Anlage zum eigenen Schaffen …

Daß dieser Brief der wichtigste ist, den ich je geschrieben habe und schreiben werde, siehst Du …

Dein Dich innigstliebender Sohn

Robert Schumann.

Christina Schumann, obwohl zutiefst getroffen, reagiert schnell und schreibt einen Brief an Friedrich Wieck, den späteren Schwiegervater ihres Sohnes, der ihm in Leipzig Klavierunterricht erteilt hat, und fragt, ob Robert seiner Meinung nach Talent für den neuen Beruf habe und von diesem werde leben können. Als Wieck dies bejaht, ist der Weg frei für den Komponisten Robert Schumann. Am 24. August 1830 verläßt er Heidelberg, fährt den Rhein hinunter, an Düsseldorf vorbei, das ihm wie die Stadt am Neckar zur Schicksalsstadt werden sollte, nach Wesel und dann, über Münster, Paderborn, Detmold, weiter nach Leipzig zu Wieck. Heidelberg hat er nie wiedergesehen.

Gedenktafel in der Hauptstraße 146 für Nikolaus Lenau
(geb. Csatád - Ungarn - 13. 8. 1802,
gest. Obertöbling - bei Wien - 22. 8. 1850)

[13]

... mein innerstes Wesen ist Trauer, und meine Liebe schmerzliches Entsagen

Nicolaus Lenau in Heidelberg

Der junge, 29 Jahre alte Mann, der Anfang November 1831 für *den geringen Preis von 10 Gulden monatlich* zwei Zimmer im Gasthof zum *König von Portugal* in der Hauptstraße bezieht, heute Nummer 146, macht nicht den besten Eindruck. Er kommt aus Stuttgart, das er fast fluchtartig verlassen hat. Geflüchtet ist Nicolaus Franz Niembsch, Edler von Strehlenau, besser bekannt unter dem Namen Nicolaus Lenau, vor einer grotesken Beziehungsgeschichte.

Nikolaus Lenau
(nach dem Gemälde von F. v. Amerling)

Im Hause des Ehepaars Gustav und Sophie Schwab, deren Gast Lenau war, hat er Charlotte Gmelin kennengelernt. Obwohl er schnell innige Zuneigung für die junge Frau empfindet, endet die Begegnung in einem Desaster. Gefangen in den Erinnerungen an eine frühere gescheiterte Beziehung mit Bertha Hauer, findet Lenau nicht den Mut, neue Bindungen einzugehen. Statt sich dem Mädchen anzuvertrauen, reist er überstürzt ab, sich der falschen Hoffnung hingebend, die Angelegenheit so leichter in den Griff zu bekommen. In zwei Briefen aus Heidelberg, beide am selben Tag geschrieben, am 8. November 1831, wird die tragische Ambivalenz der Liebe zu Charlotte Gmelin deutlich. An den Bruder schreibt er:

... ein Herz ist mir zugefallen. Bruder! ein herrliches Mädchen liebt mich. ... Wir kommen nach Hause, sprechen vom Klavierspiele,

und mein schüchternes Lottchen muß sich gedrungen zum Klavier setzen. … Ihre Finger zitterten in jungfräulicher Bangigkeit, und als ich das sah, fühlt' ich bereits, daß meine Seele mit zu zittern begann, denn sie spielte bei aller Beklommenheit mit bezauberndem Ausdrucke. Wir gingen auseinander; … und ich war heiter und unbefangen wie zuvor. … Die ganze Nacht schwebte mir ihr Bild vor.

Dem Schwager Anton Schurz vertraut er an:

… ich werde diesem Mädchen entsagen, denn ich fühle sowenig Glück in mir, daß ich andern keins abgeben kann. Meine Lage ist auch zu beschränkt und ungewiß. Werd' ihr entsagen! Aber ich fühle mich jetzt geschlagener als je …

Lenau erhofft sich von dem Ortswechsel einen Aufbruch zu neuen Ufern und die Überwindung der düsteren Seelenstimmung, deren Ursache die alte Geschichte mit Bertha ist. Er plant – und glaubt wohl auch selbst eine Zeit daran – sein in 1826 in Wien begonnenes Medizinstudium hier mit einer Dissertation beenden zu können. Doch der Versuch scheitert. Die selbstauferlegte, im Grunde ungewollte Trennung von Charlotte läßt Lenau rasch wieder in Melancholie verfallen.

Eine gewisse Freudigkeit des Herzens gehört dazu, um zu heirathen. Nur der freudige Mensch hat Lust und Liebe, das Leben, wo und wie es sich ihm bieten möge, rasch und glücklich zu erfassen, um sich und die Seinigen mit Ehren durch die Welt zu schlagen. Mein Innerstes ist durch eine Geschichte, die Du wohl kennst, tief verletzt, und scheinet mir darin eine Sehne gerissen zu seyn, die wohl nimmermehr ganz wird …

Das schreibt er seinem Freund Joseph Klemm. Noch offener ist sein Brief aus Heidelberg vom 15. Januar 1832 an Karl Mayer.

Ich habe eine Neigung niederzukämpfen gesucht, das gelang mir schlecht bis jetzt. Wenn ich mich zu zerstreuen meine tagesüber mit Lesen, Guitarrespielen, Schreiben, Herumlaufen etc., kommen die Träume bei Nacht und rütteln an meinem Herzen. So bin ich diese

Lenaus Wohnhaus in der Hauptstraße 146

Nacht plötzlich erwacht, mit laut pochendem Herzen und nassen Augen aus einem Traume, von dem meine Seele noch erschüttert ist. Die Lotte trat zu mir, während ich mit frohen Brüdern beim Weine saß und sang: »Ich hab' meine Sache auf nichts gestellt, juchhe!« sie trat zu mir, um Abschied zu nehmen. – Ich meinte, ich müßte sterben vor Schmerz, und ließ sie doch gehen. Doch das Alles sei nur Dir gesagt, lieber Freund. Ich liebe das Mädchen unendlich. Aber mein innerstes Wesen ist Trauer, und meine Liebe schmerzliches Entsagen. –

Ein Blick auf die rege dichterische Produktivität Lenaus bestätigt die Kongruenz mit seiner Seelenlage. In Heidelberg schreibt er einige seiner schönsten Gedichte, von denen die *Schilflieder* und *Winternacht* noch heute bekannt sind. Lenau hat sie dem Brief an Karl Mayer vom 15. Januar 1831 beigelegt. Inspiriert zu den *Schilfliedern* hat ihn der damals von Schilf gesäumte Rohrbach, der zwischen Kirchheim und dem gleichnamigen Heidelberger Stadtteil in einen längst verschwundenen See mündete.

Aus den Schilfliedern.

Trübe wird's, die Wolken jagen,
Und der Regen niederbricht,
Und die lauten Winde klagen:
»Teich, wo ist dein Sternenlicht?«

Suchen den erloschnen Schimmer
Tief im aufgewühlten See.
Deine Liebe lächelt nimmer
Nieder in mein tiefes Weh!

Winternacht.

Vor Kälte ist die Luft erstarrt,
Es kracht der Schnee von meinen Tritten,
Es dampft mein Hauch, es klirrt mein Bart;
Nur fort, nur immer fortgeschritten!

Wie feierlich die Gegend schweigt!
Der Mond bescheint die alten Fichten,
Die, sehnsuchtsvoll zum Tod geneigt,
Den Zweig zurück zur Erde richten.

Frost! friere mir ins Herz hinein,
Tief in das heißbewegte, wilde!
Daß einmal Ruh mag drinnen sein,
Wie hier im nächtlichen Gefilde!

Außerdem entstehen Verse, zum Beispiel das Gedicht *In der Schenke*, Eingangsgedicht des Zyklus *Polenlieder*, in denen deutlich wird, daß Lenau mitnichten der weltentrückte Romantiker war, als der er lange Zeit gesehen wurde. Wie ja überhaupt die Assoziation Lenau und Weltschmerz eine sehr unzureichende

Chiffre ist, dieses Leben zu verstehen. *1802 geboren*, schreibt Horst Brandstätter, *verläuft Lenaus Leben im Sand der Reaktion. Der reibt ihn wund, dringt unter die labile Außenhaut, wird zu mattschimmernden Perlen: Kristallisationen eines als Entfremdung empfundenen Schmerzes …*

Vielleicht wäre es ihm gelungen, aus den Fängen seiner Schwarzgalligkeit herauszufinden, wenn wenigstens seinem Versuch Erfolg beschieden gewesen wäre, das Medizinstudium abzuschließen. Doch auch dies mißlingt; allerdings liegen die Gründe dafür nicht bei ihm, wie der Brief vom 1. Dezember an Karl Mayer belegt.

Von meinem Leben in Heidelberg kann ich Dir nicht viel Erfreuliches sagen. Das hiesige Klinikum ist äußerst arm an lehrreichen Krankheitsfällen, so, daß ich meinem Zwecke, praktische Medicin zu lernen, kaum irgend näher komme. Meine Seelenverstimmung wird von Tag zu Tag ärger, beginnt nun auch ziemlich merklich auf meinen Körper zu reagiren. Ich fühle meine Kräfte schwinden. Möchte es doch damit so fortgehen!

Um sich nicht unterkriegen zu lassen, stürzt er sich in philosophische Lektüre. Für einige Zeit ist Spinoza sein *Palliativmittel.* Auch schließt er sich nicht vom geselligen Leben ab, sondern sucht den Kontakt mit Kommilitonen, besucht das »Fäßchen«, die *Schenke* des ersten Polenliedes, und den »Wolfsbrunnen«. In seine Bude zurückgekehrt, überfällt ihn jedoch regelmäßig sein *unglückseliger Spürhund*, der das *melancholische Sumpfgeflügel der Welt aus seinem Verstecke* in sein *einsames Zimmer* jagt. Die Briefe an die Freunde sind voller Selbstzweifel und Selbstquälerei. An Mayer.

Heidelberg, den 1. Dec. 1831.

Gerade darin, daß ich Andern eher geschrieben als Dir, hättest Du ein Zeichen finden können, daß ich bei Dir vor jedem Gedanken an ein Erkalten meiner Freundschaft am sichersten zu sein glaubte. Was war es denn nun, was Dich abhielt zu schreiben? wirst du fra-

gen. Nichts, als meine äußerst trübe Stimmung, deren Ende ich abwarten wollte, um Dich nicht auch hineinzuziehen …

An Schwab.

Heidelberg, den 12. Jan. 1832.

Ich thue Alles, um mich zu einem erträglichen Menschen zu machen. Nur schade, daß mich meine lieben Freunde in Stuttgart in meiner sauertöpfischen Qualität zu genießen hatten. Mit tiefem Schamgefühle erkenne ich es, wie Ihr Eure ganze Duldsamkeit aufbieten mußtet, mich zu ertragen, wie es im Umgange mit Euch mein demüthigendes Loos war, nur immer zu empfangen, nie zu geben.

An Kerner.

O Kerner! Kerner! … Helfen Sie mir von dieser Schwermuth, die sich nicht wegscherzen, nicht wegpredigen, nicht wegfluchen läßt. Mir wird oft so schwer, als ob ich einen Todten in mir herumtrüge. Helfen Sie mir, mein Freund! Die Seele hat auch ihre Sehnen, die einmal zerschnitten, nie wieder ganz werden. Mir ist, als wäre etwas in mir zerrissen, zerschnitten. Hilf, Kerner!

Das Leben in Heidelberg ist für Nicolaus Lenau ein ständiges Auf und Ab: Es gibt Tage voller Lebensmut und Optimismus, aber noch mehr von tiefer Depression und Verzweiflung. Es muß aber auch gesagt werden, daß seine schwäbischen Freunde, Karl Mayer ausgenommmen, es nicht vermochten, ihn aus seiner Düsternis herauszuführen. Lenau-Herausgeber Eduard Castle hat dies schon früh erkannt. In der von ihm edierten Werkausgabe schreibt er:

Der Einfluß der Schwaben war kein durchaus günstiger, er wirkte wie Treibhausluft auf Lenau: in demselben Maße als ihm durch ihre Teilnahme und Ermunterung die Sicherheit über seine dichterische Befähigung ward, entfremdete er sich völlig dem praktischen Leben …

Um endlich die Vergangenheit hinter sich zu lassen, wagt Lenau ein Abenteuer. Mitte 1832 verläßt er Heidelberg in Richtung Niederlande und schifft sich nach Amerika ein, bleibt aber nur knapp ein Jahr. Tragischerweise hat er auch dort nicht Ruhe vor den ihn bedrängenden Spürhunden gefunden. Im Gegenteil, elf Jahre später haben sie – und eine en passant geholte, in progressiver Paralyse endende Syphilis – ihn so zerfleischt, daß er in die psychiatrische Anstalt Winnenthal bei Winnenden eingeliefert wird.

Gedenktafel in der Unteren Straße 16 für Friedrich Hebbel
(geb. Wesselburen in Dithmarschen 18. 3. 1813, gest. Wien 13. 12. 1863)

[14]

In diesem Hause hat
der Dichter
Christian Friedrich Hebbel
im S.S. 1836 als stud. jur.
der Ruperto Carola von
April – September gewohnt

Mir ward das Wort gegeben …

Friedrich Hebbel in Heidelberg

So eben habe ich von meinem Logis Besitz genommen und fühle jetzt kein anderes Bedürfniß, als Dir zu schreiben. Ich bin so sentimental, wie ein junges Mädchen, welches zum ersten Mal empfindet, daß es ein Herz hat; ich könnte mich sogleich auf den Postwagen setzen und nach Hamburg zurückfahren, Berge sind ein schlechter Ersatz für geliebte Menschen. Dies wird vorübergehen und muß vorübergehen; aber wahr ist es, der Abschied ist ein bloßes Fegefeuer und die Hölle beginnt, wo die Reise aufhört und der neue Lebenskreis anfängt. Könnte ich jetzt eine Stunde mit Dir in Deinem kleinen Kämmerlein sitzen, so läge darin mehr Lebensgenuß als meine ganze Universitätszeit mir bieten wird.

Friedrich Hebbel

Friedrich Hebbel schreibt dies am *1sten Ostertage* – am 3. April 1836 – an seine Freundin Elise Lensing, die er in Hamburg zurückgelassen hat. Das *Logis* liegt in der Unteren Straße, heute Nummer 16.

Der Hausknecht im Hotel de Nassau erbot sich sogleich, mir Logis zu besorgen; er hat mir sehr gutes besorgt. Ich bewohne ein großes, geräumiges, nahe der Universität gelegenes Zimmer, welches mit einer Commode, einem Tisch, einem Schreibpult, zwei Stühlen, einem Kleiderschrank und einem – Sopha meublirt ist; außerdem habe ich ein freundliches Schlafkämmerlein mit Zubehör, Aufwartung, Hausschlüssel pp, und Alles für 24 Gulden per halbes Jahr …, was für eine so frequente Universitätsstadt, wie Heidelberg, gewiß billig ist. Meine Wirthsleute scheinen gute Leute zu seyn, es logiren außer mir noch 4 Studenten im Hause.

Als Hebbel in Heidelberg eintrifft, hat er die *Dithmarsische Sklaverei*, wie er seine schwere, bedrückende Kindheit und Jugend im nordfriesischen Wesselburen genannt hat, hinter sich gelassen und die Hamburger *Gnadentisch*-Atmosphäre überwunden. Von Wesselburen nach Hamburg ist der junge Mann, der schon zu schreiben begonnen hat, durch die Schriftstellerin Amalie Schoppe gekommen, die Gedichte von ihm in ihrer Zeitschrift veröffentlicht. Bei verschiedenen hanseatischen »Gönnern« untergebracht, führt er ein tristes, oft menschenunwürdigendes Dasein. Sie verlangen, von Hebbel zumindest so nicht gewollt, regelmäßigen Schulbesuch, was vor allem Griechisch- und Lateinunterricht bedeutet, und die Bereitschaft, später ein Jurastudium aufzunehmen. Hebbel hat bald erkannt, daß dies nicht seine Zukunft sein kann. Folgerichtig nutzt er die erste Gelegenheit, Hamburg den Rücken zu kehren. Daß er Elise Lensing, die ihm das Geld für die Reise gegeben hat, zurücklassen muß, schmerzt ihn.

Seine Pläne für Heidelberg sind recht diffus. Auf Anraten seiner Freunde entscheidet er sich nolens volens für ein Jurastudium, obwohl ihm dafür alle Voraussetzungen fehlen. Über seine Erfolgschancen macht er sich keine Illusionen.

Neugierig bin ich, wie's mir bei den hiesigen Professoren gehen wird. Ich glaube nicht, daß sie mich immatriculiren werden, doch soll mir dies ziemlich gleichgültig seyn, da ich die collegia ja jedenfalls hospitiren kann und es mir gar nicht darauf ankömmt, ob sich ein echter deutscher Bursche mit mir schlagen will oder nicht.

Seine Bedenken trügen ihn nicht. Auf der Quästur wiehert der Amtsschimmel. Es gebe, so wird ihm dort eröffnet, innerhalb des Deutschen Bundes ein Gesetz, wonach nur Studenten immatrikuliert werden dürfen, die die dafür notwendigen Papiere besitzen, beziehungsweise nachweisen können, daß sie sich die nötigen wissenschaftlichen Vorkenntnisse angeeignet haben.

Professor Anton Friedrich Justus Thibaut, die Jura-Größe in Heidelberg, scheint jedoch in dem neuen Studiosus recht bald etwas besonderes erkannt zu haben. Jedenfalls gestattet er ihm den Besuch seiner Übungen und Vorlesungen, ohne daß Hebbel dafür Honorar zahlen muß. Trotz dieser Bedingungen stellt sich bald heraus, daß die Rechtswissenschaft nicht das geeignete Studium für den jungen Mann ist.

Zwar schreibt er an die Freundin nach Hamburg: *Die Collegia sind bereits begonnen, und ich habe schon 4 Stunden bei Thibaut gehört; er ist ein verständiger und, wie ich glaube, geistreicher Mann*, doch diese Worte verbergen, daß ihm das Studium gründlich mißfällt, denn: Die Jurisprudenz *ist freilich nicht meine Braut, sie ist in meinen Augen eine feile Mätresse … die sich in sehr vielen Stücken der Macht und Gewalt willig ergeben und in ehrlosem Beischlaf manchen Gesetz-Bankert erzeugt hat.*

Auch die Stadt gefällt ihm nicht.

Das Leben hier, klagt er der Hamburger Freundin, *sagt mir so wenig zu, daß ich, wenn ich nur irgend einen Ausweg vor mir sähe, die Studien niederlegen würde; die äußeren Hindernisse sind fast unübersteiglich, da der Mangel schon eintritt, wo der Überfluß aufhört, und auch mit inneren hab' ich zu kämpfen; die Wissenschaften verlangen vielfältig einen Karrenschieber, das kann der Mensch aber nur in demjenigen Alter seyn, wo er noch Nichts ist.*

Trotz der anfänglich tristen Stimmung, die Hebbel in Heidelberg überkommt, findet er langsam Kontakt zu der Stadt, und ist schließlich sogar begeistert von ihrer wunderschönen Lage. Dieser Aneignungsprozeß widerspiegelt sich in seinen Briefen und Tagebuchaufzeichnungen.

Oft sieht man … gravitätisch Pferde aus den Häusern schreiten, was prächtig aussieht.

Merkwürdiges Leben des Abends in der Hauptstraße: die erleuchteten Häuser, die Massen Spaziergänger draußen und drüber, als ob er dazugehörte, dunkelblau der Himmel.

Die Stadt liegt ganz eigenthümlich am Neckar, einem kleinen, muntern Fluß, zwischen zwei bedeutenden Bergreihen, harmlos und freundlich, wie es sich bei einer so gigantischen Nachbarschaft geziemt; eine Brücke, schlank, wie der Bogen, den eine Schwalbe im Fliegen beschreibt, führt über den Neckar und endigt sich in einem wirklich imposanten Thor. … Die … prachtvollen Ruinen des Heidelberger Schlosses, welches, mit unendlicher Kühnheit, eine gewaltige Masse, an den Berg hinaufgebaut, stolz und majestätisch-ernsthaft auf die Stadt herabschaut; man muß, wenn man es in seiner ganzen Bedeutung erfassen will, es des Abends im Mondschein vom Karlsplatz aus sehen; da hängt es, geheimnisvoll, wie ein Gespenst des Mittelalters, aber überwuchert von üppigster Vegetation der frischesten Gegenwart – ein Geist, der sich mit Laub und Blumen schmückt – herunter; in den Bäumen, die auf den Thürmen und Mauern aufgeschossen sind, säuselt der Nachtwind und darüber, gleich einer goldenen Krone, funkelt der Sternenkranz.

Dennoch bewahrt sich Hebbel eine gewisse Distanz zu Heidelberg. Im Brief vom 20. August 1836 an Elise Lensing schreibt er, daß Heidelberg eine *gränzenlos langweilige* Stadt sei. Und:

Im allgemeinen ist die Heidelberger Gegend, dem letzten Punkt des Begriffs nach, trist, wenigstens für mich, denn statt der himmelanstrebenden Berge, die früher die Phantasie auftürmte, drängte sie mir Zwerge entgegen. Eine Ebene, selbst die dithmarische, hat etwas Unendliches.

Die Gründe für diese Seelenstimmung sind vielschichtig: Sehnsucht nach der in Hamburg zurückgebliebenen Freundin, Frustrationen wegen des Studiums – obwohl er von allen Studenten derjenige ist, der *das Collegium am regelmäßigsten besucht* –, sein äußerst zurückgezogenes Leben, fernab studentischer Geselligkeit, das ihm seine pekuniäre Situation aufzwingt und nicht zuletzt, der Verlust der norddeutschen Heimat.

Dennoch wirkt die Stadt auf Hebbel. Ihr von ihm fast widerwillig wahrgenommener genius loci nährt und fördert seine literarische Produktivität. Seine Biographen sind sich einig, daß Heidelberg den zwischen Brotberuf und poetischer Existenz schwankenden Studenten zum Dichter geformt hat. Seinem Tagebuch vertraut er an:

Gestern abend die Anna beendet. Zum erstenmal Respekt gehabt vor meinem dramatisch-episch in Erzählungen sich ergießenden Talent.

Es ist dies auch die Zeit, während der einige seiner schönsten Gedichte entstehen.

Nachtlied

Quellende, schwellende Nacht,
Voll von Lichtern und Sternen;
In den ewigen Fernen,
Sage, was ist da erwacht?

Herz in der Brust wird beengt,
Steigendes, neigendes Leben,
Riesenhaft fühle ich's weben,
Welches das meine verdrängt.

Schlaf, da nahst du dich leis,
Wie dem Kinde die Amme,
Und um die dürftige Flamme
Ziehst du den schützenden Kreis.

Augenfällig bei diesem Prozeß ist, daß die wachsende literarische Produktivität mit der Wahrnehmung von Natur zusammenfällt. Vermehrt finden sich in seinem Tagebuch Schilderungen von kleinen Wanderungen, Gewittern und Sonnenuntergängen.

Den Kaiserstuhl[15] *erstiegen. Weg übers Schloß, welches aussah, wie abends beim Zudämmern. Dann, in der Mitte des Bergs, der goldene Mond, hinter dem Berg, zwischen den Bäumen mit jedem Schritt hervorwachsend. Oben am Turm das Feuer, die Studenten rings herum. ... Bedeutende Helle, im Osten Röte, sonst der Himmel dunkelblau und die Bäume unter uns, die sich nicht unterscheiden ließen, eine grüne Fläche, wie eine Flur. Um ¾ auf 4 die Sonne, erst klein, wie ein Licht, schnell zunehmend. Kaiserstuhl über der Meeresfläche 1750 Fuß, der Turm 80 Fuß. Dem Aufgang der Sonne geht immer Wind vorher.*

Heute abend von Rendtorfs Zimmer am Neckar aus das imposanteste Gewitter beobachtet. Die Wolken türmten sich, anfangs ballenweise, später in ungeheuren schwarzen, festen Massen hinter dem Heiligenberg auf, dann, wie ein Heer, stiegen sie über das Haupt des Berges empor und ergossen sich nun in Strahlenformen im gewaltigsten, den ganzen Berg unsichtbar machenden, von Blitzen durchkreuzten Regen, der sich wie ein in der Luft befindliches Meer ausnahm; man sah einzelne Wolken fast, wie zusammenbrechend unter der Last, auseinanderfließen; der Neckar verlor seine gewöhliche Wellenbewegung und trieb sein Wasser, wie in Rauch- oder Wolken-Figuren, und gleich nachher stieg in Höhenrauch die zur Erde gekommene Masse wieder als Wolkenknäul auf und lagerte sich abermals um den Berg.

Heute abend um und nach Sonnen-Untergang unendlich-eigentümlich-schöner Himmel. Auf dunkelblauem Grunde wellenförmige,

[15] Gemeint ist der Königstuhl

falb-rötliche, Wolken und an anderen Stellen das Dunkelblau von einem kleinen, weißen Punkt durchbrochen; Farben, die durch die Sprache kaum angedeutet werden können.

Mit der immer mehr zur Gewißheit werdenden Ahnung, zum Dichter berufen zu sein, stellt sich für Hebbel die Frage, wie damit das Leben zu meistern sei. Dem Wunsch, zu Elise Lensing zurückzukehren, entsagt er.

So unendlich gern ich Dich auch wieder sähe ... so darf ich mir doch nicht verhehlen, daß sich an ein l ä n g e r e s und b e s t ä n d i g e s Verweilen in Hamburg durchaus nicht zu denken läßt, indem ich mich dort so wenig durch Juristerei, als durch Schriftstellern ernähren könnte; und was ist ein Zusammenkommen, wenn kein Zusammen Bleiben zu hoffen steht!

Seine Hoffnungen ruhen auf Süddeutschland, auf Stuttgart, wo er Uhland, dem er von Heidelberg aus geschrieben hat, besuchen will und auf München, wo er Ende September 1836 eintrifft. Eine der letzten Heidelberger Eintragungen in sein Tagebuch, gleichsam eine Bilanz seiner Zeit am *schäumenden Neckar* sind die folgenden Verse:

Mir ward das Wort gegeben,
Daß ichs gebrauche frei,
Und zeige, wieviel Leben
Drin eingeschlossen sei.
Ich will ihn mutig schwingen,
Den geistgen Donnerkeil,
Und kann ers mir nicht bringen,
So bringt er andern Heil!

In einem anderen Gedicht, dem ersten, das er in Heidelberg geschrieben hat, in dem am 3. April 1836 entstandenen *Auf eine Unbekannte*, hat Hebbel allerdings eine völlig andere Tonart angeschlagen. Günther Debon hat sie in seinem Heidelberger

Dichter-Buch *Der Weingott und die Blaue Blume* als eine *Steigerung im Dichterischen* bezeichnet, die intensiver kaum gedacht werden kann. Die ebenso bestürzenden wie grandiosen Zeilen, Teil der dritten Strophe, lauten:

Das Leben hat geheimnißvolle Stunden,
D'rin thut, selbst herrschend, die Natur sich kund;
Das bluten wir und fühlen keine Wunden,
Da freu'n wir uns und freu'n uns ohne Grund. …

... das Los eines Festungsgefangenen

Fritz Reuter in Heidelberg

Wat was ick? Wat wüßt ick? Wat kunn ick? – Nicks. – Wat hadd ick mit de Welt tau dauhn? – Rein gor nicks. – De Welt was ehren ollen scheiwen Gang ruhig wider gahn, ahn dat ick ehr fehlt hadd.

Diese Fragen stellt sich der Stavenhagener Fritz Reuter, als er nach siebenjähriger Festungshaft wegen burschenschaftlicher und umstürzlerischer Umtriebe entlassen wird, in die er – ungerechterweise – gesteckt worden ist. Das Nächstliegende schien ihm, sein vor der Haft begonnenes, allerdings recht nachlässig betriebenes Jura-Studium wieder aufzunehmen. So kommt er schließlich 1841, nachdem er in Tübingen abgewiesen worden ist, nach Heidelberg. In einem kleinen Haus nahe der Alten Brücke, heute Obere Neckarstraße 5, findet er eine Studentenbude. An seinen Vater – die Briefe an ihn sind praktisch die einzige Quelle für Reuters Zeit in Heidelberg – schreibt er:

Fritz Reuter

Ich habe mich hier in ein abgelegenes wohlfeiles Quartier (für Heidelberg wohlfeil = 30 Gulden) aufs halbe Jahr eingemietet, ohne Holz, das mir auch 15 Gulden kosten wird. Mein Mittagstisch ist auch der wohlfeilste und kostet 20 Kreuzer, was nach unserem Geld 8 Schilling ausmacht. Ich denke sehr fleißig zu sein und denke, Gott wird mich gesund lassen und wird mir Mut und Dir Vertrauen geben.

Gedenktafel in der Oberen Neckarstraße 5 für Fritz Reuter
(geb. Stavenhagen in Mecklenburg-Schwerin 7. 11. 1810,
gest. Eisenach 12. 7. 1874)

[15]

Im selben Brief hält er auch erste Eindrücke über seine Situation, das Klima in der Universität und seine finanziellen Belastungen fest.

Hier liest Vangerow Pandekten, und zwar in einem Auditorium von 160 Zuhörern, sie sollen ausgezeichnet gut, aber auch ausgezeichnet teuer sein, nämlich 33 Gulden, rechne ich dazu die Anschaffung seines compendii, das noch nicht ganz heraus ist und schon jetzt 8 – 9 Gulden kostet, und dann noch das corp. juris, so wird mir die Sache nahe an 50 Gulden kosten. Heute bin ich schon im Kolleg gewesen und habe mich gewundert, wie unendlich verschieden die Art und Weise ist, wie solche Sachen vorgetragen werden können, früher nichts als totes Aufzählen verschiedener Lesarten und Ansichten, hier jetzt nichts als Leben. Morgen werde ich zu ihm gehen und ihm sagen, daß ich gesonnen sei, seine Pandekten zu hören und zu studieren, werde ihn auch vorläufig bitten, mir zu Weihnachten ein Zeugnis über meinen Kolleg-Besuch abzufassen …

Reuter wird von den Heidelberger Studenten begeistert empfangen. Sie feiern ihn als politisch Verfolgten und erweisen ihm ihre Reverenz. Ein weitläufiger Verwandter Reuters, Hermann Engel, überliefert, daß er die ersten Tages seines Aufenthalts *der Löwe des Tages* ist, der Held des Tages. Was sich scheinbar so gut anläßt, ist in Wirklichkeit der Anfang eines Debakels. Das ständige Eingeladenwerden und Herumziehen in Kneipen, läßt Reuters Alkoholproblem schnell zu Tage treten. Schon in Jena, wo er vor seiner Haft studiert hat, hat er Schwierigkeiten mit Alkohol umzugehen, was ihm bald den Spitznamen *Bierreuter* einbringt. Später, während seiner *Festungstid*, verschlimmert sich das Problem. Die Ungewißheit über seine Zukunft und das gespannte Verhältnis zu seinem Vater, der wenig Verständnis für seine Sohn aufbringt, lassen Reuter zum Alkoholiker werden. Da Festungshaft nicht ehrenrührig war, nichts mit Gefängnis oder gar Zuchthaus zu tun hatte, war es für ihn auch nicht schwer, sich mit alkoholischen

Getränken zu versorgen. Es kommt sogar vor, daß er gutgelaunt seine Wächter und deren Angehörige zeichnet und sich den Lohn in flüssiger Münze auszahlen läßt. Allerdings trinkt er nicht regelmäßig; oft kann er wochenlang den Alkohol meiden, doch wenn es ihn dann überkommt, gibt es kein Halten mehr. Er ist, was Volkesmund als Quartalssäufer bezeichnet. Natürlich leidet auch sein Studium unter diesen Umständen. Ohnehin hat er keine echte Beziehung zur Jurisprudenz, haßt sie eigentlich. So brechen die guten Vorsätze, die Reuter mit nach Heidelberg gebracht hat, schnell zusammen. Hermann Engel hat diese Zeit miterlebt.

Im Anfange mag er die Collegia besucht haben, später aber gar nicht; studiert zu Hause hat er eigentlich auch nicht, namentlich nicht juridica; ich glaube aber, daß er Belletristisches gelesen hat. – In Gesellschaft trank er eigentlich nie zu viel; er nahm die Getränke mit nach Hause, ließ sich solche nach Hause kommen und nun zechte er sich in selige Zustände auf eigene Faust. Anfangs las er noch dabei, – dann wurde das Buch fortgelegt; nun fingen die Erzählungen, Irrreden, Erscheinungen an. –

Längst ist auch die Zeit vergangen, wo er im Mittelpunkt studentischen Interesses stand. Immer öfter lachen ihn seine viel jüngeren Kommilitonen aus, hänseln ihn, tuscheln über seine unsaubere Kleidung und sein vernachlässigtes Aussehen. In den Briefen Reuters an seinen Vater steht nichts von alledem. Da versucht der von Depressionen geplagte, von Zweifeln und Ängsten gepeinigte und von Trunksuchtsanfällen heimgesuchte, späte Student Fassade zu bewahren.

Heidelberg, 14. Dezember 1840. Mein lieber Vater, tausend Dank für Deine große Güte, die sich so sehr freundlich durch die unerbetene Sendung der 60 Taler, die ich richtig erhalten habe, ausgesprochen hat. Ich habe sogleich mein Kolleg sowie anderes Nötige bezahlt, auch die Immatrikulationsgebühren, und bin demnach Studiosus der hiesigen Universität. Du wirst sagen, das sei was Rechtes, wenn man nicht studiere, doch sei getrost, ich werde gewiß tüchtig dahinter sein, wenn ich auch in der letzten Zeit durch einen kranken, verstauchten Arm an dem Besuch der Kollegia und am Schreiben verhindert worden bin. Heute jedoch bin ich wieder ins Kolleg gegangen und freue mich, daß ich Dir dies melden kann; ich habe nun leider etwas nachzureiten, wie die Studenten sagen, und werde deshalb wohl auf jegliches Vergnügen in den Weihnachtsferien verzichten müssen, doch das soll mir keinen Kummer machen, da ich den festen Willen habe, das Meine zu tun, damit Du zufrieden mit mir wirst.

Fritz Reuter

Da offenbar in Stavenhagen bekannt geworden ist, daß seine Situation anders ist, als er sie in den Briefen an seinen Vater darstellt, fügt er dem Schreiben ein paar Zeilen an, die den alten Herrn, der offenbar um Aufklärung gebeten hat, beruhigen sollen.

Du fragst nach meinem Getränk, und da muß ich Dir denn offen gestehen, daß ich hier Bier und auch schon Wein getrunken habe; da es mir aber nicht gut bekommen ist, ich auch von jetzt ab viel sitzen muß und vor allem, weil Du es wünschest, so werde ich mich auf Wasser beschränken.

Doch schon kurz nach Weihnachten und Silvester, Tage die er in großer Einsamkeit verbracht hat, kann Reuter dem Vater seine Situation nicht länger verhehlen. In den Briefen, die jetzt nach Mecklenburg gehen, wird seine triste Lage offenbar.

Heidelberg, 7. Januar 1841. Mein lieber Vater, endlich schreibe ich Dir, ich konnte nicht früher, wahrlich nicht, mein Gemütszustand war zu traurig, als daß ich mich entschließen konnte, Dich mit diesem bekanntzumachen; ich bin noch sehr traurig, sehr unzufrieden mit mir, doch jetzt sind die Ferien aus, und die Kollegia haben an-

gefangen, und da, denke ich denn, wird sich alles, alles ändern; ich habe die beste Hoffnung und den besten Willen. Gebe Gott, daß ich die Kraft habe, ihn zu realisieren. … Du irrest Dich, wenn Du glaubst, daß meine Lage so sehr günstig sei, wie Du und auch ich mir früher einbildeten. Die Natur ist jetzt tot, freundlichen Umgang suchte ich bisher vergebens, die Studenten sind zu sehr durch Jugend und Neigung von mir geschieden, sie haben andere Interessen, andere Ansichten als ich; der eine spricht von nichts als Paukereien, der andere von Reit- und Tanzstunden, der dritte von Bällen und Mädchen, der vierte von Musik und Konzert usw., und alle diese Sachen haben für mich kein Interesse. Ich habe mehrere unserer Landsleute aufgesucht und mich mit ihnen bekannt gemacht, sie sind nicht wieder zu mir gekommen, mit wenigen Ausnahmen … ich bin zu einer Kneipe hingegangen, wo sich mehrere Mecklenburger und auch andere befinden, da wird nur Bier getrunken, und das willst Du nicht … Darum nach allem scheint's mir am besten, still zu Hause zu bleiben, freilich das Los eines Festungsgefangenen.

Dieser Brief ist allerdings nicht nur ein Zeugnis für Reuters schier ausweglose Situation, sondern er kündigt auch den sich langsam entfaltenden Schriftsteller Reuter an. En passant teilt er nämlich dem Vater mit, daß er ein kleines Gedicht verfaßt habe, das er ihm demnächst schicken werde. Zwar wird es noch rund fünfzehn Jahre dauern, bis sich Fritz Reuter zu einem der bedeutendsten realistischen Autoren des 19. Jahrhunderts entwickelt haben wird, aber die Richtung seines weiteren Lebens wird hier deutlich. Daß er ein ebenso sensibler wie kunstsinniger Charakter war, hat sich auf einem anderen Gebiet schon viel früher gezeigt. Schon als Kind hatte er Maler werden wollen, was der Vater bis zu seinem Tod verhindert hat. Überhaupt ist das Verhältnis zwischen Vater und Sohn überaus problematisch. Der alte Mann will wohl schon »das Beste« für seinen Sohn, übersieht dabei jedoch, daß sein Sohn seinen Lebensweg und dessen Inhalte selbst bestimmen will. In der Realität läuft das

Reuters Wohnhaus in der Oberen Neckarstraße 5

immer wieder auf eine Ablehnung all dessen hinaus, was der Vater an seinem Sohn nicht verstehen und nicht akzeptieren kann. Auch sein Brief an Professor Vangerow, in dem er Auskunft über die Situation seines Sohnes in Heidelberg erbittet, entspringt dieser Art von Fürsorge, die für Fritz Reuter ein ständiger Quell von Ärger und Frustrationen ist.

Heidelberg, 31. Januar 1841. … Du meinst, ich würde mich gekränkt fühlen, daß Du meinetwegen an den Professor von Vangerow geschrieben hättest; ich muß gestehen, daß ich im ersten Augenblick so etwas fühlte, doch bei genauerer Überlegung konnte dies Gefühl wohl nicht bleibend sein, da ich mir die Beweggründe des Schrittes vors Auge hielt und dann fand, daß es ein Beweis Deiner Liebe und Besorgnis sei. Ich folgte daher sogleich dem Ansuchen des Herrn Professors, ihn zu besuchen, obwohl mit mißgestimmtem Gemüte, fand jedoch bei ihm eine herzliche Aufnahme, die sich auch auf tätige Hülfe zum Fördern meiner Studien erstreckte, indem der-

selbe mir ein Heft seines Handbuches, das ich noch nicht besaß, weil es im Buchladen vergriffen ist, borgte. Was Du aber dadurch Gutes bezwecken willst, sehe ich nicht ab, da Deine Briefe mehr als die Ermunterungen des Professors bei mir wirken; ich bitte Dich daher, nicht den Schritt zu wiederholen.

Dabei ist es nicht so, daß Reuter nicht die Gefahren sieht, die seine Art zu Leben für ihn bereithält. Um wieder ins Gleichgewicht zu kommen, macht er sich einen Tagesplan. Morgens um sechs steht er auf, arbeitet bis zehn. Dann geht er ins Kolleg, wo er, unterbrochen von einer kurzen Mittagspause bis in den Nachmittag hinein studiert. Den Rest des Tages nutzt er für Spaziergänge. Nach einer erneuten Arbeitsphase wird dann *gefeiert.* Allerdings, was nützt der ausgeklügeltste Plan, wenn die Kraft fehlt, ihn einzuhalten.

Heidelberg, 18. März 1841. Mein lieber, guter Vater, Du hast mir auf meinen letzten Brief nicht geantwortet; zürnst Du denn so sehr auf mich, daß Du mich der Antwort nicht wert hältst; so arg, als Du denkst, ist es nicht mit mir, freilich hätte ich mehr tun können, aber ich habe doch immer etwas getan, und vieles darfst Du mir nicht zur Last legen; denn nimm es mir nicht übel, einen Fehler haben wir beide gemacht, nämlich, daß ich noch ein halbes Jahr zu Hause geblieben bin, dann wäre vieles nicht passiert, und ich hätte mich eher an ein ordentliches Leben gewöhnen können. Aber laß das gut sein, es ist nicht alles hoffnungslos verloren. Ich habe mich durchaus wiedergefunden, wozu das schöne Wetter, eine gute Gesundheit und die Auffindung eines Freundes viel beigetragen haben. Tröste Dich doch und zürne mir nicht, ich will ja gern Jurist bleiben und durch Fleiß und Beharrlichkeit das Versäumte nachholen. Ich will Arbeit und Mühe nicht scheuen, um Dir Freude zu machen und mir eine feste Existenz zu verschaffen. … ich will alles tun, um den verruchten Dämon abzuschütteln, und will Dir zu Johannis ein Zeugnis von Mittermaier … mit dem Du wahrhaft zufrieden sein sollst …, bringen …, und wenn ich dies nicht tue, so nenne mich einen Schuft und nimm mich weg, aber ändere meine Laufbahn jetzt noch nicht, sonst bin ich verloren, sonst wird nie etwas aus mir.

Seinem Bruder Carl Jenning, der ihm in dieser verzweifelten Situation rät, es doch mit Bibel und Glauben zu versuchen, macht er klar, daß dies ein ziemlich lebensfremder Vorschlag ist.

Dein Brief … hat mich in dem guten Vorsatz … befestigt, … mich mehr mit wahren Grundsätzen der Religion vertraut zu machen; ich bin freilich nie ein Verächter derselben gewesen; aber ich fühle, daß die Negative hier nicht genügt, denn ich habe zu häufig das Bedürfnis nach Trost gesucht und es nirgends gefunden, ich habe häufig die Bibel zur Hand genommen, bin aber stets zu allerlei Zweifeln gelangt, die ich vergebens mich abmühete zu lösen. Die moralische Tendenz der christlichen Religion habe ich begriffen, aber an ihren Mysterien bin ich stets gescheitert, und was ich früher in gläubiger Zuversicht nahm, ist mir nachher unverständlich geworden.

Hermann Engel ist es, ob aus Lust am Denunziantentum oder echter Fürsorge handelnd, muß dahingestellt bleiben, der im Frühling 1841 an den Vater in Stavenhagen schreibt und Reuters Situation in großer Deutlichkeit schildert. Auf seine, wie Engel dies nennt, Anzeige hin, schickte der alte Herr einen städtischen, subalternen Beamten nach Heidelberg, der den Sohn heimholen sollte. Er hatte ihm auch ein Schreiben mitgegeben, das ihn autorisierte, die Polizei einzuschalten, wenn Reuter sich gewehrt hätte. Doch der begehrt nur kurz auf und läßt sich dann wie ein folgsames Kind heim nach Mecklenburg führen, wo ihn der Vater gegen seinen Willen in die Landwirtschaft steckt. Erst nach dem Tod des Vaters – der ihn noch kurz zuvor enterbt hat –, 1845, gelingt es Reuter, die Vergangenheit abzuschütteln. Er findet in Luise Kuntze eine Frau, die lebenslang zu ihm hält und fängt, angeregt von Klaus Groths plattdeutscher Gedichtsammlung *Quickborn*, zu schreiben an. Diesen Weg wird er mit großem Erfolg weiter gehen.

Gedenktafel am Neckarstaden 62 für Gottfried Keller
(geb. Zürich 19. 7. 1819, gest. daselbst 15. 7. 1890)

[16]

Ich habe hier ein seltsames Jahr verlebt

Gottfried Keller in Heidelberg

Ausgestattet mit einem Stipendium der Züricher Regierung und des Erziehungsrates, kommt Gottfried Keller im Herbst 1848 nach Heidelberg. Seine Förderer haben ihm die Vervollkommnung seiner geistigen Bildung aufgetragen. Seine Pläne und Ziele gehen allerdings in eine andere Richtung. Aus dem Versprechen *Geschichte zu treiben* wird nicht viel, dafür ist er, wie er Eduard Dössekel Anfang Februar 1849 nach Seon schreibt, *fast ausschließlich in die Philosophie hineingeraten.*

Gottfried Keller

Gottfried Keller bleibt anderthalb Jahre in Heidelberg, eine kurze aber aufregende und prägende Zeit. Er lernt den Anatomen und Pathologen Friedrich Gustav Jacob Henle kennen, bei dem er Anthropologie und Physiologie hört, den Literaturwissenschaftler Hermann Hettner und den Philosophen Ludwig Feuerbach, dessen atheistisches Denken ihn lebenslang beeinflussen wird. Darüber hinaus durchleidet er eine unglückliche Liebe und erlebt hautnah das Scheitern der Badischen Revolution.

Zunächst wohnt der Studiosus in der Oberen Neckarstraße zehn, Ecke Semmelsgasse, was er jedoch bald bereut.

Gegenwärtig bin ich sehr auf dem Hund und nehme auch ein anderes Zimmer, da die Leute, wo ich bin, sehr unordentliches Volk sind. Gestern hat die Frau, ein altes Weib, der Magd, welche ihren Unterrock noch flicken wollte, befohlen, sie solle ins Bett gehen, denn sie brauche das Licht zum Flöhfangen, worauf die Magd schimpfte. Da nahm die Frau den Nachttopf und warf ihn der Magd an den Kopf, und diese hinwiederum packte die Frau und schmiß sie hinter den Ofen, worauf der Mann aus dem Bett sprang und auf beide zusammen loshieb. Solche Geschichten passieren alle Tag …

Nach wenigen Monaten verläßt er das schreckliche Haus, in dem er auch noch unter *Feuer- und Wassersnot* leiden muß, und zieht in den Neckarstaden Nr. 62. An diesem Gebäude, das kaum noch Ähnlichkeit mit dem damaligen Anwesen aufweist, hängt auch die kleine, allzu bescheidene Gedenktafel, die an Kellers Aufenthaltes in Heidelberg erinnern soll.

Trotz dieser mißlichen Umstände hat Keller eine Reihe bedeutender Zeitgenossen kennengelernt, allen voran den Philosophen Ludwig Feuerbach. Der hatte in Erlangen spinozistische Gedanken geäußert, sowie Gott samt Religion als Produkt des menschlichen Geistes erklärt, worauf er die Universität verlassen mußte. Im Revolutionsjahr 1848 laden Heidelberger Studenten den berühmten Gelehrten zu Vorlesungen ein. Da ihm die Universität Räume verweigert, liest er im Rathaussaal, wo ihn auch Keller hört. Die anfängliche Distanz – Keller hat in einer Rezension den Philosophen *ein wenig angegriffen* – schwindet rasch und schlägt bald in tiefe Verehrung um. In einem Brief an seinen Freund Wilhelm Baumgartner schildert er eindrucksvoll diesen Prozeß.

… so viel steht fest: Ich werde tabula rasa machen (oder es ist vielmehr schon geschehen) mit allen meinen bisherigen religiösen Vorstellungen, bis ich auf dem Feuerbachischen Niveau bin. Die Welt ist eine Republik, sagt er, und erträgt weder einen absoluten, noch einen konstitutionellen Gott … Ich kann einstweilen diesem Aufruf nicht widerstehen. Mein Gott war längst nur eine Art von Präsident oder erstem Konsul, welcher nicht viel Ansehen genoß, ich mußte ihn absetzen. … Für mich ist die Hauptfrage die: Wird die Welt, wird das Leben prosaischer und gemeiner nach Feuerbach? Bis jetzt

Die Alte Brücke

muß ich des bestimmtesten antworten: Nein! im Gegenteil, es wird alles klarer, strenger, aber auch glühender und sinnlicher.

Die Begegnung mit dem Philosophen geht auch in Kellers Werk ein. Als der Dichter nach Heidelberg kommt, hat er schon Teile der ersten Fassung seines Romans *Der Grüne Heinrich* im Gepäck. Jetzt erweitert er das Manuskript um das Erlebnis Feuerbach:

Auf Heinrich … wirkte schon die erste Stunde so, daß er … alle seine Verhältnisse vergaß und allein gespannt war auf die zuströmende Erfahrung … Er versäumte nun keine Stunde in dem Hörsaal und nahm begierig ein neues Ganzes in sich auf, welches er vom Anfang bis zum Ende verstand und übersehen konnte. Wie ein Alp fiel es ihm vom Herzen, daß er nun doch etwas zu wissen anfing; im gleichen Augenblicke bereute er auch nicht mehr die gewaltsame und lange Unterbrechung des Lernens, da dasselbe dem Stillen des leiblichen Hungers gleicht; sobald der Mensch zu essen hat, empfindet er nichts mehr von der Pein und der Ungeduld des Hungers. Das

Glück des Wissens gehört auch dadurch zum wahren Glücke, daß es einfach und rückhaltlos und, ob es früh oder spät eintrete, immer ganz das ist, was es sein kann, ohne Reue über das Versäumte zu erwecken; …

Nicht nur Keller ist von Feuerbach fasziniert; viele sind es, darunter auch Johanna Kapp, die Tochter des Philosophen und Politikers Christian Kapp. Keller hat die junge Frau, *eine hohe üppige Gestalt*, wie Jakob Baechtold in seiner Darstellung von *Gottfried Kellers Leben* schreibt, im *Waldhorn* kennengelernt, dem Kappschen Anwesen am Neuenheimer Ufer, am Fuß des Heiligenberges, das er von seinem Zimmer aus gut sehen kann. Ab Sommer 1849 verkehrt Keller fast täglich in dem Haus. Nach und nach entwickelt sich zwischen ihm und Johanna eine intensive Beziehung. Wenige Wochen später gesteht er ihr seine Liebe – und damit nimmt das Verhängnis seinen Lauf, denn die Angebetete offenbart ihm nun, daß sie in Feuerbach verliebt ist und Keller, den sie durchaus schätzt, keine Chancen hat.

Lieber, lieber Freund! Ich bin so tief erschüttert, daß ich kaum weiß, wie ich Ihnen schreiben soll, und doch drängt mich's dazu … Ich möchte Ihnen danken … Ich hab's Ihnen schon gestern gesagt, daß ich ebenso glücklich wie unglücklich, weil ich getrennt bin, aber geliebt! Als ich Ihnen vor acht Tagen meine Gedichte gab, da nahm ich mir innerlich vor, Ihnen nie den Namen dessen zu sagen, in dem mein Wesen aufgegangen … Aber heute fühl' ich anders; … Der Mann, der Ihrem Kopfe ward, was Ihr edles Herz in mir fand, dieser herrliche Mann ist es, und der wundersame Zufall, der Sie uns beide zusammenstellen ließ, hat mich mit stürmischer Freude ergriffen. So mag Ihnen denn das Rätsel gelöst erscheinen, das meine in Schmerzen erblühte Liebe Ihnen sein mußte.

So schreibt Johanna Kapp am 7. November an Keller. Anfang Dezember nimmt Johanna für immer Abschied von ihrer Liebe, von Ludwig Feuerbach, und von Keller. Er hat ihr dann über mehrere Tage hinweg einen sehr langen und schönen, letzten

Brief geschrieben, in dem er versucht hat, ihrer beider Leid und Schmerz zu lindern.

Ich will Ihnen zukünftig nie mehr von meiner Liebe schreiben, sondern ganz vernünftig von Menschen und Dingen, die ich sehe, und mit tausend Freuden von Ihnen selbst und Ihrem Schicksale, wenn ich Ihnen auf Ihre Aufforderung irgend etwas Gutes oder Aufmunterndes sagen kann. Nur muß ich Sie bitten, immer und so lange zu leiden und zu glauben, daß mein Herz an Ihnen hängt, auch wenn ich nichts mehr davon sage, bis ich Ihnen selbst meinen Abfall verkündige, und ich werde fröhlichen Sinnes der e r s t e sein, welcher die drückende Last von Ihnen und mir zugleich nimmt.

In jenen Tagen ist auch ein ihr gewidmetes Gedicht entstanden, das zu den bekanntesten zählt, die je über Heidelberg geschrieben wurde.

Schöne Brücke, hast mich oft getragen,
Wenn mein Herz erwartungsvoll geschlagen
Und mit dir den Strom ich überschritt.
Und mich dünkte, deine stolzen Bogen
Sind in kühnerm Schwunge mitgezogen,
Und sie fühlten meine Freude mit.

Weh der Täuschung, da ich jetzo sehe,
Wenn ich schweren Leids hinübergehe,
Daß der Last kein Joch sich fühlend biegt!
Soll ich einsam in die Berge gehen
Und nach einem schwachen Stege spähen,
Der sich meinem Kummer zitternd fügt?

Aber sie mit anderm Weh und Leiden
Und im Herzen andre Seligkeiten
Trage leicht die blühende Gestalt!
Schöne Brücke, magst du ewig stehen:

Ewig aber wird es nie geschehen,
Daß ein beßres Weib hinüberwallt!

Noch ein Ereignis, in dem für Keller wahrhaft aufregenden Jahr 1849, ist zu vermelden. Die Revolution, die ein Jahr zuvor im März 1848 in Berlin begonnen hat, ist gescheitert, bevor sie wirklich Kraft entfalten konnte. Im deutschen Südwesten hat sie sich am längsten gehalten. Doch im Mai 49 ist sie praktisch am Ende. Teile der badischen Revolutionsarmee haben sich in Heidelberg verschanzt. Von Nordosten her marschieren preußische Truppen heran, postieren schließlich auf der Neuenheimer Seite Scharfschützen, direkt gegenüber Kellers Zimmer. Zusammen mit Christian Kapp, Ludwig Feuerbach, Hermann Hettner und vielen anderen prominenten Heidelbergern sympathisiert der Dichter mit den Revolutionären, steht auf seiten der politischen Linken. Wie hautnah er die Kämpfe miterlebt hat, geht aus einem Brief hervor, den er im Juli an Mutter und Schwester nach Zürich schreibt. Zuerst nimmt er allerdings diese Ereignisse zum Anlaß, über seine Finanzkalamitäten zu berichten.

Die badische Revolution, welche im Mai ausbrach und bis im Juli gewährt hat, hat auch meine Finanzverhältnisse abermals verwirrt, denn der Verkehr gegen Norden ist die ganze Zeit über unterbrochen gewesen. In zwei Wochen werde ich etwa 200 Gulden für ein Heft Gedichte erhalten, welche ich herausgebe, und damit will ich dann, da ich sonst im Sinne hatte, von hier aus noch eine Tour zu machen, selbst mich auf den Weg verfügen und mein Geld einkassieren. Denn ich möchte in keinem Falle nach Zürich kommen, ohne meine Schulden bezahlen zu können. … Es wurde in der Nähe von zwei Stunden kanoniert und gepülvert, und ein paarmal kamen die Feinde bis vor die Stadt, daß wir sie auf dem Berg herumlaufen sahen. Sie schossen in unsere Gassen herein, über 2000 Schritt weit, und ein Soldat fiel tot um nicht weit von mir, auf der Brücke. Hierauf fanden wir, die nichts da zu tun hatten, für gut, uns ein wenig zurückzuziehen. Die Preußen haben halt auch Scharfschützen. Ich verfügte mich auf mein Zimmer; aber da war es noch ärger. Die Hausleute flüchteten ihre Habe, weil das Haus am Wasser steht; es waren Kanonen dicht unter meinem Fenster aufgefahren, welche über den Neckar den Feind abhalten sollten, welcher, im Fall er ernsthaft angegriffen hätte, wahrscheinlich diese Kanonen samt dem Haus, vor welchem sie standen, auch ein wenig berücksichtigt haben würde. Die badischen Soldaten mußten indes die Stadt verlassen, weil im Rücken eine Schlacht verloren war, und am anderen Morgen rückten die Preußen bei Sonnenaufgang ein.

Als Keller im Frühjahr 1850 nach Berlin zieht, liegt eine höchst produktive Zeit hinter ihm. Er hat die erste Fassung des *Grünen Heinrich* weit vorangebracht, dramatische Studien betrieben und an einem bürgerlichen Trauerspiel gearbeitet. In einem Brief oder auch nur Briefentwurf an den Dichter August Adolf Ludwig Follen, den er aus heute nicht mehr klärbaren Gründen nie abgeschickt hat, gibt er selbst ein Resümee seiner Heidelberger Zeit:

Ich habe hier ein seltsames Jahr verlebt. Ich kann eben nicht sagen, daß ich sehr gelehrt worden bin; aber das wenige, was ich gelernt habe, hat so gut in die äußeren Erfahrungen eingegriffen, so viel Inneres mir aufgeschlossen, ich habe mein Selbst, welches in allerlei kleinen Passionen und Dingen von eitelm Geschmacke anfangen wollte zu verschwimmen, herausgerettet und sozusagen neu entdeckt und hergestellt, während ich doch meiner Natur nach der Alte geblieben bin, ich habe endlich meine sonderbare Jugend (ich bin diesen Sommer dreißig Jahr alt geworden) so rund abgeschlossen, daß ich dies Jahr nicht zu meinen schlechtesten zähle.

Gedenktafel in der Plöck 50 für Kuno Fischer
(geb. Sandewalde bei Guhrau 23. 7. 1824, gest. Heidelberg 5. 7. 1907)

[17]

In diesem Hause
das sein Eigen war, wohnte
Kuno Fischer
von 1873 – 1887.

Ich gehe... mit Freuden

Kuno Fischer in Heidelberg

Nein, hier, in dem häßlichen Kalksandsteingebäude mit großer Tiefgarage, Plöck 48/50, hat Kuno Fischer nicht gewohnt. Die Gedenktafel für den Philosophen und Philosophiehistoriker stammt vom Vorgängerbau, der, obwohl in gutem Zustand, 1974 abgerissen wurde.

Kuno Fischers Heidelberger Zeit beginnt mit seiner Habilitation 1850. Damit erfüllt sich für den frischbestallten Privatdozenten ein Traum, den er seit langem hegt: in Heidelberg zu leben und zu lehren. Sätze aus der Rede, die er 1886 anläßlich des 500. Jubiläums der Universitätsgründung gehalten hat, bestätigen dies.

Kuno Fischer

Es giebt Eindrücke, die man nie vergißt, so zauberhaft ist ihre Wirkung. Wer einmal vom Heidelberger Schloß in die Ferne geblickt und die glühende Abendsonne sinken sah, wird dieses Bild bewahren. »Aus Sonnenstrahlen webt ihr Abendlüfte ein goldenes Netz um dieses Zauberwort!« Und wenn alle die Zauber, die Heidelberg und seine Gegend ausüben, in dem empfänglichsten und ungetrübtesten Alter erlebt werden, in einer Zeit, wo zugleich die Wissenschaft und die Freundschaft die Gemüther erweitern, so müssen akademische Jugendtage, die hier genossen sind, wohl Erinnerungen zurücklassen, die verjüngend fortwirken durch das ganze Leben.

Für den Philosophiedozenten Fischer sind die ersten Jahre in Heidelberg eine *arbeitsvolle und glückliche* Zeit. Die anfangs noch recht bescheidene Zahl seiner Hörer wird von Semester zu Semester größer, ebenso der *hingebende Eifer* und die *begeisterte Verehrung*, die ihm von den Studenten entgegengebracht werden. Das liegt an Fischers einzigartigem rhetorischen und didaktischen Talent. Sein Biograph Hugo Falkenheim schreibt:

Eine ganz neuartige Kraft lebenweckender Wirksamkeit schien von den Lippen dieses redegewaltigen Lehrers auszugehen, der für jeden Gedanken mit überlegener Sicherheit den präzisesten, künstlerisch geprägten Ausdruck fand und mit nie versagendem didaktischem Takt auch die widerstrebensten Ideenreihen entwirrte.

Fischers Erfolg ist gleichzeitig sein Unglück gewesen. 1853 kommt es zu einer dramatischen Wende in seinem Leben. Neidische und verbitterte Kollegen haben zu einem vernichtenden Schlag gegen den unbequemen Rivalen ausgeholt. Bei obskuren Zusammenkünften und in *theologischen Kränzchen* hetzen sie gegen ihn wegen angeblich pantheistischer[16] Lehrinhalte. Ihr Vorwurf, vorgebracht von dem Heidelberger Theologieprofessor und Direktor des örtlichen Predigtseminars Daniel Schenkel, gipfelt in der Aussage, Fischer habe *alle Philosophie für Pantheismus erklärt und alle nicht pantheistische Philosophie verhöhnt.* Schenkel ist es auch, der das haßerfüllte, professorale Geschwätz nach Karlsruhe trägt und dort versucht, den Entzug der venia legendi zu erreichen. In seiner Schrift *Die Apologie meiner Lehre* schildert Fischer, auf welch infame Art die Angelegenheit ins Rollen gebracht wurde:

Herr Schenkel will mich nicht angeklagt haben, weil »er ja nur mit einem Freunde über den ›verderblichen‹ Inhalt meines Buches gesprochen habe, und dieses Privatgespräch eine ganz zufällige

[16] Pantheismus ist ein, zum Beispiel von Goethe, hochgeschätztes philosophisches System, in dem, etwas vereinfacht ausgedrückt, Gott und die Natur gleichgesetzt werden. Entwickelt hat es der niederländische Philosoph Baruch Spinoza. Es wurde nicht nur wegen seiner Hauptthesen von den christlichen Kirchen verdammt, sondern auch, weil sein Schöpfer Jude war.

Tür des ehemaligem Kuno-Fischer-Hauses

Veranlassung der später wirklich erhobenen Anklage geworden sei.« Wirklich, die zufällige Veranlassung! Herr Schenkel vergißt, daß, bei diesem Gespräch der eine Unterredner der Director des Heidelberger Predigerseminars und der andere ein Mitglied des evangelischen Oberkirchenraths war... Ohne jene geheime Privatanklage des Herrn Schenkel hätte die amtliche der Kirchenbehörde, wie es scheint, nie stattgefunden.

Die Verantwortlichen in Karlsruhe übergeben die Angelegenheit der Universität zur Entscheidung. In der philosophischen Fakultät und auch im Senat ist jedoch die Mehrheit der Meinung, daß es keinen Grund gibt, Fischer etwas am Zeug zu flicken, ihm gar die gerade erst erteilte Lehrberechtigung zu entziehen. Vielleicht wäre die miese Attacke im Sande verlaufen, wenn nicht Minister von Wechmar in das Geschehen eingegriffen hätte. Der *bornierte Reaktionär*, so Falkenheims Charakterisierung, reißt die Sache an sich und entscheidet gegen Fischer. September 1853 teilt er ihm ohne Angabe von Gründen mit, daß ihm die Erlaubnis zur Abhaltung von

Vorlesungen entzogen worden sei. Robert von Mohl, damals Prorektor der Universität, protestiert vergeblich gegen diese Entscheidung. Er reist nach Karlsruhe, um die Angelegenheit aus Sicht der Universität darzustellen, erreicht allerdings nichts. In seinen *Lebenserinnerungen* nimmt von Mohl kein Blatt vor den Mund über die ziemlich unerfreuliche Begegnung mit von Wechmar:

Die Belohnung ist mir jedoch geworden, von möglichen Ministern ohne alle Frage den stupidesten gesehen zu haben. Noch nachteiliger wirkte das eine Zeitlang folgerichtig gehandhabte System, einem liberal gesinnten Professor, und wäre er der bedeutendste Mann, jede Anerkennung zu versagen, namentlich einen an einen solchen ergangenen Ruf nur zu einer kalt abweisenden oder gar höhnischen Antwort zu benutzen, in der Hoffnung, ihn dadurch wegzutreiben.

Dem Kirchenmann Schenkel war die Karlsruher Strafaktion nicht Triumph genug. Er rechtfertigt sie auch noch mit fadenscheinigen Argumenten in einem anonymen Artikel der Darmstädter Kirchenzeitung. In *Die Apologie meiner Lehre* hat Fischer gegen die Karlsruher Entscheidung und den Denunzianten Schenkel protestiert. Er widerlegt in sachlich-kühler Weise die gegen ihn erhobenen Beschuldigungen. Die Schrift endet mit den Sätzen:

Das Urtheil über meine Lehre vertraue ich dem gerechten Leser. Er möge untersuchen, ob in meiner Schrift ein Satz enthalten ist, der einen richtigen Verstand verwirren, ein religiöses Gefühl verletzen könne, man zeige mir ein Wort, welches dem Ernste der Wissenschaft und ihrer sittlichen Würde nicht angemessen wäre. – Nie habe ich die Versöhnung der Religion mit dem philosophischen Geiste lebhafter empfunden, als in dem Augenblicke, wo man mit so geschäftiger Hast das Brandmal, ich weiß nicht, welcher Ketzerei, auf meine Stirn drückte. Und wahrlich! Das Gefühl dieser Versöhnung ist mächtiger in meinem Gemüthe, als die bittere Empfindung eines mit blindem Eifer verfolgten Lebens!

Abriß des Kuno-Fisches-Hauses 1974

Für Fischer bedeutet die Strafaktion den Verlust seiner finanziellen Existenz. Ein Freund in dieser harten Zeit ist ihm der Theologe und Schriftsteller David Friedrich Strauß, der 1854 nach Heidelberg gezogen ist. Strauß, der wegen seines 1835 in Tübingen erschienenen Werkes *Das Leben Jesu* auf seine akademische Karriere verzichten mußte, kann sich gut in Fischers Lage einfühlen. Aus Freundschaft und Solidarität widmet er ihm ein Gedicht.

An Kuno Fischer.
Dein Fahrzeug hatte Gegenwind,
Die Segel waren eingenommen:
So kam es auf dem Fluß geschwommen,
Die Strömung trieb es nur gelind.

Mein Schifflein schwamm die gleiche Bahn,
Es kam dem deinigen zur Seite,
Erwünscht war beiden das Geleite:

So zog man nachbarlich voran.

Es waren Tage voll Genuß,
Man grüßte sich am frühen Morgen,
Vergaß im Redetausch die Sorgen,
In Zukunftsplanen den Verdruß.

Auf einmal weicht der Lüfte Groll;
Es bläst dir günstig in den Rücken:
Die Segel auf und mit Entzücken
Erblickst du sie geschwellt und voll.

Und rufst auch mir: »Die Segel auf,
Benutz' auch du des Windes Treiben;
Laß uns fortan beisammen bleiben,
Beisammen auch in vollem Lauf!« …

In den Jahren unfreiwilliger akademischer Abstinenz erarbeitet Fischer aus seinen Vorlesungen den ersten Teil eines seiner Hauptwerke, die *Geschichte der neueren Philosophie.* Hugo Falkenheim berichtet über die Aufnahme, die das Buch fand:

Es errang ihm sogleich seinen Platz unter den führenden wissenschaftlichen Autoren Deutschlands: eine unerreichte Fähigkeit, fremde Gedankenwelten aus ihrem Mittelpunkte heraus nachzuerleben und im originalen Geiste ihrer Urheber wiederzugeben, das vergangene Leben als ein gegenwärtiges zu schauen, gewährte in die treibenden Motive und das Gefüge der weltkundigen Systeme einen überraschend neuen Einblick; und diese Gabe kongenial nachschaffender Intuition gebot über eine Darstellung von zwingender Lebendigkeit, die an Stelle der üblichen seelenlosen Referate über die fertigen Ergebnisse eines von inneren geistigen Triebkräften erfüllten Werdens treten ließ. So wurden bei jedem der behandelten Denker dem Leser die von ihm gelösten philosophischen Grundprobleme in zeitlich bedingter Form als typische, nie veraltende Fragen des sinnenden Menschengeistes verständlich gemacht…

Als Kuno Fischer im November 1856 einen Ruf der Universität Jena erhält, verläßt er Heidelberg.

So hat das kleine Jena einmal wieder die Ehre von Deutschland gerettet, meinte Alexander von Humboldt. Aber auch in Heidelberg – und in Karlsruhe – hat man inzwischen erkannt, welche Schandtat die Vertreibung des Philosophen gewesen ist. Vier Jahre nach seinem Rausschmiß versucht der Historiker Luwig Häusser auf Bitten des Großherzogs, den Gemaßregelten zurückzuholen. Wie gern der dieser Bitte nachgegeben hätte und warum er es letztendlich nicht tat, wird in einem Brief deutlich, den er an Häusser richtet.

Ob ich nun den Wunsch hege, in meinem Leben noch einmal den Schauplatz der Universität Heidelberg zu betreten, die mir ewig teuer ist, und jetzt als ein erprobter, durch das Vertrauen der Regierung berufener Lehrer der Philosophie? Darf ich nach freier Neigung die Frage beantworten, so muß ich sie auf das freudigste bejahren. Es ist und bleibt mein Wunsch, – und ich darf hinzufügen, was die Lebensstellung betrifft – mein größter.

Indessen bin ich meinem gegenwärtigen Amte mancherlei Rücksichten schuldig, die ich nicht außer Augen setzen darf, und ich bin gewiß, daß die badische Regierung von mir erwarten wird, daß ich diese Rücksichten wohl in Acht nehme. Ich bin hierher berufen worden, zwar ohne alle Mitwirkung meinerseits, aber in einem Zeitpunkte, wo ich den Kathedern gegenüber noch ein Geächteter war, und daher jenen Ruf als eine Errettung ansehen mußte aus der peinlichsten und bittersten Lage meines Lebens. Das erheischt meine unverbrüchliche Dankbarkeit.

16 Jahre bleibt Kuno Fischer in dem kleinen thüringischen Ort, von dessen Universität es damals hieß, mit ihm seien die Tage von Schiller und Fichte zurückgekehrt. 1872, als die Ruperto-Carola einen Ruf an ihn richtet, gibt er nach, läßt sei-

ner Sehnsucht nach Heidelberg freien Lauf. Ein Jahr später bezieht er das Haus in der Plöck, wo er bis 1887 gewohnt hat. Die Jahre bis zu seinem Tod 1907 hat er mit ebenso rastloser wie vielseitiger Lehrtätigkeit verbracht. Vor allem beschäftigt er sich mit Kant und Hegel, ebenso mit den Engländern Thomas Hobbes, John Locke, George Berkeley und David Hume. Später wird noch Arthur Schopenhauer dazukommen. Noch heute mit großem Gewinn zu lesen ist sein Goethe-Buch. Die Universität, die ihn einst nicht hatte halten können, überhäuft ihn mit Ehren, ebenso die Stadt. Hochbetagt, wenige Tage vor Vollendung seines 83. Lebensjahres, am 5. Juli 1907, stirbt Kuno Fischer in seinem geliebten Heidelberg. Damit erfüllte sich, was er 1857 an Ludwig Häusser geschrieben hatte:

Ich gehe nach Heidelberg mit Freuden, um dort zu leben und zu sterben.

Ich kann nicht selbst von mir lobend reden …

Wilhelm Trübner in Heidelberg

Am 3. Februar 1851 bin ich in Heidelberg geboren, wo ich entsprechend der interessanten Stadt von Jugend auf die vielseitigsten Eindrücke empfing. Für Begebenheiten hatte ich wenig Interesse, dagegen ein offenes Auge für die Welt der Erscheinungen um mich her, und so sind mir diese, wenn es der Mühe wert war, haften geblieben, während jene meinem Gedächtnis nahezu entschwunden sind. Vielleicht aus diesem Grunde hat sich als früheste meiner Erinnerungen die damals in Heidelberg ansässig gewesene berühmte spanische Tänzerin Pepita bleibend eingeprägt, als Zeichen, daß ich an die Naturschönheit schon frühzeitig die größten Anforderungen stellte, während ich in künstlerischer Hinsicht noch mit Bilderbogen und Zinnsoldaten vollkommen zufriedengestellt werden konnte. In jener Zeit erregten die militärischen Bilder mein ganzes Interesse, und das Kolorieren der Uniformen bildete meine Lieblingsbeschäftigung. Bald übten auch die Illustrationen historischen Inhalts eine große Anziehungskraft auf mich aus, also die Kunstbetätigung, die gerade damals bei den deutschen Meistern die Hauptbeschäftigung bildete.

Wilhelm Trübner (Selbstbildnis)

Heinrich Wilhelm Trübner, einer der bedeutendsten Maler des deutschen Impressionismus hat das Glück, in eine finanziell gesicherte, bürgerliche Familie hineingeboren zu werden. Der Vater ist Goldschmied und besitzt ein Schmuckgeschäft, das noch bis vor wenigen Jahren von seinen Nachkommen geführt

Gedenktafel in der Hauptstraße 139 für Wilhelm Trübner
(geb. Heidelberg 3. 2. 1851, gest. Karlsruhe 21. 12. 1917)

[18]

wurde. Obwohl schon früh klar ist, daß nicht er es einmal übernehmen werde, sondern sein älterer Bruder Nikolaus, muß Wilhelm in Hanau die Goldschmiedeschule besuchen, was er auch für eine kurze Zeit tut. Doch er möchte Maler werden und wehrt sich gegen die väterliche Entscheidung. In dieser Situation findet der junge Trübner Unterstützung bei einem anderen Heidelberger Maler. In dem Aufsatz *Biographische Notizen und Erinnerungen* schildert er, was geschah.

Als meine Berufswahl bei (meinem Vater) große Bedenken hervorrief, des zweifelhaften Erfolges wegen, ordnete er seine Meinung sofort unter, nachdem Anselm Feuerbach, der damals jeden Sommer in Heidelberg bei seiner Stiefmutter weilte, mir recht gab, die Künstlerlaufbahn zu wählen und meinen Eltern empfahl, mich sofort auf die Karlsruher Akademie zu schicken. Mein Vater sowohl wie Feuerbach behielten recht: mit dem praktischen Erfolg im größeren Maße war es nichts während der Lebensdauer meiner Eltern, erst nach dieser Zeit hat sich das wesentlich geändert.

Solange die Mutter Feuerbachs in Heidelberg ansässig war, solange kam auch ihr Sohn mit Beginn jeden Sommers dahin, wodurch sich mir alljährlich während meiner Herbstferien die Gelegenheit bot, die meisten Bilder Feuerbachs der Reihe nach in der Wohnung seiner Mutter bewundern zu können und manchen Abend mit ihm am Biertisch zusammenzusitzen. Ich erfreute mich also gleich des besten künstlerischen Umgangs.

Entsprechend dem Rat Feuerbachs erlaubt der Vater nun den Besuch der Kunstakademie in der badischen Hauptstadt. Ab dem Frühjahr 1869 wird Trübner das Studium in München fortsetzen. Ein Besuch der Internationalen Kunstausstellung, die im Sommer im Münchener Glaspalast stattfindet, bestärkt ihn in seinem seit langem gefaßten Entschluß, sich von der akademisch gelehrten Malerei abzuwenden. Für Trübner-Kenner Klaus Rohrandt ist diese Entscheidung eine der wichtigsten im Leben des Malers.

Der begonnene gradlinige Weg der selbstbestimmten Ausbildung und die Überwindung der lange währenden elterlichen Zweifel an seiner Künstlerlaufbahn werfen ein bezeichnendes Licht auf das Beharrungsvermögen des jungen Mannes. Er stützt sich allein auf die eigenen Erfahrungen und Erkenntnisse, mit denen er jedem Widerstand von außen entschlossen begegnet. Diese Haltung ist wesentliche Voraussetzung für die künstlerische Frühreife des Malers.

Abgesehen von einem kurzen Aufenthalt in seiner Geburtsstadt kommt Trübner erst Herbst 1871 wieder nach Heidelberg. Zusammen mit dem Freund und Malerkollegen Albert Lang treibt er *Porträt,- Interieur,- Landschafts,- und Architekturstudien.* Zu den Bildern, die während dieser Zeit entstehen, gehört auch das heute in der Städtischen Galerie im Lenbachhaus, München, ausgestellte *Kellerfenster im Heidelberger Schloß.*

Die Jahre von 1871 bis 1878 sind eine künstlerisch hochproduktive Zeit für den Maler. Er reist viel, leistet seinen Militärdienst ab und läßt sich schließlich in München nieder. Gelegentlich findet er auch Zeit für einen kurzen Besuch seiner Vaterstadt. Ihn bedrückt allerdings, daß der Vater seine Arbeit noch immer recht kritisch sieht. Anfang Juli 1878 trifft in der Hauptstraße ein Brief Trübners ein, in dem er gegenüber den Eltern aufbegehrt:

Es ist nicht recht, daß Ihr Euch immer so trüben Gedanken hingebt, in Bezug auf meine Zukunft als Maler … Was Ihr Euch einbildet von vernachlässigten Vorstudien, das ist geradezu lächerlich: ich kann nicht selbst von mir lobend reden oder mich in günstiges Licht stellen, aber Ihr werdet gewiß zugeben müssen, daß es ganz außerhalb Eurer Beurteilung liegt, wie weit meine Fähigkeiten ausgebildet sind.

Was den Maler bedrückt, ist, daß er immer noch nicht ohne finanzielle Unterstützung seiner Eltern leben kann. Auch in dem oben angeführten Brief muß er seine Eltern bitten, die monatlichen Subsidien rechtzeitig abzuschicken. Erst 1885, nach dem Tod seines Vaters – die Mutter ist bereits zwei Jahre zuvor verstorben –, verbessert sich seine wirtschaftliche Situation schlagartig. So wichtig dies für ihn ist, so sehr hat es ihn auch betroffen gemacht, wie er in seinen *Biographischen Notizen und Erinnerungen* eingesteht.

Die mir das Leben gegeben und keine Opfer gescheut hatten, mir die Wege zu ebnen, sie haben beide diese Welt verlassen, ohne daß ich ihnen die Freude bereiten durfte, im Beruf erfolgreich vor ihnen zu erscheinen. So sehr ich alle meine Kräfte anstrengte, um noch zu Lebzeiten meiner Eltern dies ersehnte Ziel zu erreichen, so vergeblich war all mein Bemühen, obgleich alle die Bilder von mir, die jetzt in deutschen Galerien hängen, damals schon längst gemalt waren. Die Schuld lag also nicht an mir, sondern an dem Verhängnis, daß das Kunstverständnis jener Zeit auf einer allzu niedrigen Stufe stand.

Trübners Geburtshaus in der Hauptstraße 139

Über viele Jahre seines Lebens hinweg ist Trübner ein leidenschaftlicher Sammler. Eines seiner »Privatmuseen« ist die Besitzung Hausacker, die ihm von einem Freund seines Vaters zur zeitweiligen Nutzung überlassen wird. Auch der Heidelberger Chronist und Sammler pfälzischer Altertümer Albert Mays unterstützt ihn.

1878 verfaßt Trübner ein Gutachten über die v. Graimberg'sche Sammlung im Schloß und rät den Kulturbehörden seiner Geburtsstadt, diese anzukaufen. Einige Jahre später wird er die Bibliothek seines Onkels Johann Nikolaus von London nach Heidelberg überführen und der Universitätsbibliothek zum Geschenk machen. Dabei wird ihm auch die Manessische Liederhandschrift gezeigt, die sein Bruder Karl Ignaz, Buchhändler und Antiquar in Straßburg, erworben hat. 1902 kommt es erneut zu einem engen Kontakt mit Heidelberg. Am 24. September läßt der Stadtrat bei ihm anfragen, ob er für die neue Stadthalle Wandmalereien anfertigen könne. Im Folgejahr entstehen entsprechend der Absprache zwischen dem Maler und der Stadt zwei Wandbilder, der *Einzug des Kurfürsten Karl-Friedrich von Baden in Heidelberg 1803* und *Begrüßung des deutschen Kronprinzen durch Großherzog Friedrich I. von Baden beim Universitätsjubiläum 1886.* Für die beiden Bilder erhält Trübner ein Honorar von 8000 Mark. Als die Stadthalle am 5. August 1903 in Anwesenheit des Großherzogs der Öffentlichkeit übergeben wird, finden Trübners Historiengemälde beim Festpublikum große Bewunderung.

Damals tobt in Heidelberg eine heftig geführte Diskussion um den Zustand des Schlosses. Es waren großangelegte Restaurationsarbeiten durchgeführt worden, mit deren Ergebnissen aber viele nicht zufrieden sind. Den zerstörten Friedrichsbau hatte man sogar völlig wiederaufgebaut. Trübner hat sich in den Streit eingemischt und einen Artikel über das Problem verfaßt. Zunächst geißelt er die Auffassungen der staatlichen Behörden:

Der große Entrüstungssturm, der sich wegen der Art wie die Erhaltungsarbeiten am Heidelberger Schloß durchgeführt worden sind, erhoben hat, zeigt, daß die heutige Generation weit höhere Anforderungen in künstlerischer Beziehung stellt, als die mit den betreffenden Arbeiten beauftragte Bauleitung zu leisten imstande gewesen ist. Die Zeiten sind vorüber, in denen die wichtigsten

Monumentalkunstangelegeheiten im Sinne der sogenannten »Verschönerungsvereine« unter der Oberleitung von Bauräten und mit grundsätzlichem Ausschluß aller Künstler erledigt werden dürfen.

Wenige Zeilen später bringt er seine grundsätzlichen Einwände vor, Argumente, die auch heute noch bei Restaurationsvorhaben von Bedeutung sind.

Jeder, der sich über die Verwaltung von Kunstaltertümern unterrichtet hat, ja jeder private Sammler von derlei Dingen weiß, daß das Renovieren von Kunstgegenständen deren Wert bedeutend vermindert und daß, wenn das Renovieren gar so weit getrieben werden sollte, wie es am Friedrichsbau ganz unnötigerweise geschehen ist ..., daß dann ein in solcher Weise erneuerter Kunstgegenstand für die Kunstwelt überhaupt keinen Wert mehr hat. Ein Teil unserer Architekten und zufällig der, dem die Obhut über den wertvollsten Kunstbesitz des Landes, über das Heidelberger Schloß übertragen worden ist, scheint von dieser Tatsache keine Ahnung zu haben, denn gerade das Renovieren und gänzliche Erneuern der äußeren Oberfläche wird von ihnen ja am eifrigsten betrieben. Eine Oberleitung, die trotz der eingehendsten Gutachten erster Sachverständiger das Gegenteil von dem tut, was bei Kunstwerken in dem Falle üblich ist, muß wohl als die denkbar ungeeignetste bezeichnet werden.

In den Jahren nach 1904 war Wilhelm Trübner nur noch selten in Heidelberg. Zwei Besuche im Stift Neuburg für die Jahre 1913 und 1914 sind nachgewiesen. Zwei Jahre später findet in seiner Heimatsstadt die erste Ausstellung seiner Bilder statt. Trotz dieses Erfolges gibt es Ärger, denn dem Maler mißfällt der Ausstellungsort. Er beschwert sich, daß seine Werke in *drei elenden Hinterhausschlafzimmern* aufgehängt worden seien. Mit diesem Mißklang endet Trübners schwierige Beziehung zu Heidelberg. Er stirbt am 21. Dezember 1917 in Karlsruhe.

Bereits am Vorabend des Ersten Weltkrieges hat der Kunsthistoriker Hans Rosenhagen eine erste, noch heute gültige biographische Skizze dieses deutschen Impressionisten verfaßt. Sie kulminiert in folgende Sätzen:

Der Werdegang Trübners ist ein unschätzbarer Beweis dafür, daß die echte und starke künstlerische Persönlichkeit nur in strenger Selbstzucht gewonnen wird und zu Ansehen und Ruhm gelangt ohne exzentrische Sprünge und ohne sich in Gegensatz zu bringen zu der großen Kunst, die war und ewig sein und gültig bleiben wird.

Ich glaube, ich werde verrückt!

Robert Wilhelm Bunsen und Gustav Kirchhoff in Heidelberg

Am 6. August 1852 wird Robert Wilhelm Bunsen in Karlsruhe zum Ordinarius und Direktor des chemischen Laboratoriums der Universität Heidelberg ernannt. Gleichzeitig wird ihm der Titel eines großherzoglichen Hofrats verliehen, eine Ehrung, die mit einem Jahresgehalt von 2700 Gulden verbunden ist. Bunsen ist über Marburg an der Lahn und Breslau an den Neckar gekommen.

Robert Wilhelm Bunsen

Es lebt sich hier himmlisch in Heidelberg, und wenn Du erst einmal hier gewesen bist, wirst Du begreifen, wie froh ich bin, Breslau hinter mir zu haben. Ich sehe schon jetzt, daß ich diesen Schritt nie bereuen werde. In Karlsruhe weiß man nicht, was man mir alles zu Liebe thun soll. Man legt dort einen solch großen Werth auf meine Berufung, daß mir angst und bange wird, wie ich so großen Erwartungen entsprechen soll.

Gustav Kirchhoff

Dies schreibt Bunsen seinem Freund, dem Kirchenhistoriker Henke. Sein Labor ist im Refektorium des einstigen Dominikaner-Klosters in der Hauptstraße untergebracht. Heute steht an dieser Stelle der Friedrichsbau. Zwanzig

Gedenktafel in der Plöck 55 für Robert Wilhelm Bunsen
(geb. Göttingen 30. 3. 1811, gest. Heidelberg 16. 8. 1899)

Gedenktafel in der Hauptstraße 52 für Gustav Robert Kirchhoff
(geb. Königsberg 12. 3. 1824, gest. Berlin 17. 10. 1887)

angehende Chemiker mixen dort ihre Mischungen zusammen. Gelegentlich, Bunsen hat mehr als einmal darüber berichtet, kommt es zu gefährlichen Bränden und Explosionen. Wie durch ein Wunder scheint nicht allzu viel dabei passiert zu sein. Als die Arbeiten immer umfangreicher werden, integriert Bunsen die alten Kreuzgänge in sein Institut und läßt die gotischen Bogen erstmals verglasen. Die für die Experimente notwendigen Chemikalien werden in der Klosterkapelle gelagert. Heutigen Sicherheitsingenieuren würde die Situation Alpträume bereiten. Da weder Leitungswasser vorhanden ist noch Gas zum Heizen, müssen Dozenten und Studenten improvisieren. Das Wasser wird vom Brunnen geholt und ständig brennt ein Holzkohlenfeuer. In seiner Bunsenmonographie schildert Georg Lockemann die »paradiesischen« Arbeitsbedingungen:

Wo ehemals die Mönche in Gebeten und frommen Gesängen um ihr Seelenheil gerungen hatten, mühten sich jetzt die Jünger der chemischen Wissenschaft um die Ermittlung der Zusammensetzung künstlicher Mischungen oder natürlicher Mineralien. Statt der strengen Klosterregeln mußten jetzt die nicht minder strengen Regeln der Wissenschaft befolgt werden.

Da diese Situation auf Dauer untragbar ist, zieht Bunsen samt Mitarbeitern und Studenten nach einer Interimszeit im *Haus zum Riesen* in den *Friedrichsbau* um, der an der Stelle des inzwischen abgerissenen Klosters errichtet worden ist. Wenige Jahre später ist erneut ein Umzug fällig. In den Jahren 1853 bis 1855 wird für Bunsen ein neues chemisches Institut am ehemaligen Wredeplatz – heute der Friedrich-Ebert-Platz – errichtet. Architekt ist Heinrich Lang aus Karlsruhe. In diesem, kürzlich schön renovierten Gebäude hat der Gelehrte, wenn er sich nicht gerade bei Kirchhoff in der Hauptstraße 52 aufhält, bis zu seiner Emeritierung gearbeitet und auch gewohnt.

Bunsens größte Entdeckung war Gustav Kirchhoff. Dieses Wortspiel verweist auf eine der wirkungsvollsten Symbiosen naturwissenschaftlicher Forschung im 19. Jahrhundert. Zwei Jahre nach seiner Ankunft beruft Bunsen den Physiker Gustav Kirchhoff, den er von seiner Zeit in Breslau her kennt, an die Heidelberger Universität. Von unschätzbarer Bedeutung für Astronomie, Physik und Chemie werden ihre Forschungen über die Fraunhofer'schen Linien. Das sind schmale, dunkle Linien, die in großer Zahl im Sonnenspektrum vorkommen. Der englische Arzt, Chemiker und Physiker William Hyde Wollaston hat sie um 1802 zum ersten Mal gesehen und beschrieben. Der deutsche Physiker Joseph Fraunhofer untersucht die Lage von 576 dieser Linien und berechnet 1814 ihre genaue Wellenlänge. Die physikalische Deutung dieses Phänomens, die letztlich zur Entdeckung der Spektralanalyse geführt hat, blieb aber Bunsen und Kirchhoff vorbehalten.

Die Grundlage für diesen Erfolg ist zunächst einmal das freundschaftliche und vertrauensvolle Zusammenwirken der beiden Männer, die sich regelmäßig über ihre Arbeit informieren und austauschen. 1859 experimentiert Bunsen mit erhitzten Gasen und beobachtet dabei das Farbenspiel der Gasflamme. Ihm fällt auf, daß diese, je nachdem welche Stoffe er verbrennt, unterschiedliche Farben annimmt. Kirchhoff rät ihm, die Flamme mittels einer Art »Fernrohr« zu betrachten. In seiner einfachsten Form besteht der von Bunsen dazu erfundene und benutzte *Spektralapparat*, aus einem kleinen Fernrohr, einem Glasprisma und einem in seiner Breite veränderbaren Spalt, vor dem der zu untersuchende Körper am Öhr eines Platindrahtes in die Flamme eines *Bunsenschen Gasbrenners* gebracht wird. Das Licht fällt durch den Spalt und durchsetzt das Prisma, wobei es in seine Spektralfarben zerlegt wird. Mit dem Fernrohr ist schließlich eine detaillierte Beobachtung des Spektrums möglich.

Haus mit der Gedenktafel in der Plöck 55 am Friedrich-Ebert-Platz

Bald wird ihnen klar, daß jedes chemische Element im glühenden Gaszustand Strahlen ganz bestimmter Wellenlänge aussendet. Immer wieder beobachten sie diesen Vorgang und bemerken dabei, wie sich das Licht, genauer gesagt die Linien des Gasspektrums, auf ganz unerwartete Weise verändern: überlagern, verstärken oder auslöschen und wie dabei dunkle Linien, eben die Fraunhofer'schen Linien, sichtbar werden. Fasziniert von diesem Licht- und Farbenspiel platzt es aus Kirchhoff heraus:

Dies ist entweder ein Unsinn oder eine ganz große Sache.

Georg Lockemann schreibt:

Kirchhoff sann einen Tag darüber nach und glaubte dann die Erklärung für diese unerwartete Erscheinung gefunden zu haben, nämlich, daß Licht von bestimmter Wellenlänge verschluckt, ähnlich wie ein Ton von einer Saite durch Mitschwingen aufgenommen wird, indem sich die kleinen Einzelstöße der Luftschwingungen zu einer großen Gesamtwirkung summieren und so die Saite in schwingende Bewegung setzen.

Ihre Forschungen und die daraus abgeleiteten Hypothesen überprüfen die beiden Männer an zahlreichen weiteren Gasen. Immer geht es dabei um das Erscheinungsbild der Fraunhofer'schen Linien. Es ist überliefert, daß Bunsen bei einem dieser Experimente voller Spannung den Satz ausgerufen hat:

Wenn jetzt wirklich die dunkle Linie erscheint, Kirchhoff, ich glaube, ich werde verrückt.

Und die Linien erscheinen tatsächlich. Damit haben Bunsen und Kirchhoff ein Analyseverfahren erfunden, das sich nicht nur zum Nachweis selbst geringster Mengen bekannter Stoffe eignet, sondern auch zur Entdeckung bislang noch unbekannter chemischer Elemente, zum Beispiel Cäsium, Rubidium, Thallium. Am 15. November 1859 informiert Bunsen seinen Schüler Henry Roscoe über den Stand der Arbeiten in Heidelberg – und gibt so nebenbei eine inzwischen schon klassisch gewordene Beschreibung ihres neuesten gemeinsamen Forschungsergebnisses.

Im Augenblicke bin ich und Kirchhoff mit einer gemeinschaftlichen Arbeit beschäftigt, die uns nicht schlafen läßt. Kirchhoff hat nämlich eine wunderschöne, ganz unerwartete Entdeckung gemacht, indem er die Ursache der dunklen Linien im Sonnenspectrum aufgefunden und diese Linien künstlich im Sonnenspectrum verstärkt und im linienlosen Flammenspectrum hervorgebracht hat, und zwar der Lage nach mit den Fraunhofer'schen identische Linien. Hierdurch ist der Weg gegeben, die stoffliche Zusammensetzung der Sonne und der Fixsterne mit derselben Sicherheit nachzuweisen, wie wir Schwefel, Chlor, usw. durch unsere Reagentien bestimmen. Auf der Erde lassen sich die Stoffe nach dieser Methode mit derselben Schärfe unterscheiden und nachweisen, wie auf der Sonne, so daß ich z. B. in 20 g Meerwasser noch einen Lithiumgehalt habe nachweisen können. Zur Erkennung mancher Stoffe ist diese Methode allen bisher bekannten vorzuziehen. Haben Sie ein Gemenge von Lithium, Kalium, Natrium, Barium, Strontium, Calcium, so brauchen Sie nur ein Milligramm davon in meinen Apparat zu bringen, um dann unmittelbar durch ein Fernrohr alle diese Gemengtheile durch bloße Beobachtung abzulesen. Einzelne dieser Reactionen sind wunderbar scharf. So kann man noch 5/1000 Milligramm Lithium mit der größten Leichtigkeit nachweisen.

»Gedenktafel in der Hauptstraße 52 (Haus »Zum Riesen»)

Nur wenige Monate später wird der Nutzen dieses Analyseverfahrens deutlich. Bunsen ist auf der Spur zu einem neuen, bislang unbekannten chemischen Element. Henry Roscoe ist der erste, dem er die Sensation mitteilt:

»Theuerster Freund!... Ich habe alles im Stiche gelassen, weil ich durch die Spectralanalyse die völlige Gewißheit erlangt habe, daß außer Kalium, Natrium u. Lithium noch ein viertes Alkalimetall existieren muß, und weil ich die ganze Zeit über damit beschäftigt gewesen bin, eine Verbindung dieses neuen Stoffes zu isolieren. Wo sich derselbe zeigt, kommt es leider in so verschwindend kleinen Mengen vor, daß ich fast alle Hoffnung aufgeben muß, eine Verbindung desselben zu isolieren und für sich zu untersuchen, wenn ich nicht so glücklich bin, ein Material zu finden, was mehr davon enthält.

Ein gutes halbes Jahr später, im November 1860 trifft bei Henry Roscoe erneut ein Brief aus Heidelberg ein.

Mit meinem neuen Metall bin ich sehr glücklich gewesen. Ich habe 50 Gramm der schon fast völlig reinen Chlorplatinverbindung, die ich sehr leicht noch völlig chemisch rein erhalten kann. Freilich sind diese 50 Gramm aus nicht weniger als sechshundert Centnern

Mineralwasser abgeschieden, wobei zwei und ein halbes Pfund Lithiumchlorid als Nebenprodukt gewonnen sind. Seit ich eine einfache Methode der Abscheidung habe, finde ich es sehr verbreitet. Ich will es nach seinen prachtvollen blauen Spectrallinien »Caesium« nennen, von caesius, blau. Nächsten Sonntag gedenke ich soviel Zeit zu gewinnen, um die erste Atomgewichtsbestimmung auszuführen.

Bald benutzen auch andere Chemiker die Spektralanalyse und finden so neue, bislang unbekannte chemische Elemente: Thallium, Indium, Gallium und Scandium. Auch Bunsen hat sich in diese Liste der Neuentdeckungen eingeschrieben: mit dem Alkalimetall Rubidium. Darüber hinaus markiert die Spektralanalyse – worauf der Gedenktafeltext hinweist – auch den Beginn der Chemie und der Physik des Weltalls. Ein Jahr nach ihrer wegweisenden Entdeckung, die ganz in der Nähe von Bunsens neuem Institut gemacht wurde, in der Hauptstraße 52, schreiben Bunsen und Kirchhoff zu diesem neuen Kapitel ihrer Wissenschaft:

... (sie) eröffnet ... der chemischen Forschung ein bisher völlig verschlossenes Gebiet, das weit über die Grenzen der Erde, ja selbst unseres Sonnensystems, hinausreicht. Da es bei der in Rede stehenden analytischen Methode ausreicht, das glühende Gas, um dessen Analyse es sich handelt, zu sehen, so liegt der Gedanke nahe, daß dieselbe auch anwendbar sei auf die Atmosphäre der Sonne und der helleren Fixsterne.

Beim damaligen Stand chemischer Experimentaltechnik waren Unfälle an der Tagesordnung. ... Auch Bunsen bleibt von diesem Berufsrisiko nicht verschont. Einem besorgten Kollegen, der nach seiner Gesundheit gefragt hat, schreibt er mit noch nicht ganz verheilten Händen:

Das Schreiben ... wird mir immer noch schwer, aber ich mag nicht noch länger mit der Antwort auf Ihren freundlichen theilnehmenden Brief zögern, um Sie ganz über mich zu beruhigen. Die Ursache der Explosion ist mir bis jetzt noch unverständlich. Ich hatte

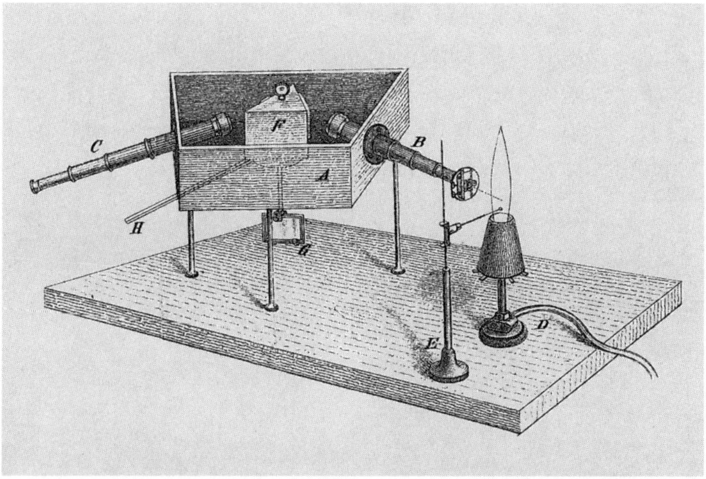

Spektralapparat von Kirchhoff und Bunsen

ungefähr ein Pfund Rhodium und Iridium mit Zink und Zinkchlorid, wie ich es beschrieben habe, dargestellt und bei 100° im Wasserbade getrocknet; bei der leisen Berührung des halberkalteten pulverigen Metalls mit dem Finger verpuffte die ganze Masse unter heftiger Feuererscheinung wie eingestampftes Schießpulver, was mir um so räthselhafter ist, als ich dasselbe Pulver von anderen Platinrückständen in gleichen Qualitäten ganz gefahrlos in einer Reibschale öfters heftig gerieben habe und die früher geprüften Präparate dieser Art, im luftleeren Raume geglüht, gar kein Gas, namentlich kein Wasserstoffgas, ausgeben. Meine linke Hand, mit deren Zeigefinger ich die Masse berührte, hat mir die Augen gerettet, da Gesicht und Augen nur mehr oberflächlich durch den Feuerstrahl, welcher durch die Finger hindurch gelangte, verbrannt wurden. Jetzt sind meine Augen bis auf die abgesengten Augenbrauen und Wimpern wieder ganz wie früher, und ebenso wird die ganze Verbrennung keine Narben hinterlassen.

Die Jahre der Zusammenarbeit zwischen Bunsen und Kirchhoff gehen 1874 zu Ende, weil Kirchhoff einen Ruf nach

Berlin erhalten hat. Max Planck wird dort sein berühmtester Schüler. Nach 37 Jahren wissenschaftlicher Tätigkeit wird Bunsen Ostern 1889 emeritiert. Zehn Jahre später, am Morgen des 16. August 1899, stirbt er hochgeehrt in Heidelberg. Gustav Kirchhoff ist zu diesem Zeitpunkt bereits tot.

Schöner und reicher kann ein Leben nicht ausklingen ...

Henriette Feuerbach in Heidelberg

Frühjahr 1852 – die auf der Gedenktafel genannte Jahreszahl 1856 ist falsch – zieht Henriette Feuerbach, die ein Jahr zuvor ihren Mann verloren hat, mit ihrer Stieftochter Emilie und ihrem Stiefsohn Anselm nach Heidelberg um, in eine Wohnung in der Hauptstraße, heute Nummer 84. Sie kennt die Stadt von früheren Besuchen, von Urlauben in der herrschaftlichen Villa des radikaldemokratischen Philosophieprofessors Christian Kapp in Neuenheim. Von dem Umzug erhofft sich die Witwe eine erhebliche Verbesserung ihrer Lebenssituation. Der Ortswechsel ist vor allem ein Versuch der Selbstfindung.

Henriette Feuerbach (nach Anselm Feuerbach)

Ich habe keinen Grund und Boden, auf dem ich stehe, kein Verhältnis zur Welt. – Das Leben ist an mir vorübergegangen und hat mir nichts gelassen oder gegeben als mich selber ...

Schilderungen von Henriette Feuerbachs Leben in Heidelberg – und nicht nur dort – heben ihre Sorge für ihren Stiefsohn Anselm hervor. Fast alles, was sie getan habe, sei von dem Willen getragen gewesen, ihm das Leben seiner Maler- und Künstlerexistenz zu ermöglichen. Allerdings ist auch schon früh die gegenteilige These aufgestellt worden, von Anselm Feuerbachs Biographen Julius Allgeyer, der vom *Fluch des Stiefmuttertums* gesprochen hat. Dennoch ist die Einschätzung,

Gedenktafel in der Hauptstraße 84 für Henriette Feuerbach
geborene Heydenreich
(geb. Ermetzhofen bei Steinach in Franken 13.8.1812,
gest. Ansbach in Bayern 5.8.1892)

[20]

daß sich Henriette Feuerbach um das Werk ihres Stiefsohnes bemüht hat, nicht falsch, aber höchst unzureichend, denn sie berücksichtigt vor allem nicht das unermüdliche Bemühen dieser Frau, sich ihr eigenes Leben und ihre eigene Welt zu schaffen. Einer der ganz wenigen der das erkannt hat, ist Paul Fechter.

Es hat etwas Ergreifendes, wie die fast Fünfzigjährige bei aller Resignation und Entsagung, zwischen Sorge und Entbehrungen unaufhörlich arbeitet an der Ausgestaltung ihres inneren Lebens, alles, was sie an Eindrücken empfängt, zu ihrem ganzen Sein in Beziehung zu bringen – und so ›sich selbst zu erreichen‹ ringt.

Nach einer Phase des Einlebens stürzt sich Henriette Feuerbach in die Arbeit. Sie besucht an der Universität eine Reihe von Kollegien, Lehrveranstaltungen in Philosophie und Literatur sowie in Physik, Astronomie und Chemie. Weiterhin intensiviert sie ihre schon beträchtlichen Sprachkenntnisse. Den wichtigsten Rang nehmen Griechisch und Latein ein, dann folgen Englisch und Spanisch. Nur wenig später beginnt sie mit der Herausgabe der »Nachgelassenen Schriften« ihres verstorbenen Mannes. Neben einer Fülle kleinerer literarischer Arbeiten sind vor allem die Biographie der Dichter Johann Peter Uz und Johann Friedrich Cronegk zu nennen. Als gebürtige Fränkin hat sie zu den beiden, in Ansbach geborenen, Autoren ein besonderes Verhältnis. Hermann Uhde-Bernays resümiert:

Dabei sprang Frau Feuerbach nicht etwa rasch von einem Gegenstand zum anderen über, es geschah alles so ernsthaft und gründlich wie nur möglich, dank einer strengen Zeiteinteilung … Müßiggang hat Henriette Feuerbach nicht gekannt.

Die Honorare aus ihrer literarischen Tätigkeit läßt sie dem Sohn zukommen, verdeckt, denn der darf nicht wissen, daß das Geld in Heidelberg zumindest ebenso dringend gebraucht wird. *Für ihn,* schreibt Hermann Uhde-Bernays, *(scheut) sie auch die ärgste Demütigung nicht.* Sogar die Mitgift Emilies, die vielleicht auch aus diesem Grunde später der Schwermut verfallen ist, fließt Anselm zu. Manchmal herrscht deshalb im Haus in der Hauptstraße Mangel und Armut.

... ich muß alle Kräfte auf das äußerste dransetzen, um unsere Existenz über dem Wasser zu erhalten. Stunden geben, Journalartikel machen, sparen, keine Magd halten usw. usw.,

und:

Eigentlich habe ich die letzten Wochen sehr abscheulich gelebt, gearbeitet wie eine Taglöhnerin ...,

offenbart sie dem Freund Michael Bernays Mitte 1862. Dennoch hat sie sich in ihren vier Wänden wohlgefühlt.

Mein Zimmer nebst Altan ist ganz süß, lieb und feierlich, schimmernd vor innerlicher Reinheit. Jedes kleine Stück ist durch meine Hand gegangen, ich habe selbst die Gardinen aufgemacht und sogar den Boden gewichst, wovon ich nachher krank geworden bin. Genossen aber habe ich meine friedliche Behausung nur erst wenig. Diese Woche ging noch auf Wäscheausbesserung und eine Menge kleinerer häuslicher Geschäfte. Nächste Woche erst werde ich ganz auf und unter meinen Lorbeeren ruhen und über Büchern und Noten meiner Sorgen zu vergessen suchen.

Trotz gelegentlicher widriger Umstände – finanzielle Engpässe und gesundheitliche Schwierigkeiten – gelingt es Henriette Feuerbach, ihre Wohnung zu einem gesellschaftlich-musikalischen Treffpunkt zu machen. Gepflegt werden vor allem Klavierspiel, Kammermusik, außerdem gibt es Gesangsdarbietungen. Unter den zahlreichen Gästen, die im Laufe der Jahre in Heidelberg bei ihr weilen, sind Johannes Brahms und Clara Wieck, die Schweizer Dichter Josef Viktor Widmann und der spätere Literaturnobelpreisträger Carl Spitteler. Die Treffen finden in der Regel am Sonntag statt, von zwölf bis dreizehn Uhr. Allerdings nur in der warmen Jahreszeit. Im Winter steht der Salon leer, denn dann muß Heizung gespart

Wohnhaus Henriette Feuerbachs in der Hauptstraße 84

werden. Ihren ersten Salon, den in der Hauptstraße, hat Rosalie Braun-Artaria in ihrem einst vielgelesenen Buch »Von berühmten Zeitgenossen« anschaulich geschildert.

(Die) … Wohnung war wie ein Gleichnis auf ihre ganze Existenz: Vereinigung der höchsten geistigen und künstlerischen Atmosphäre mit den allerbescheidensten äußeren Verhältnissen. Um zu ihrem großen, nach rückwärts in die Gärten schauenden Zimmer zu gelangen, dessen Mitte ein schöner Flügel einnahm, während Anselms Bilder die hohen Wände bedeckten, und grüne Topfpflanzen die Fenster nach der ganz in Baumwipfel gehenden schönen Terrasse umgaben, mußte man die langen Gänge des alten … Hauses passieren, an denen die übereinfachen Schlafzimmer lagen. Kaffee- und Teestunde konnte es bei ihrer Lebensweise nicht geben, aber in der Ofenröhre brieten langsam ein paar schöne Äpfel … Frau Feuerbach

saß dann nahe dem Ofen auf ihrem Sessel, eine der schönen Katzen, die sie besonders liebte, auf dem Schoß …

Johannes Brahms – und kurz darauf auch Clara Schumann – hat Henriette Feuerbach schon 1865 kennengelernt, anläßlich eines Besuchs in Baden-Baden. Beinahe wäre es – später – auch zu einer Zusammenarbeit gekommen. Im Nachlaß von Brahms befindet sich ein Opernlibretto von ihrer Hand. Zehn Jahre später, 1875, während eines Sommeraufenthaltes in Ziegelhausen, kommt er dann zu ihr, gemeinsam mit Clara Schumann. Obwohl sie ihn mag und für seine Musik schwärmt, bleibt eine Distanz. Dem Stiefsohn, der mit Brahms befreundet ist, schreibt sie:

Bei aller Freundschaft und Verehrung sind es doch nicht unsere Leute. Das heißt, nicht meine wenigstens. Ich liebe mehr die bürgerlich-gemütliche Art, oder wenn es sein kann, die Umgebung von wirklich geistig gebildeten Menschen, das sind diese großen Genies doch alle nicht, beim Lichte besehen. Übrigens war Frau Schumann reizend, liebenswürdig und heiter …

Carl Spitteler kommt 1867 nach Heidelberg. Schon bald macht er Henriette Feuerbach seine Aufwartung. Josef Viktor Widmann, ein Freund der Hofrätin und Schweizer Landsmann wie Spitteler, hat ihn empfohlen. Die Begegnung scheint erfolgreich und vielversprechend verlaufen zu sein, denn der junge Student der Theologie und Jurisprudenz wird aufgefordert, bald wieder hereinzuschauen. Spitteler nutzt das Angebot, denn die Besuche im Hause Feuerbach sind ein großer Gewinn für ihn. Die Gastgeberin bietet ihm den führenden Schutz einer reifen Frau, die es an Intelligenz und Gelehrsamkeit mit so manchem Professor der Universität aufnehmen konnte. Gemeinsam lesen die Beiden Homer in der Originalsprache und diskutieren über neueste Literatur und literaturgeschichtliche Fragen. Außerdem erteilt sie dem Besucher Unterricht im Singen. Widmann teilt sie mit, daß sie dankbar dafür sei, daß er ihr den Kontakt mit dem Studenten vermittelt habe. Und:

Ein seltener merkwürdiger Mensch, an dem man viel zu lernen und zu studieren hat! Ich bin noch lange nicht fertig. Das Gute ist dabei daß man bei weitem nicht so lange braucht um ihn sehr gern zu haben, was ich wirklich von Herzen tue. Wenn alles was hier keimt zu Blüte und Reife gelangt, könnte man ordentlich stolz auf ihn sein.

Im Laufe der Zeit ändert sich das Verhältnis zwischen Henriette Feuerbach und dem jungen Carl Spitteler. Sie zweifelt an seinem Talent und glaubt Züge an seinem Charakter entdecken zu müssen, die ihr mißfallen. Vielleicht verübelt sie ihm insgeheim aber auch nur den Verkehr mit Frauen, die ihrer Meinung nach nicht zu ihm passen. Da auch Anselm seine Antipathie gegenüber Spitteler deutlich zum Ausdruck bringt, kühlt das Verhältnis zwischen den beiden deutlich ab, wenn auch die Besuche nicht gänzlich aufhören. *Was Henriette Feuerbach geben konnte,* urteilt Werner Stauffacher in seiner Spitteler-Biographie, *und wollte, nahm er dankbar hin, was sie ihm nicht sein konnte, suchte er anderswo.* Dennoch hat die Frau das Genie, das noch unreif in Spitteler schlief, sicher erkannt. 1919 wird ihr einstiger Besucher als erster Schweizer den Nobelpreis für Literatur erhalten.

1870 bricht auch in Henriette Feuerbachs Leben der Krieg gegen Frankreich hinein. Es ist erstaunlich zu beobachten, wie die Frau, für die Künste und Wissenschaften alles bedeuten, mit den neuen Widrigkeiten fertig wird. Noch im selben Jahr wird sie zur Vorsteherin des Heidelberger Frauenvereins gewählt. In dieser Eigenschaft gründet sie eine Krankenpflegestation. Über ihre Arbeit nach Ausbruch des Krieges berichtet sie:

Ich bin seit dem 10. Juli buchstäblich mir selber und meinem Leben abhanden gekommen ... Wir haben in 18 Lazaretten ohngefähr 14–1500 Kranke bisher verpflegt, darunter die meisten

Schwerverwundete – Deutsche und Franzosen. Ich habe die Aufsicht über all diese Anstalten, für die ich 58 Wärter und Wärterinnen zu stellen, zu überwachen und zu besolden beauftragt bin: Barmherzige Schwestern, Diakonissen, Vereinswärterinnen ... Die Männer organisieren und rechnen, die Frauen arbeiten und führen aus.

Über ihre fürsorgliche Art der Pflege Kriegsverwundeter wird in Heidelberg noch lange, viel und wohlwollend gesprochen. Auch werden ihr öffentliche Ehrungen zuteil. Für ihr soziales Engagement erhält sie nach Kriegsende mehrere Auszeichnungen und Orden. Es soll an dieser Stelle allerdings auch nicht verschwiegen werden, daß sich Henriette Feuerbach im Einklang mit ihrer Zeit befremdlich chauvinistisch über den Krieg und den »Feind« geäußert hat.

1871 zieht Henriette Feuerbach von der Haupt- in die Theaterstraße 11 um.

Die neue Wohnung ist sehr schön und mit Ausnahme meines Wohn- und Schlafzimmers vollständig Galerie. Anselm hat hier alles gesammelt, was nicht verkauft ist – und das ist sehr viel. Wenn man die Sammlung überblickt, so begreift man allerdings nicht, daß diese schönen Sachen hier in den eigenen vier Wänden hängen anstatt irgendeine der großen Galerien zu schmücken ...,

schreibt sie im September an eine Freundin. Nur rund fünf Jahre wird die Geheimrätin noch in Heidelberg verbringen. Der für Henriette Feuerbach doch recht fruchtbare Lebensabschnitt endet plötzlich. Frühjahr 1876 kehrt Anselm todkrank aus Wien zu seiner Mutter zurück. Er will aber nach seiner Genesung nicht hier bleiben und bewegt sie, mit ihm nach Nürnberg zu ziehen. *Warum soll ich in den paar letzten Jahren meines Lebens Anselm nicht zu Gefallen tun, nachdem ich es mein ganzes Leben hindurch getan habe*, schreibt sie scheinbar leichthin an ihre Schwester Sophie. In Wirklichkeit dürfte es in ihr anders ausgesehen haben, zumal sie erleben mußte, daß der Sohn, kaum gesund, nach Venedig abreiste und sie in Nürnberg allein – die Stieftochter Emilie war bereits 1873 in geistiger Umnachtung gestorben – zurückließ. Was Heidelberg ihr bedeutet, hat sie in einem Brief an den Sohn offenbart:

Schöner und reicher kann ein Leben nicht ausklingen als das meinige. Ein lebendiges Studium zum Selbstschaffen, deine Kunst und meine kleine feine Musik, in der ich mir selbst genüge, weil ich die großen Gedanken der alten Meister verstehe – Wer hat Besseres aufzuweisen, wenn er den Siebzigern entgegengeht.

Gedenktafel in der Hauptstraße 4 für Friedrich August Kekulé von Stradonitz (geb. Darmstadt 7. 9. 1829, gest. Bonn 13. 7. 1896)

[21]

Hier wohnte lehrte
forschte der Chemiker
August Kekulé
1856 – 1858 als er die
Valenzlehre schuf

Eine der Schlangen erfaßte den eigenen Schwanz

August Kekulé von Stradonitz in Heidelberg

Im Jahr 1855 beendet der Chemiker August Kekulé von Stradonitz, meist nur August Kekulé genannt, seine Tätigkeit in England und kehrt nach Deutschland zurück, mit der Absicht sich zu habilitieren. Nach einigem Schwanken, wo dieses Ziel am besten erreicht werden kann, entschließt er sich für Deutschlands älteste Universität. Jahre später hat er über die Gründe des Entschlusses in einer akademischen Festrede gesagt:

August Kekulé von Stradonitz

Nirgends sah ich eine so große vielversprechende Zukunft wie in Heidelberg … Ich richtete also ein kleines Privatlaboratorium … an der Hauptstraße in dem Hause eines Mehlhändlers Goos ein, ein Zimmer mit anstoßender Küche. Ich nahm ein paar Schüler auf; zu den Practikanten gehörte auch Adolf v. Baeyer. In unserer kleinen Küche stellte ich meine Untersuchung über Knallquecksilber fertig, während Baeyer seine nachher berühmt gewordenen Untersuchungen über Kafodyl ausführte. Daß die Wände dicht mit arseniger giftiger Säure bedeckt waren und daß Knallquecksilber explosibel sei, darum kümmerten wir uns nicht.

Das *kleine Privatlaboratorium* befindet sich im zweiten Stock eines schmalen Gebäudes in der Hauptstraße 4. Direkt daneben liegt der Vorlesungsraum, dessen Inventar die Universität gestiftet hat. Im Stock darunter richtet Kekulé seine Wohnung ein; zwei Zimmer, eines zum Wohnen, eines zum Schlafen.

Schon nach kurzer Zeit hat der erst 27 Jahre alte Chemieprofessor eine kleine Zuhörerschaft um sich geschart. Im Sommersemester 1856 sind es sieben, im Wintersemester 56/57 zehn Hörer, *meist Pharmaceuten oder wenigstens sonst Leute ohne eigentlich wissenschaftliches Interesse.* Reinhold Hoffmann, sein erster Praktikant, hat das Klima, das in den Übungen und Vorlesungen herrscht, so beschrieben:

Da die Zuhörer von Kekulé meistens gleichaltrig mit ihm, oder schon älter waren, so gestaltete sich der ganze Verkehr sehr rasch zu einem freundschaftlichen der ungezwungendsten Weise. Der Ernst der Lehrtätigkeit wurde abgelöst durch Scherz in dem Zusammensein nach Vorlesungen, oder bei öfteren Ausflügen in die Umgebung von Heidelberg und auch abends im Biergarten.

Hoffmann berichtet weiter, daß eines Tages ein großer Kreis zusammen gekommen sei,

um sich auf einem photographischen Gruppenbild, das jeder zur Erinnerung an alt Heidelberg bewahren wollte, aufnehmen zu lassen. ... Der damalige Stand der photographischen Kunst wird dadurch gekennzeichnet, daß der erste Photograph von Heidelberg in offenbare Verlegenheit geriet, als wir so zahlreich bei ihm erschienen. Nur zögernd erklärte er, sein »Saal« sei zu klein zur Aufnahme und auch sein Apparat zu schmal. Er ging dann aber doch auf den Vorschlag aus unserer Mitte ein, uns im Freien aufzunehmen und seinen Apparat quer gelegt aufzustellen, um so die größere Höhe der Platte in der Breite ausnutzen zu können. Die erste Aufnahme mißlang und an der zweiten war ich wieder einmal durch ernstliches Erkranken an der Theilnahme verhindert. Vielleicht würde es mir auch verhängnisvoll geworden sein, denn ich wäre der Dreizehnte gewesen. Das Bild kam zu Stande ... Alle fanden sich gut getroffen, nur Carius[17] *der in allem peinlich auf Ordnung hielt, rief mit ent-*

[17] Georg Ludwig Carius, 1829 – 1875, Heidelberger Chemiker. Entwickelte u. a. ein Analyseverfahren für Halogene, Phosphor und Schwefel in organischen Verbindungen.

setztem Blick: Das Bild darf nicht gemacht werden, an meinem Stiefel sieht die Struppe vor! Nachdem das Hohngelächter verklungen war, wurde damit beruhigt, daß der entsetzliche Fehler durch Retouchieren beseitigt werden sollte. So geschah es denn; aber das Retouchieren wurde zum geflügelten Wort, und wenn Carius etwas flunkerte, was bei ihm öfter, als bei anderen vorzukommen pflegte, so schallte ihm immer entgegen: das muß retouchiert werden! Solche Scherze würzten stets die Unterhaltung, nichts durfte übel genommen werden, vor Allen aber hatte Kekulé das unbegrenzte und unbestrittene Vorrecht, seinen Witz sprühen und seiner Ironie die Zügel schießen zu lassen.

Kekulés Wohnhaus in der Hauptstraße 4

Wie sehr es bei Kekulé menschelte, läßt eine Anekdote erahnen, die damals in Umlauf war. Der Herr Professor, nicht sonderlich gut bei Kasse, achtete sehr auf sein Äußeres. Ziel aller seiner Sehnsüchte, berichtet sein Biograph Richard Anschütz, war im Sommer 1857 ein Panamastrohhut. Der aber war teuer. Kekulé hatte sich ausgerechnet, daß, wenn nur ein Student mehr in seine Vorlesung käme, das Objekt der Begierde leicht zu finanzieren wäre. In diesem Moment klopft es und ein neuer Studiosus tritt ein. Kekulé begrüßt den baß Erstaunten mit den Worten: Sie sind mein Panama!

Hinter diesen Heiterkeiten steht – und das gilt für alle Chemiker damals – ein oft lebensgefährlicher Alltag. Oft werden Experimente durchgeführt, deren Folgen unabsehbar sind, und was mehrmals gut gegangen war, konnte plötzlich dramatische Folgen haben. Dabei spielt auch die recht einfache Ausstattung der Labors dieser Zeit eine entscheidende Rolle.

Das Kekulésche Laboratorium war äußerst primitiver Natur. Es bestand aus einem einfenstrigen Zimmer mit zwei Arbeitstischen und ohne jeglichen Abzug, als Stinkzimmer diente eine darananstoßende Küche, deren Kamin häufig sehr mangelhaft zog, so daß das Arbeiten mit flüchtigen Kakodylverbindungen mit Gefahren für Gesundheit und Leben verbunden war. Eines Tages fand mich Kekulé halb bewußtlos und außerstande, um Hilfe zu rufen, mit stark geschwollenem Gesicht; ich hatte eben das Arsenmonomethylchlorid entdeckt, und, ohne Ahnung von seinen furchtbaren Eigenschaften kräftig daran gerochen,

berichtet Adolf von Baeyer. Kekulés bedeutendste wissenschaftliche Leistung, die er in Heidelberg erbracht hat, ist die Aufstellung einer *Theorie der mehratomigen Radicale*, veröffentlicht in Annalen 104 vom 15. August 1857. Später wird dieser Denkansatz als »Valenztheorie« – schon Kekulé benutzt diesen Ausdruck – in die Geschichte der Chemie eingehen. Darin geht es um die Art, wie sich Atome der verschiedenen Elemente verbinden. Das kann so vorgestellt werden, daß diese Atome Ärmchen haben, die sie jeweils anderen Atomen zur Verbindung reichen. Je nach Anzahl sprechen Chemiker zum Beispiel von ein-, zwei- und dreiwertigen Elementen. Diese »Wertigkeit« heißt auf Lateinisch »Valenz«, daher der Name der Theorie. Irgendwie war das den Chemikern bewußt, aber sie konnten dennoch nicht so recht damit umgehen, operierten mit *Separathypothesen* und Ausnahmeregelungen. Kekulé hat nun die Theorie aufgestellt, daß ein Atom auch paarweise angeordnete »Ärmchen« besitzen kann. Seine Auffassung expliziert er anhand der chemischen Struktur des Benzols, einer stark lichtbrechenden Flüssigkeit mit eigentümlichen Geruch. Es wird aus Steinkohlenteer gewonnen und dient heute unter anderem zur Herstellung von Farben und Lösungsmitteln, von Kunst- und Treibstoffen. (In diesem Bereich versucht die chemische Industrie heute, seine Verwendung zu reduzieren.) In dem Aufsatz, der in einer Sternstunde der Chemie geschrieben wurde, heißt es:

Ich halte es nicht für geeignet, hier eine ausführliche Darlegung meiner Anschauungsweise einzugehen; gebe vielmehr nur das, was mit den von ... Chemikern angeregten Fragen in nächster Beziehung steht; wesentlich um zu zeigen, daß selbst diese complicirt zusammengesetzten (sogenannten gepaarten) Verbindungen, für die man seither Separathypothesen für nöthig hielt, in derselben Weise aufgefaßt werden können, wie die übrigen, und daß eine und dieselbe Anschauungsweise auf alle chemische Verbindungen anwendbar ist.

In dem Artikel verschweigt Kekulé nicht, daß sein Gedankengebäude auf Ideen anderer Chemiker basiert, vornehmlich auf englischen. Das erklärt auch, warum ihm die grundlegenden Ideen zu seiner Valenztheorie noch in England gekommen waren. Er stellte sich Kohlenstoff, einen der Bestandteile des Benzols, vierwertig vor und erkannte dessen Fähigkeit, Ketten zubilden. Während einer nächtlichen Heimfahrt durch die verlassenen Straßen Londons, im Dachgeschoß eines Omnibus sitzend, berichtet er, sei er in Träume versunken, die in eine plötzliche Erleuchtung umgeschlagen seien.

Da gaukelten vor meinen Augen die Atome. Ich hatte sie immer in Bewegung gesehen, jene kleinen Wesen, aber es war mir nie gelungen, die Art ihrer Bewegung zu erlauschen. Heute sah ich, wie vielfach zwei kleinere sich zu Pärchen zusammenfügten, wie größere zwei kleine umfaßten, noch größere drei und selbst vier der kleinen festhielten, und wie sich Alles in wirbelndem Reigen drehte. Ich sah, wie größere eine Reihe bildeten und nur an den Enden der Kette noch kleinere mitschleppten. ... Der Ruf des Conducteurs: »Clapham road« erweckte mich aus meinen Träumereien, aber ich verbrachte einen

Theil der Nacht, um wenigstens Skizzen dieser Traumgebilde zu Papier zu bringen.

Zwischen diesen ersten Gedanken über die Valenztheorie und ihrer schriftlichen Ausformung in Heidelberg liegen mehrere Jahre, eine Zeit, in der ihn diese Gedanken nicht mehr losließen.

Ich drehte den Stuhl nach dem Kamin und versank in Halbschlaf. Wieder gaukelten die Atome vor meinen Augen. Kleinere Gruppen hielten sich diesmal bescheiden im Hintergrund. Mein geistiges Auge, durch wiederholte Gesichte ähnlicher Art geschärft, unterschied jetzt größere Gebilde von mannigfacher Gestaltung. Lange Reihen, vielfach dichter zusammengefügt; Alles in Bewegung, schlangenartig sich windend und drehend. Und siehe, was war das? Eine der Schlangen erfaßte den eigenen Schwanz und höhnisch wirbelte das Gebilde vor meinen Augen. Wie durch einen Blitzstrahl erwachte ich …

Auch wenn die Theorie der Struktur des Benzolrings, Herzstück der Valenzlehre, inzwischen Modifikationen erfahren hat, bleibt die wissenschaftliche Leistung Kekulés, insbesondere die, die in Heidelberg erbracht wurde, bis heute erhalten. Der Chemiehistoriker Justus Volhard resümiert:

Kekulé gehört zu den erfolgreichsten Chemikern des 19. Jahrhunderts. In der Valenz- und Strukturlehre faßte er die gesamten chemischen Erfahrungen seiner Zeit zu einer Theorie zusammen, die auf Jahrzehnte hinaus die Grundlage aller deduktiven Forschung im Gebiet der organischen Chemie bildete.

Ich wagte es, nun auch über Politik Vorträge zu halten

Johann Kaspar Bluntschli in Heidelberg

Der Schweizer Rechtshistoriker, Staats- und Völkerrechtslehrer Johann Kaspar Bluntschli erhält 1861 einen Ruf an die Universität Heidelberg. Der Lehrstuhl Robert von Mohls war freigeworden und Bluntschli, so wollte man es in Karlsruhe, dem Sitz der badischen Regierung, sollte dessen Nachfolger werden. Außerdem hatte man ihm signalisiert, daß er einen Sitz in der Ersten Kammer des Landtages erhalten werde. Nachdem man sich einig geworden ist, zieht der rechtsliberal gesonnene Professor von der Isar an den Neckar um. In seiner dreibändigen Autobiographie *Denkwürdiges aus meinem Leben* schreibt er, daß er sich schon nach wenigen Wochen in Baden heimischer gefühlt habe, als die vielen Jahre in Bayern. Wenige Seiten später fährt er fort:

Johann Kaspar Bluntschli

Ich wagte es, nun auch über Politik, nicht bloß über Allgemeines Staatsrecht, wie in München, Vorträge zu halten. Die Luft in Heidelberg gestattete eine freie, wissenschaftliche Behandlung. Natürlich enthielt ich mich, die politischen Tagesfragen zur Sprache zu bringen. Meine Absicht war durchaus nicht, die Studierenden politisch aufzuregen und für eine Partei zu gewinnen. Aber ich wollte sie wissenschaftlich denken lehren und in principieller Betrachtung der politischen Gegensätze und Entwickelungen üben. Dadurch sollten sie für das spätere praktisch-politische Leben vorbereitet werden. Je mehr ich davon überzeugt

Gedenktafel in der Plöck 68 für Johann Kaspar Bluntschli
(geb. Zürich 7. 3. 1808, gest. Karlsruhe 21. 10. 1881 in Heidelberg beerdigt)

[22]

war, daß die Deutschen politisch noch ungebildet und unreif seien, um so dringender schien es mir, daß die deutsche studierende Jugend und daß die künftigen Staatsbeamten vertraut gemacht würden mit den staatlichen Begriffen, Mitteln und Aufgaben.

Bluntschli entfaltet in Heidelberg eine rege Lehr- und Autorentätigkeit. Hervorzuheben ist sein auch international geschätztes Werk *Das moderne Völkerrecht der zivilisierten Staaten als Rechtsbuch dargelegt*, eine Kodifikation des Völkerrechts, und seine *Lehre vom modernen Staat.* 1867 kann er sich einen lang gehegten Wunsch erfüllen. Er ersteigert den ziemlich verwahrlosten Garten neben der Peterskirche und beauftragt seinen Sohn Fritz mit Planung und Errichtung eines Wohnhauses.

Der Bau … wurde … rüstig in Angriff genommen und innerhalb Jahresfrist vollendet … Der Styl des Hauses war modern mit Anklängen an eine schweizerische Villa. Eine geräumige Veranda mit hohem Bogen hatte die Aussicht auf den Garten, an die grünen mit Kastanien bewaldeten Berge, auf die Peterskirche, deren Turm von Architekt Frank in reinem gothischen Styl luftig aufblühend soeben ausgebaut worden war.

Im August 1868 wird eingezogen.

Über den Fenstern meiner Wohnung wurden kurze passende Sprüche in Arabesken angebracht, welche später Nachahmung fanden und fortwährend die Aufmerksamkeit der Vorübergehenden anzogen; in der Mitte der Veranda: Weisheit regiere, auf beiden Seiten: Friede walte, Liebe wohne, Ehre ziere, Arbeit wirke, Freude lohne, Treue halte.

Der Sohn verwandelt auch den verwilderten Garten in ein grünes Refugium, auf das Bluntschli besonders stolz ist.

Der Garten war klein aber so sinnig durchgearbeitet, daß ich Blumenbeete, Rasenplätze, Obst- und Zierbäume, Weinreben und Koniferen, einen Hügel mit Gartenhaus und einen erhöhten Weg von Felsen eingerahmt besitze. Immer weht vom Klingenteich her eine frische Waldluft und erfrischt den Abend auch an heißen und schwülen Tagen.

In den Jahren vor 1870, in denen Otto von Bismarck die Einigung Deutschlands unter preußischer Führung vorbereitet, arbeitet auch Bluntschli für dieses Ziel. Er begreift die nationalen Umwälzungen als *die deutsche Revolution in Kriegsform, geleitet von oben, statt von unten* ... Ihm, dem Rechtsliberalen, geht es dabei nicht um eine Parteinahme für oder gegen Preußen oder Österreich, sondern um die Überwindung der Kleinstaaterei und die Schaffung eines deutschen Nationalstaates, vergleichbar Englands und Frankreichs. Die damit verbundenen Probleme und Gefahren des deutschen Nationalismus hat er allerdings nicht erkannt, konnte sie wohl auch nicht erkennen. Seine politische Einstellung schafft ihm in der Stadt und an der Universität Feinde.

In Heidelberg war es damals auch nicht geheuer. Wenn ich ... nach Hause kam, so wurde ich oft von feindlichen, oder von scheuen Blicken begleitet. Auch ein Mordanschlag auf meine Person, ... ward mir schriftlich angemeldet. Die Drohung, daß meine Wohnung gestürmt werde, kam mir von verschiedenen Seiten zu. Aber in Heidelberg hatte ich auch Freunde. ... Ich verspürte damals die stille Wirksamkeit der Freimaurer zu meinen Gunsten. ... Auch unter den Professoren sah es scheu aus. Die Mehrzahl stand auf Seite der Bundesmehrheit und Österreichs, einige preußische Collegen wagten nicht, sich offen für Preußen zu erklären. ... Das freilich war mir klar: Wenn Österreich über Preußen siegte, dann war meine Stellung an der Universität unhaltbar, und ich konnte nicht länger in Baden bleiben. Für alle Fälle hatte ich mir einen längeren Urlaub geben lassen, machte aber keinen Gebrauch davon, sondern blieb ruhig in Heidelberg ...

Freimaurer war Bluntschli schon 1838 in Zürich geworden. Drei Jahre nach seiner Übersiedlung nach Heidelberg, 1864, klopft er bei der örtlichen Loge *Ruprecht zu den 5 Rosen* an und wird aufgenommen. Bald steigt er zum Meister vom Stuhl auf. Als Pius IX. im selben Jahr die Gegnerschaft der katholischen Kirche zur Freimaurerei zum wiederholten Male bekräftigt und sie eine *verbrecherische Sekte* nennt, beginnt Bluntschli eine Antwort an den Papst zu formulieren, die bei ihrem Bekanntwerden ein Jahr später Furore macht. In dem großartigen, in viele Sprachen übersetzten Dokument der Toleranz und Gedankenfreiheit schreibt er:

Der Bund der Freimaurer ist als eine Gesellschaft freier Männer wohl den Staatsgesetzen, aber, da er kein kirchliches Institut ist und als solcher keiner Kirche angehört, keiner kirchlichen Autorität unterthan. Für unseren Bund ist daher die päpstliche Verdammung ohne alle bindende Kraft. … Vergeblich ruft er die Gewalt des Staates wider uns um Hilfe an; die Staatsautorität hat keine Besorgnis vor unserem Wirken, sie weiß zu gut, daß wir friedliche und treue Staatsbürger sind. Folgen wir,… nicht dem Beispiel des römischen Kirchenfürsten. Erwidern wir nicht die ungerechte Beschuldigung. Setzen wir dem kirchlichen Fluche nicht unsere Verwünschung entgegen. Bedauern wir die unglückliche Verblendung eines ehrwürdigen Greises, dessen Seele getäuscht und mißleitet worden ist.

Bluntschlis Haus in der Plöck 68

Bluntschlis freimaurerisches Wirken bleibt nicht auf Heidelberg beschränkt. Er wird beauftragt, eine neue Bundesverfassung zu konzipieren. Sein Bestreben geht dahin, hierarchische Strukturen nach *förderativen Principien* zu gestalten, Ämterhäufung und überlange Amtszeiten zu verhindern, was dem Bund sehr zugute kommt. 1868 wird seine Arbeit in Stuttgart beraten und angenommen. Sein Ansehen innerhalb des Bundes ist so gewachsen, daß er 1872 in Heidelberg zum Stuhlmeister der Großloge *Zur Sonne* gewählt wird.

Inzwischen ist das neue Haus in der Plöck zu einem Zentrum gesellschaftlichen Lebens geworden. Unter den Gästen, die ihn dort besuchen, sind der amerikanische Gesandte Bancroft und der Dekan der Londoner Westminster Abbey Stanley. Für die Amerikaner hat er 1871 ein Gutachten in der *Alabamafrage* erstellt. Damit erwirbt er sich soviel Ruhm, daß die Johns Hopkins Universität in Baltimore nach seinem Tod seine Bibliothek kauft, wo sie noch heute steht. Als die russische Großfürstin Helene Heidelberg besucht, wird er von ihr eingeladen.

Sie empfing mich ganz allein eines Abends bei einer Tasse Thee. Das Gespräch war ganz frei und ernst.

Doch dieser Glanz hat auch eine Schattenseite, die Bluntschli nicht verkennt. Selbstkritisch macht er sich bewußt, daß das Tanzen auf zu vielen Hochzeiten die Gefahr der Verzettelung in sich birgt.

Trotz aller dieser zerstreuten Thätigkeit oder vielmehr eben wegen derselben, überkam mich das Gefühl, daß es so auf die Dauer nicht fortgehe. Meine Wirksamkeit an der Universität litt spürbar darunter. Die Zahl der Studierenden in Heidelberg hatte in letzter Zeit abgenommen und, was für mich besonders empfindlich war, die Zahl der Ausländer vornehmlich. Wieder erhob sich die Frage: Soll ich auf die politische Thätigkeit ganz verzichten und mich ausschließlich auf die akademische und schriftstellerische beschränken? Ich war wohl entschlossen, kein eigentliches Staatsamt anzunehmen, aber ohne jede politische Teilnahme als bloßer Gelehrter zu leben, das genügte meiner Natur doch nicht.

Dieser Grundkonflikt hat Bluntschli immer wieder beschäftigt. Am Anfang einer autobiographischen Skizze, die in der damals vielbeachteten Berliner Zeitschrift *Die Gegenwart* erschien, bekennt er:

Mein Leben wurde abwechselnd von der Wissenschaft und von der Politik erfüllt und bewegt. Die Wissenschaft gewährte mir eine reinere Befriedigung. Aber die Politik regte meine Natur heftiger auf und zog sie mächtiger an. Wenn ich von politischen Kämpfen verwundet oder ermüdet war, dann suchte ich Heilung und Erholung in der Wissenschaft. Wenn ich von dem wissenschaftlichen Stilleben gesättigt war und öffentliche Gefahren oder große Ereignisse meine Aufmerksamkeit erregten, dann folgte ich dem Ruf der Politik.… Wo ich beides verbinden konnte, Wissenschaft und Politik, da fand ich meine Natur am vollsten befriedigt.

An seinem Ende hat dieses reiche und kämpferische Leben viele Früchte getragen. Bluntschli ist Mitglied der Akademien von Turin, Paris, Rom, Brüssel, Amsterdam und Boston. Die Universitäten von Wien, Moskau, Oxford, Lahore und St. Petersburg haben ihn zum Ehrendoktor ernannt. Mitten in der Arbeit, während einer Tagung der badischen Generalsynode in Karlsruhe, ereilt ihn am 21. Oktober 1881 der Tod. Drei Tage später wird er in Heidelberg beerdigt.

Um 10 Uhr Morgens begannen die Leichenfeierlichkeiten in der St. Peterskirche inmitten einer überaus zahlreichen Trauerversammlung. … Darauf formierte sich der Leichenzug zum Friedhof. Er wurde von einem Musikkorps eröffnet, welches den Beethoven'schen Trauermarsch spielte.

Gedenktafel in der Märzgasse 16 für Max (Maximilian) Wolf
(geb. Heidelberg 21. 6. 1863, gest. daselbst 3. 10. 1932)

[23]

Etwas anderes als Astronom kann man eigentlich gar nicht werden …

Max Wolf in Heidelberg

Etwas anderes als Astronom kann man eigentlich gar nicht werden – höchstens noch Physiker.

Das soll Max, eigentlich Maximilian, Franz Joseph Cornelius Wolf, geboren in Heidelberg am 21. Juni 1863, in jungen Jahren gesagt haben. Wahrscheinlich stimmts, denn er hat sich sein Leben lang daran gehalten. Dabei hatte er von Anfang an das Glück, von seinem Vater unterstützt zu werden. Als der erkennt, daß sein Sohn von der Sternenwelt fasziniert ist, schenkt er ihm ein einfaches Fernrohr, hinter dem der Junge viele Nachtstunden verbringt. Franz Wolf erweitert sein Haus in der Märzgasse um eine Terrasse, damit der Sohn noch bessere Möglichkeiten für seine Himmelsexkursionen bekommt. 1882, das gerade bestandene Abitur mag der Anlaß dafür gewesen sein, wird das Fernrohr gegen einen dreieinhalb Zöller[18] ausgetauscht, der neue und verbesserte Beobachtungsmöglichkeiten erlaubt. Den Höhepunkt dieser Entwicklung bildet die Einrichtung einer Sternwarte auf dem elterlichen Anwesen.

Max (Maximilian) Wolf

---

[18] Sechszöller, Fünfzöller usw. sind klassifizierende Bezeichnungen für Fernrohre entsprechend dem Durchmesser ihrer Objektive oder Spiegel. Ein Zoll entspreht 2,5 cm. Ein Sechszöller hat eine fünfzehn Zentimeter große Öffnung.

Kaum hat Max Wolf begonnen, Mathematik und Physik zu studieren, wird er zum Militär eingezogen. Ein schwerer Unfall beim Turnen – Wolf stürzt vom Reck und zieht sich dabei erhebliche innere Verletzungen zu – beendet seine Dienstzeit. Nach einjährigem Krankenlager setzt er sein Studium, jetzt in theoretischer Astronomie, in Straßburg fort; später geht er nach Stockholm. Dort entsteht auch die Arbeit, mit der er sich 1890 an der Ruperto Carola habilitiert. Seine erste Vorlesung hält er am 3. November 1890 über *die Methode der kleinsten Quadrate*, ein Gebiet der Angewandten Mathematik. Bald nimmt ihn der akademische Alltag gefangen.

Die Vorlesungen waren meist einem größeren Zuhörerkreis von Mathematikern und Physikern, besonders auch von Kandidaten für das höhere Lehramt, angepaßt. Sie erstreckten sich auf die verschiedenen Gebiete der Astronomie und trugen stets den Stempel von Wolfs allem Konventionellen abholder Persönlichkeit. Zeitweise hielt Wolf auch Vorlesungen über Meteorologie und Geophysik. Viel Zeit und Geduld widmete er den Anfängerübungen, in denen er die jungen Studenten zu gewissenhaften Beobachtern auszubilden bemüht war, schreibt August Kopff in seinem Nekrolog auf den verehrten Kollegen.

Gearbeitet wird zu dieser Zeit im Observatorium in der Märzgasse, das Max Wolf gerne *die Sternwarte meines Vaters* genannt hat. Zentrum der Anlage ist ein etwa zwölf Meter hoher Turm, auf dem sich eine drehbare Kuppel mit einem Durchmesser von fünf Metern befindet.

In dieser Kuppel stand der sechszöllige Refraktor[19]*... Später wurden auf denselben noch zwei Kameras mit sechszölligen Porträtlinsen von Voigtländer ... aufmontiert. Das Instrument stand auf einem*

[19] Linsenfernrohr. Das Objektiv besteht aus mindestens zwei Linsen, die aus unterschiedlichen Glasarten bestehen und auch unterschiedlich geschliffen sind.

Max Wolfs Geburtshaus in der Märzgasse 16

etwa 10 m hohen Pfeiler aus Backstein. Im ersten Stock des Turmes befand sich das Dunkelzimmer, im Erdgeschoß ein Raum für kleinere Instrumente. Im anstoßenden Garten in einem Holzhäuschen auf einem niederen Backsteinpfeiler (110 cm über dem Erdboden) stand das gebrochene Transit[20]*..., das für die regelmäßigen Zeitbestimmungen für die Sternwarte, für Unterrichtszwecke und außerdem für einige Längenbestimmungen und einige Breitenbestimmungen ... benutzt worden ist,*

berichtet Hans Christian Freiesleben, der Biograph Wolfs, August Kopff zitierend.

Die Arbeiten in der Märzgasse sind zwingend notwendig, denn in Heidelberg gibt es damals noch keine Sternwarte. Die Astronomie wurde in Karlsruhe betrieben. Nicht zuletzt durch die Aktivitäten Wolfs war der Gedanke an ein mit der Universi-

[20] In der Nordsüdlinie eines Beobachtungsortes aufgestelltes, um eine waagerechte Achse drehbares kleineres Fernrohr zum Beobachten des Durchgangs von Sternen durch die Nordsüdlinie zur Zeit- und Längenbestimmung.

tät verbundenes Observatorium in Heidelberg immer virulenter geworden, zumal die entsprechenden Einrichtungen in der badischen Residenz schon ziemlich veraltet waren. 1892 tragen mehrere Professoren am Hof den Wunsch nach einem Neubau vor. Dort trifft ihr Anliegen auf offene Ohren. Max Wolf erhält den Auftrag, in die USA zu reisen und sich über den Stand der amerikanischen astronomischen Forschungseinrichtungen zu informieren. Am 17. April 1894 genehmigen dann die in Karlsruhe versammelten Landstände den Bau einer Sternwarte in Heidelberg. Als Standort ist der Gaisberg vorgesehen, doch wegen der gleichzeitigen Errichtung eines Zementwerkes in Leimen wird die Planung noch einmal geändert und das Gebäude auf dem Königstuhl errichtet. 1896 wird die Sternwarte in Betrieb genommen, ein Jahr später sind auch die Arbeitsräume und Wohnungen für die Wissenschaftler bezugsfertig. Karl Schaifers, der die bürokratischen Hemmnisse kennt, die sich heute vor der Realisierung solcher Projekte auftürmen, schreibt voller Bewunderung über die schnelle Fertigstellung des Komplexes auf dem Königstuhl:

Wer … die Schwierigkeiten und Verzögerungen bei Institutsgründungen und beim Bau nicht alltäglicher Forschungsstätten mitangesehen hat, der muß doch über den – allem Anschein nach – ›reibungslosen‹ Aufbau staunen. Da werden neue Stellen geschaffen, gleich zwei Lehraufträge an der Universität für das gleiche Fach vergeben; zwei getrennte Institutsgebäude werden nebeneinander, als vollkommen selbständige Abteilungen der Großherzoglichen Sternwarte, errichtet. Alle baulichen Maßnahmen, Planung, Erschließung des Waldgeländes und die Bauausführung erfolgen in kürzester Zeit, wobei auch noch die – wie man heute sagen würde – nötige Infrastruktur von der Kommune zu erbringen war.

Im Juni 1898 wird die Königstuhlsternwarte in Anwesenheit von Großherzog Friedrich I. von Baden eingeweiht, dessen Interesse für die Sternenkunde – er besaß auf der Insel Mainau im Bodensee ein kleines Privatobservatorium – maßgeblich zur schnellen Verwirklichung des Projektes beigetragen hat. In seinem Festvortrag *Erforschung der Gestalt unseres Universums*, gehalten in der Aula der Alten Universität, stellt Wolf den Stand der astronomischen Forschung dar. Wenn seine Ausführungen heute auch wissenschaftlich überholt sind, geben sie doch Zeugnis von seiner Fähigkeit, schwierige astronomische Sachverhalte klar und nachvollziehbar darzustellen.

Man hatte inzwischen auch die Verteilung der kleinen Nebelflecken rings über den Himmel studiert und gefunden, daß sie sich um so dichter scharen, je weiter man sich am Himmelsgewölbe von der Milchstraße entfernt. Man fand, daß es mit den Sternenhaufen gerade umgekehrt steht. Sie werden immer zahlreicher, je näher man am Himmel an die Milchstraße herankommt. – Wären diese Welten andere Milchstraßensysteme, so wie das unsere, weit außerhalb des unsrigen, so müßten sie wohl nach allen Richtungen hin gleichmäßig am Himmel verteilt vorkommen.

Das Observatorium in der Märzgasse 16

Auch die Einrichtung der neuen Sternwarte kann sich sehen lassen. Mit Mitteln des badischen Staatshaushalts werden ein modernes Meridianinstrument angeschafft und natürlich die Gehälter der Wissenschafler bestritten. Wolf hat seine privaten Geräte aus der Märzgasse auf den Königstuhl gebracht. All das hätte vermutlich nicht ausgereicht, den Forschungsbetrieb aufzunehmen, wenn nicht die astronomiebegeisterte Amerikanerin Katherine Wolfe-Bruce, mit der Wolf während seines USA-Aufenthaltes korrespondiert hat, 10.000 Dollar für einen neuen großen photographischen Refraktor und weitere Geräte gestiftet hätte. Als Wolf 1891 einen kleinen Planeten im All aufspürt, gibt er ihm seiner Förderin zu Ehren den Namen Brucia.

Das Leben auf dem Königstuhl, gut 500 Meter über der Stadt, ist nicht einfach. Alles muß mühevoll herangeschafft werden: Geräte, Materialien und Güter des täglichen Bedarfs. Um wenigstens etwas Unabhängigkeit zu gewinnen, richtet Wolf im Keller des Instituts eine Werkstatt ein. Hier repariert er Geräte, eicht und justiert. Auch ein kleines Photolabor ist vorhanden. Noch größer ist die Leistung, die Gisela Wolf erbringt. Max Wolf hat die Heidelberger Theologentochter 1897 geheiratet. Als das Bruce-Fernrohr montiert wird, habe sie Blut geschwitzt, berichtet sie in ihren Erinnerungen. Als sich Nachwuchs einstellt, wird die Situation auf dem Berg noch schwieriger.

Mehrmals im Jahr … wurden wir von Wassermangel heimgesucht … Daß es nicht zu den Annehmlichkeiten gehört, ohne Wasser photographisch zu arbeiten, kann sich jeder photographierende Astronom vorstellen; was es aber heißt, in einer Kolonie von zwei Dutzend Menschen mit kleinen Kindern mehrere Tage ohne Wasser durchzukommen, das kann sich nur der vorstellen, der es erlebt hat.

Ein für den Fortschritt der astronomischen Forschung ganz wesentliches Verdienst Wolfs liegt in der Erkenntnis, daß zur photographischen Abbildung flächenhafter Objekte wie zum Beispiel Nebel und Kometen, oder auch größerer Sternfelder am Himmel, kurzbrennweitige Objektive mit großem Linsendurchmesser, wie sie damals schon in der Porträt-Photographie Verwendung fanden, in idealer Weise geeignet sind. Bis dahin wurde Himmelsphotographie ausschließlich mit langbrennweitigen, visuell korrigierten Refraktoren betrieben, die nur kleine Gesichtsfelddurchmesser hatten. In der populären Zeitschrift *Sirius* veröffentlicht er 1891 unter dem Titel *Über die Verwendung gewöhnlicher photographischer Objekte bei der Himmelsphotographie* einen Aufsatz, in dem er seine Methode allgemeinverständlich beschreibt:

Im vorigen Jahr hatte ich die Plejadengruppe des öfteren für photometrische Untersuchungen mit einem kleinen Steinheil'schen Aplanaten von 2¼ Zoll Öffnung zu photographieren. Dabei wurde ich überrascht, auf Platten von nur 1 Stunde Belichtung nicht nur alle diejenigen Nebel auf der Platte zu finden, welche die Herren Henry mit ihrem großen Objektive nach mehrstündiger Belichtung erhalten hatten, sondern es zeigten sich die Nebelmassen von sehr viel größerer Ausdehnung als bisher bekannt war. Wenn man dieses mit einem kleinen Doppelobjektiv erhaltene Resultat aufmerksam betrachtet, so findet man aber, daß gar nichts Merkwürdiges daran ist, sondern daß es eigentlich selbstverständlich ist. Merkwürdig ist nur das, daß diese ordinären Doppelobjektive der photographischen Praxis bisher so wenig Verwendung am Himmel gefunden haben.

Schlagartig gelingen nach der Realisierung dieses Konzepts – zunächst mit den beiden 6-Zöller-Kameras des Bruce-Teleskops – zahlreiche bahnbrechende Entdeckungen, die Wolfs Weltruhm begründen, so der Nachweis von leuchtenden und dunklen Nebeln, darunter der Noramerkiak-Nebel in der Milchstraße, und im Sonnensystem das Auffinden mehrerer hundert kleiner Planeten. Wolf selbst hat davon 246 entdeckt. Beobachtung und die Auswertung des Beobachteten auf Photoplatten konnten nun zeitlich getrennt werden. Plötzlich war der Tag für die Sternenkundler nicht länger verlorene Zeit. Vor allem ermöglicht der Vergleich von Aufnahmen aus verschiedenen Epochen – ein Terminus technicus der Astronomie – Einsichten und Erkenntnisse über Bewegungen im Weltraum, wie dies bislang unmöglich gewesen war. Karl Schaifers urteilt über die beobachterische und photographische Leistung von Wolf:

Allein 16 große Nebellisten wurden … veröffentlicht, mit jeweils hunderten von Nebelpositionen. Er entdeckte die Nebelhaufen, die wir heute als die großen Galaxien-Cluster kennen. Er durchmusterte die Milchstraße nach leuchtenden und dunklen Nebelmassen. Durch Sternzählungen in ihren Umgebungen ermittelte er die Absorption der Dunkelnebel und gewann erste Anhaltspunkte über ihre Entfernungen von der Sonne.

Wolfs Wunsch nach einem noch größeren Fernrohr wurde durch ein Vermächtnis von Frau Bohm-Waltz aus Karlsruhe erfüllt: Der »Waltz-Refraktor«, das erste von Carl Zeiss in Jena gebaute astronomische Groß-Teleskop mit 72 cm Spiegeldurchmesser, konnte 1906 seine Arbeit aufnehmen. Nun waren auch Detail-Studien an Nebeln und Kometenschweifen möglich. 1909 wurde damit der Halleysche Komet wiederentdeckt, und in einer fast neun Stunden belichteten Aufnahme gelang 1910 das weltweit erste Spektrum des Andromeda-Nebels.

Der Ausbruch des Ersten Weltkrieges bedeutet für Wolf eine tiefgreifende Umstellung seiner Arbeit. Mitarbeiter werden eingezogen, Materialknappheit erschwert die Forschung. Im Gegensatz zu vielen Zeitgenossen verfällt er während der Kriegsjahre nicht dem nationalen Taumel. Seit langem kennt er die politischen Mißstände in Deutschland und vertraut sie seinem Tagebuch an. Die vielleicht größte Leistung dieser Zeit ist, daß er es schafft, seine Söhne dem Militär zu entziehen. Wären doch viele seinem Beispiel gefolgt! Der Forschungsbetrieb kann nur dadurch aufrecht erhalten werden, daß er wirklich überall mit anpackt.

Ich besorge diesen Winter die Zentralheizung des Wohnhauses ganz selbst,

vermerkt er Dezember 1917 in seinem Tagebuch. Ein Eintrag vom Januar 1918 zeugt von anderen, nicht minder großen Schwierigkeiten:

Abends klar. Die größte Anstrengung meines Lebens. Uranographenhütte festgefroren. Verfrorene Finger. Uhrwerk etc. Nachher Spalt von Bruce-Kuppel herausgehupst. Dacharbeit mit Hebezeug im Schnee bei -10°. Ich bekomme von Schwall einen halben Zentner Eis auf die Fontanelle und stürze fast die 12 m hinab – Posaunenengel blasen hören und Tag lang Kopfschmerzen.

Trotz all seiner beruflichen und privaten Leistungen quälten Max Wolf lebenslang Zweifel am Wert seiner Arbeit. Im Laufe seiner Jahre auf der Sternwarte scheint er zu der Einsicht gekommen zu sein, daß das theoretische Fundament seines Forschens ungenügend sei. Als Sechzigjähriger bekennt er:

Es ist nichts, wenn einer, der nur das Geschick zum Messen, Photographieren und Instrumentebauen hat, Astronom wird. Ohne mathematische Begabung wird ihm das wissenschaftliche Leben eine ständige Selbstkasteiung und macht ihn immer unglücklich. Das habe ich früher nicht gewußt und meine Leidenschaft für die Sterne war auch zu groß. Aber trotzdem, es war ein Fehler, den ich büßen muß.

Max Wolf ist zeitlebens ein Heidelberger geblieben. Abgesehen von seinen Studienaufenthalten in Schweden und in Straßburg sowie seiner Amerikafahrt hat er seine Vaterstadt kaum verlassen. Heidelberg hat ihm diese Treue vergolten und ihn 1928 zum Ehrenbürger ernannt. 1930 wird er Vorsitzender der Astronomischen Gesellschaft. Zwei Jahre später gelingt es ihm, die deutschen Astronomen in die Internationale Astronomische Union zu integrieren. Wenige Wochen später, am 3. Oktober 1932 stirbt Max Wolf nach kurzer Krankheit auf seinem geliebten Königstuhl. Karl Schaifers hat die Leistung dieses deutschen Gelehrtenlebens so zusammengefaßt:

Sein Name steht nicht als Synonym für eine Konstante, eine Formel, ein Gesetz oder eine Theorie, er gehört zu den Großen der Wissenschaft, die durch ihr ganzes wissenschaftliches Leben Vorbild sind. Er gehört zu jenen Forscherpersönlichkeiten, die ihre Wissenschaftsdisziplin prägten, ihr ihren Stempel aufdrückten … Max Wolf gehört zu den ganz großen Astronomen, zu den großen Naturforschern unseres Volkes.

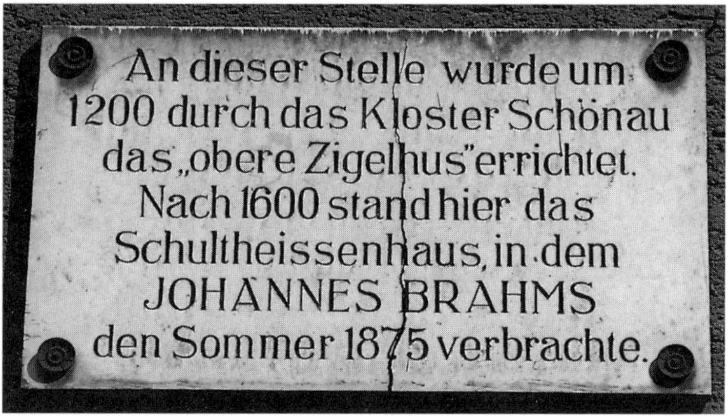

Gedenktafel in der Kleingemünder Straße 41 – 43 in Ziegelhausen
für Johannes Brahms
(geb. Hamburg 7. 5. 1833, gest. Wien 3. 4. 1897)

[24]

Ich wohne und lebe allerliebst

Johannes Brahms in Heidelberg-Ziegelhausen.

Liebe Mutter! In Eile will ich mitteilen, daß ich ganz reizend in Ziegelhausen bei Heidelberg wohne. Auch danke ich jetzt nachträglich für die Socken, die Du mir wieder gestrickt. … Hoffentlich habt Ihr jetzt so schöne Tage wie ich hier am Neckar; dann genießt sie recht – wie ich es auch thue, ich laufe viel herum!

Johannes Brahms als Zwanzigjähriger

Mit diesen Sätzen informiert Johannes Brahms am 20. Mai 1875 seine Stiefmutter Karoline, daß er das Neckartal zu seinem Frühlings- und Sommerquartier gewählt hat.[21] Der erste Eindruck erweist sich als dauerhaft.

Ziegelhausen … heißt meine Residenz – einstweilen gefällt mir's gar gut …,

schreibt er Mitte Juni an den Musikverleger Rieter-Biedermann. Ebenso enthusiastisch äußert er sich gegenüber dem Bremer Musikdirektor Karl Reinthaler:

Ich wohne und lebe allerliebst. Letzteres nur gar zu sehr! … Die Badener Gegend, die Leute und Wirtshäuser kennst Du und kannst sie loben!

Der Ziegelhäuser Aufenthalt wird im Frühjahr desselben Jahres in Karlsruhe beschlossen. Während eines Treffens mit

---

[21] Neu war die Gegend für Brahms nicht. Heidelberg kannte er von mehreren früheren Besuchen. Der erste fand bereits im August 1854 statt.

dem Pianofortefabrikanten Johann Baptist Trau hat Brahms den Wunsch geäußert, den Frühling in der Umgebung von Heidelberg verbringen zu wollen. Nicht nur die landschaftlichen Reize der Gegend sind für diese Entscheidung bestimmend gewesen, sondern auch die Nähe zu Freunden, die im nahen Heidelberg und Mannheim leben, darunter Henriette Feuerbach. Sie erfährt die Neuigkeit von ihrem Stiefsohn Anselm, der den Komponisten seit 1865 gut kennt:

Brahms gesprochen, er kommt nach Heidelberg.

Direkt in der Stadt möchte Brahms nicht wohnen, weil ihm dort ungestörtes Arbeiten unmöglich erscheint. Trau erklärt sich gern bereit, eine Bleibe ausfindig zu machen. Anfang Mai zeigt Trau ihm zwei Quartiere, die er für geeignet hält. Das erste, die Pension Völcker in Schlierbach, lehnt Brahms ab, obwohl das Haus einen guten Eindruck macht und in reizvoller Lage steht. Aber dort wohnen ihm zu viele *Geheimrätinnen*, und davor graust es ihm. Die Alternative, ein einfaches Landhaus in Ziegelhausen, findet hingegen seine Zustimmung. Das baumbestandene Anwesen gehört dem Maler Anton Hanno, der aus Budapest nach Deutschland gekommen ist und als Porträtist in Münchener, Karlsruher und Mannheimer Hofkreisen geschätzt wird. Da Hanno sein Atelier in Heidelberg eingerichtet hat, kann er Brahms das Haus vermieten. Am 20. Mai wird eingezogen.

Mit seinen efeuumrankten Fenstern macht das Häuschen, von den Bäumen des Gartens halb versteckt, einen fast märchenhaften Eindruck. Den größten Raum mit schöner Aussicht auf Garten und Fluß, nutzt Brahms als Arbeitszimmer. Die Ausstattung ist einfach: ein großer Tisch, ein Klavier, ein Sofa.

Seine Tage verlaufen regelmäßig. Er steht früh auf und macht meistens einen ausgedehnten Spaziergang. Oft kehrt er in der Pension Völcker ein und läßt sich einen Kaffee servieren. Dabei kommt es schon vor, daß er selbst die Bohnen mahlt. Zu Hause trinkt er einen zweiten Kaffee und läßt sich ein Käsebrot dazu schmecken. Das Mittagessen nimmt er im Gasthof Adler oder auch bei Freunden in Heidelberg ein. Noch Jahre später erzählt die Wirtin Besuchern, der Komponist habe zum Dank für ein gutes Essen, zum Beispiel für einen delikaten Pfannkuchen, oft auf dem Klavier gespielt. *Und wenn er spielte, het mer kei Händ g'sehe.*

Das Brahms-Haus in Ziegelhausen

Insgesamt verbringt Brahms die Zeit in Ziegelhausen relativ zurückgezogen. Ab und zu schauen Freunde und Bekannte bei ihm herein. Zum Festtag wird der Besuch von Clara Schumann am 17. Juli, die mit ihrer Tochter aus Baden-Baden gekommen ist und gemeinsam mit ihm musiziert. Ein paar Tage später bedankt sie sich bei Brahms, übt aber auch sanfte Kritik.

Mit herzlichem Behagen denke ich an unsern schönen gemütlichen Nachmittag mit Dir, und Deine Musik hat meine Seele wahrhaft erfrischt – ich bedürfte solcher Freude öfter, das fühlte ich recht all die Zeit. Über das Quartett[22] *habe ich noch viel gedacht, die drei letzten Sätze sind mir tief ins Gemüt gedrungen, aber, dürfte ich mir erlauben, es zu sagen, ich finde den ersten nicht auf gleicher Höhe stehend, es fehlt mir darin der frische Zug, obgleich er in der ersten Melodie liegt. Ich hätte ihn mögen noch einmal hören, um mir klar zu werden, warum er mich nicht warm machte.*

[22] Gemeint ist das Klavierquartett c-moll op. 60.

Es muß ein Genuß gewesen sein, Brahms beim Klavierspiel zu erleben. Sein Spiel, so berichten Zeitgenossen, hatte etwas Orchestrales, Gewaltiges, Elementares, das mächtig ergreift und im Innersten erschüttert. Wenn Brahms allerdings gestört wird, reagiert er mit der ganzen Schroffheit seiner nordischen Natur. Insbesonders sind ihm überschwengliche Sympathiekundgebungen verhaßt. In solchen Fällen konnte er zuweilen in schneidenden Sarkasmus verfallen.

Postkarte (1910)

Was ihm hingegen sehr behagt hat, ist die Kurpfälzer Lebensart und die Mentalität der Menschen. Er mag ihre *Schnurren* und *Schnooke*, ihre gelegentlich recht derben, aber harmlosen Uzereien. Mit besonderem Vergnügen vertieft er sich in die Geheimnisse der Pfälzer Mundart, wie sie ihm in den Werken Josef Nadlers begegnen. Seine Liebe zu Kindern wird auch in Ziegelhausen schnell bekannt. So erobert er die Herzen der Ziegelhäuser Jugend im Sturm. Wo er sich zeigt, laufen ihm die *Barfüßle* nach und bitten ihn um *Gutsle*, *Chokoladenbohnen* und *süße Mandeln*. Einmal, so wird berichtet, hat er einer Gruppe von Sinti oder Roma seinen Schutz angedeihen lassen. Die Menschen waren bettelnd durch den Ort gezogen und hatten auch bei der Pension Völcker angeklopft. Während die Völckerin nur Angst um ihre Hühner hat, erfreut sich der zufällig anwesende Brahms an Tanz und Spiel der Gruppe. Eines Tages kommt er in heiterster Laune nach Hause. *Geben Sie Acht*, sagt er zu Fräulein Hanno, der

Tochter seines Wirtes, *man wird mich nächstes Jahr in den Gemeinderath wählen; ich bin sehr populär in Ziegelhausen geworden!*

In die Ziegelhäuser Zeit fällt auch der merkwürdige Schriftwechsel mit Richard Wagner. Beide Komponisten, die sich 1864 in Wien kennengelernt haben, schätzten sich wenig. Sie paßten nicht zu einander. Jahre später hat Wagner sogar eine Schmähschrift über Brahms verfaßt. So um den 10. Juli wird daher Brahms nicht wenig gestaunt haben, als ihm ein Brief Wagners ins Haus flattert. Darin bittet er Brahms, der eine Teilhandschrift der Oper *Tannhäuser* besitzt, ihm diese doch zukommen zu lassen. Brahms nutzt die Angelegenheit für eine verbale Abrechnung und macht Wagner unumwunden deutlich, daß er ihn für einen Menschen hält, mit dem nicht gut *Kirschenessen ist.* Wie ein Augenzeuge berichtet, hat Wagner beim Lesen des Briefes getobt, sich aber dann doch beruhigt. Als Entschädigung für die Herausgabe der geschenkten Originalpartitur hat er Brahms ein Exemplar des *Rheingold* geschickt. Der quittiert den Empfang der Partitur mit einigen sehr diplomatischen aber auch süffisanten Zeilen.

Brahms am Flügel sitzend 1854

Den besten und richtigsten Dank sage ich freilich täglich dem Werk selbst – es liegt nicht ungenützt bei mir. Vielleicht reizt dieser Teil anfangs weniger zu dem eingehenden Studium, das Ihr ganzes großes Werk verlangt; dieses Rheingold aber ging noch besonders durch ihre Hand, und da mag die Walküre ihre Schönheit hell leuchten lassen, daß sie den zufälligen Vorteil überstrahle. Doch verzeihen

Sie solche Bemerkung! Näher liegt wohl die Ursache, daß wir schwer einem Teil gerecht werden, daß uns über ihn hinaus und das Ganze zu sehen verlangt. Bei diesem Werke gar bescheiden wir uns gern noch mehr und länger.

Mitte August mahnt sein Verleger Simrock ein versprochenes Quartett an und sagt ihm 2000 Taler zu. Ein paar Tage später schickt Brahms, der in finanziell gesicherten Verhältnissen lebt, Simrock einen parodistischen Brandbrief.

Ew. Wohlgeboren mir so oft gerühmte Güte und Mildtätigkeit geben mir den Mut, mit einer großen Bitte zu nahen. Meine Lage ist schrecklich, einer entsetzlichen Zukunft sehe ich entgegen, der Abgrund zeigt sich mir geöffnet, ich stürze hinein – zieht mich Ihre rettende Hand nicht zurück! Mit dem letzten 100 Mark-Schein muß ich jetzt gleich in den Adler – aber mit welchem Gefühl werde ich essen und gar trinken. Zu nahe sehe ich die Mittagsstunde vor mir, wo auch von diesem letzten nichts mehr da ist. Dürfte ich Ew. Hochwohlgeboren in dieser trostlosen Lage um ein Darlehen von 100 Thalern ganz devotest ersuchen? Bis Mitte September verspreche ich feierlich, das Geld zurückzuzahlen! Dazu zwingt mich ein feindliches Schicksal, der Tage eine Vergnügungsreise zu machen, die große Hitze zwingt mich immer mehr zu trinken – helfen, retten Sie! … Ihr Johannes Brahms.

Gründe für einen überdurchschnittlichen Geldbedarf mag es dennoch gegeben haben.

Ziegelhausen, 25. August 1875. Liebe Mutter, Ich schicke Dir so bald wie möglich die 50 Thaler und bitte, mir dann gleich ein Wort zu schreiben. Auch sage, ob Du nicht mehr gebrauchst! So ein Bad kostet Geld und dann bleibt Ihr doch wieder etwas in Pinneberg und dann die Miete! Soll ich noch 50 Thaler gleich nachschicken? … Tue nur immer, was Dir das Angenehmste und Beste scheint und glaube, daß ich Dir das so gern verschaffe. Mir tut ja nur das Eine leid dabei, daß ich jetzt, wo es mir so viel leichter wird, nicht auch noch für Vater sorgen und es ihm behaglich machen kann. Ich denke die

Tage das Geld zu schicken und 8 Tage seid Ihr noch dort. … Recht herzliche Grüße an Dich und Fritz von Deinem Johannes.

Brahms hat die Ziegelhäuser Zeit gut genutzt. Er vollendet unter anderem das Kavierquartett Nr. 3, op. 60 und das Streichquartett Nr. 3, op 67. Auch eines seiner ergreifendsten Lieder, den *Abendsegen*, hat er in Hannos Haus komponiert. Mitte September 1875 verläßt er Ziegelhausen und reist nach Wien. Am 21. schreibt er von dort an Simrock:

Meine Reise war sehr hübsch. In Würzburg, Nürnberg, Dessau machte ich Station und hatte weidlichen Genuß.

Gedenktafel in der Bergheimer Straße 20 für José Rizal (geb. Calamba – auf Luzon, Philippinen – 19. 6. 1861, gest. – hingerichtet – Manila 30. 12. 1896)

[25]

Die Stadt macht einen fröhlichen Eindruck auf mich

José Rizal in Heidelberg und Wilhelmsfeld

Am achten Februar 1886 kommt ein junger Mann nach Heidelberg, um an der Universitätsaugenklinik bei Dr. Otto Becker seine Kenntnisse als Ophthalmologe zu vertiefen. Sein Name: José Rizal. Der erst fünfundzwanzigjährige Philippino ist seit zwei Jahren graduierter Doktor der Medizin und außerdem Lizentiat der Universität Madrid für die Fächer Geschichte, Griechisch und Latein. Rizal wohnt zunächst in der Karlstraße 16. Von dort schreibt er am neunten Februar den ersten Brief nach Hause.

José Rizal (nach einem zeitgen. Gemälde)

Am Mittwochnachmittag gegen 14.30 kam ich in Heidelberg an. Die Stadt macht einem fröhlichen Eindruck auf mich. Überall auf den Straßen sieht man Studenten mit roten, gelben, weißen oder auch blauen Mützen. Es heißt, daß sie zu verschiedenen Korporationen gehören und aus Spaß gegeneinander kämpfen.

José Rizal wird am 19. Juni 1861 in Kalamba geboren. Er wächst in gesicherten Verhältnissen auf. Seine Eltern gehören der Oberschicht an. Sie sind wohlhabend und können dem Kind eine gute Schulbildung zukommen lassen. Schon früh zeigen sich seine vielfältigen Begabungen, die von seiner hochgebildeten Mutter nach Kräften gefördert werden. Er schreibt Gedichte mit anfänglich stark religiösem Inhalt, beginnt zu malen und wird bald zum besten Schüler der kleinen Schule in Binan. Mit elf Jahren wird das talentierte Kind 1872 in ein Jesuitenkolleg nach Manila geschickt. In diesem Jahr geschieht etwas, was dem Jungen die politische Realität in seinem Land schmerzlich vor Augen führt: Am 20. Januar meutern in der Hafenstadt Cavite mit ihrem Sold unzufriedene Soldaten. Die spanische Obrigkeit stilisiert den Streik zum hochpolitischen Ereignis. Die dem Regime seit langem mißliebigen Jesuitenpater Burgos, Gómez und Zamora werden als Rädelsführer beschuldigt und am 17. Februar öffentlich hingerichtet. José Rizals älterer Bruder Paciano, mit Pater Burgos befreundet gewesen, muß sich versteckt halten. Die Familie Rizal kommt ins Gerede. Die ein Jahr zuvor eines Giftanschlags an ihrem Halbbruder beschuldigte Mutter wird schließlich rehabilitiert. Allerdings erst nach einem Jahr im Gefängnis.

1882 verläßt Rizal ohne Wissen seiner Eltern die Philippinen. Er will in Madrid studieren und immatrikuliert sich im September an der medizinischen und philosophischen Fakultät. Obwohl Spanien keineswegs ein fortschrittliches Land ist, herrscht dennoch ein annähernd liberales Klima, das ihn ermutigt, öffentlich Freiheit und Gleichheit für seine philippinischen Landsleute zu fordern. Zwar ist die politische Auseinandersetzung möglich, aber bald sieht er sich – ausgerechnet von emigrierten Filipinos – alleingelassen. Der *Circulo Hispano-Filipino* entpuppt sich als träger Konversationsclub und nicht als ein Forum für politische Debatten.

1885 verläßt Rizal Spanien. Nach einem Aufenthalt in Paris, wo er bei Professor Louis de Weckert assistiert, einem Spezialisten für die Untersuchung des Augengrundes, kommt er ein knappes Jahr später nach Deutschland. Erste Station ist Heidelberg. In der Karlstraße 16 hält es ihn nicht lange. Immer auf der Suche nach einem billigeren Domizil, wie er in einem seiner Briefe zugibt, zieht Rizal bald in das Haus am Ludwigsplatz zwölf. In jenes Gebäude, in dem sich heute die Buchhandlung Ziehank in der Grabengasse befindet. Dort ist auch eine Gedenktafel angebracht. Eine zweite hängt am Portal der ehemaligen Augenklinik in der Bergheimerstraße 20. Hier betreibt Rizal intensive Studien zur Augenheilkunde.

Zur wichtigsten Adresse Rizals während seiner Heidelberger Zeit wird jedoch das evangelische Pfarrhaus in Wilhelmsfeld. Bei einem seiner zahlreichen Spaziergänge lernt Rizal Karl Ullmer kennen, den Pastor von Wilhelmsfeld. Der ist von dem jungen Mann so angetan, daß er ihn bald einlädt, in seinem Haus zu wohnen. Rizal nimmt begeistert an und verbringt fast den ganzen Sommer in der ruhigen Odenwaldgemeinde. Aufgrund seiner enormen Sprachbegabung spricht er bald so gut Deutsch, daß er den Gesprächen von Pfarrer Ullmer und dessen katholischem Amtskollegen aus Schriesheim, Pater Heinrich Bardorf, nicht nur folgen kann, sondern er diskutiert auch mit ihnen und genießt die tolerante, freiheitliche und geradezu ökumenische Atmosphäre, in der man miteinander umgeht. Möglicherweise ist genau diese der Grund, weshalb er bei der Fertigstellung seines ersten Romans *Noli me tangere* in einigen Kapiteln moderatere Töne anschlägt als im ursprünglichen Manuskript.

Portal der ehem. Univ. Augenklinik in der Bergheimer Straße 20

Noli me tangere ist nicht nur politisches Glaubenbekenntnis in Romanform. In ihm findet sich auch eine Schilderung der Landschaft um Heidelberg und des nahen Odenwalds. Ibarra, die Hauptfigur des Romans, spricht zu seiner Geliebten:

Wenn ich bei Sonnenuntergang durch die mit den Phantasiegestalten seiner Dichter und den geheimnisvollen Legenden vergangener Generationen bevölkerten Wälder streifte, rief ich immer nach dir, denn es schien mir, als sehe ich dich im Nebel, der aus dem Talgrunde aufstieg, und ich vermeinte deine Stimme in den raunenden Blättern zu hören. Wenn die Bauern von ihrem Tagewerk nach Hause schritten, hörte man sie schon von weither ihre Volkslieder singen. Dann schien es mir, als sei das der Widerhall meiner inneren Stimme, die für dich sang. Und ihre Lieder hauchten meinen Illusionen Lebensodem ein. Zuweilen, wenn ich mich auf den Bergpfaden verirrte und die Dämmerung, die in diesen Ländern ganz allmählich herniedersinkt, mich noch unterwegs fand, wie ich meinen Weg unter den Kiefern, Eichen und anderen Bäumen suchte, dann – wenn sich zufällig einige Mondstrahlen durch das dichte Blätterwerk stahlen schien es mir, als sehe ich dich im Walde als einen leichten Schatten durch Licht und Dunkel des Waldes huschend, und wenn der Schlag der Nachtigall zu hören war, glaubte ich, sie beginne zu jubeln – weil ich dich gesehen hatte. Ja, ich habe immer an dich gedacht.

Heidelberg scheint auch die lyrische Ader Rizals anzurühren. Anläßlich der 500 Jahrfeier-der Universität verfaßt er dieses Gedicht:

An Heidelbergs Blumen

Reist, fremde Blumen, reist zur Heimat hin,
euch schickt ein Fahrender nach Haus,
und unter ferner Himmelsglut,
wo meine ganze Sehnsucht ruht,
richtet vom müden Pilger aus,
wie treu ich ihr ergeben bin.

Geht hin, erzählt, wie ihr im Schein,
den erste Dämmerung gesandt,

den Blütenkelch geöffnet weit,
während er lange stand allein
am Neckar still an eurer Seit'
dem Frühling sinnend zugewandt.
[...]

Schon Anfang August 1886 verläßt José Rizal Heidelberg. 1891 erscheint in Gent sein zweiter Roman *El Filibusterismo – Die Verschwörung.* Für Rizals Gegner ist das Buch ein klarer Aufruf zur Gewalt, zur Revolution. In der philippinischen Bevölkerung dagegen wird *El Filibusterismo* begeistert aufgenommen.

Trotz aller Warnungen von seiten der Freunde und seiner Familie kehrt Rizal 1892 auf die Philippinen zurück. Schon bald zitiert man ihn zum Sitz des Gouverneurs, der ihn der antispanischen Agitation beschuldigt. Rizal wird in die südlich Manilas gelegene Provinz Mindanao, nach Dapitan, verbannt.

Das ev. Pfarrhaus in Wilhelmsfeld

Die Zeit des Exils im eigenen Land nutzt José Rizal auf erstaunliche Weise: Als Augenarzt läßt er seine in Europa erworbenen Kenntnisse den Philippinos zugute kommen. Die Patienten reisen aus allen Landesteilen nach Dapitan, um sich von Dr. Rizal behandeln zu lassen. Aber Rizal ist nicht nur Mediziner. Er treibt botanische Studien, betätigt sich als Ingenieur und baut mit einfachsten Mitteln in Dapitan das erste städtische Wasserversorgungsnetz. Mit der Gründung einer Schule verwirklicht er einen lange gehegten Wunschtraum. Außerdem arbeitet der Arzt auch als Biologe und führt – fast nebenbei – eine umfangreiche wissenschaftliche Korrespondenz mit seinen akademischen Freunden in Europa.

In diese vermeintliche Idylle Dapitans dringen immer häufiger die Nachrichten von Aufständen, die das Land erschüttern. Für die Kolonialherren ist Rizal ihr heimlicher Initiator. Im August 1896 bricht die Revolution endgültig aus. Das Land wird zum blutigen Kriegsschauplatz. Rizal wird vor ein Kriegsgericht gestellt, das ihn wegen Hochverrats zum Tode verurteilt.

Am 30. Dezember 1896 führt man ihn hinaus auf den Campo de Bagumbayan, den er so oft beschrieben hat. Dort stirbt er in den frühen Morgenstunden unter den Kugeln eines Erschießungskommandos.

Nicht ein Wort ist zu verlieren,
Nichts zu lehren weit und breit …

Ossip Mandelstam in Heidelberg

Mit einigen deutschen Städten sind die Russen im Verlauf ihrer Geschichte in besonders enge Verbindung getreten. … In der zweiten Hälfte des 19. Jahrhunderts, war auch Heidelberg ein geistiges Zentrum für die Russen im Ausland, schreibt Willy Birkenmaier in seiner Monographie *Das russische Heidelberg.* Zu den Russen, die einen Lebensabschnitt in dieser Stadt verbracht haben, zählt auch der Dichter Ossip Mandelstam, den der Literaturnobelpreisträger von 1987 Joseph Brodsky als *Rußlands größten Dichter des 20. Jahrhunderts* bezeichnet hat und der – darüber hinaus – einer der bedeutendsten Autoren der europäischen Moderne ist. Mandelstam kommt im Herbst 1909 nach Heidelberg und bezieht ein Zimmer in der Friedrich-Ebert-Anlage 30. Heute gehört das Gebäude zum *Hotel Anlage.* Am 12. November immatrikuliert er sich für Philologie. Das Anmeldeformular ist erhalten geblieben.

Ossip Mandelstam (um 1910)

1. *Zuname und Vorname: Joseph Mandelstamm*
2. *Geburtstag und = Jahr: 16 Januar 1891*
3. *Geburtsort und = Land (bei Preußen auch Provinz): Warschau*
4. *Staatsangehörigkeit: Rußland*
5. *Studium: Philologie*

Gedenktafel in der Friedrich-Ebert-Anlage 30 für Ossip Mandelstam (geb. Warschau 15. 1. 1891, gest. im Lager Wtoraja Retschka bei Wladiwostok 27. 12. 1938)

[26]

6. *Vor- und Zuname, Staat und Wohnort (Straße) des Vaters oder der Mutter oder des Vormundes: Emil Mandelstamm, Kauffmann Petersburg Sagorodny 70*
7. *Religion: Israelit*
8. *Hiesige Wohnung, (nämlich Straße und No. des Hauses und Name des Vermieters): Anlage 30, Frau Johnson*[23]

Schon bald erhält er Besuch von seiner Mutter und seinem Bruder Evgenij, der das Wiedersehen festgehalten hat.

Wir trafen uns dann mit ihm in dieser altehrwürdigen Stadt, weil unsere Mutter ihn … sehen wollte, wie und wo er untergekommen war. Mein Bruder zeigte mir Stadt und Schloß mit dem dort befindlichen Museum. Ich war zum ersten Mal so von Mittelalter umgeben. Mir kleinem Jungen blieben natürlich vor allem die Korpsstudenten in Erinnerung mit Schrammen im Gesicht, den Spuren von Duellen, die unter den Mitgliedern der verschiedenen Verbindungen häufig vorkamen. Ebenso blieben mir die bunten Mützen im Gedächtnis, die ein Zeichen der Zugehörigkeit zu den verschiedenen Landsmannschaften waren.

Wie es scheint, hat sich Mandelstam besonders für die Übungen von Friedrich Heinrich Georg Neumann interessiert. Der weithin bekannte Romanist liest im Wintersemester 1909/10 über französische Literatur des Mittelalters und veranstaltet Übungen in Altfranzösisch. Außerdem belegt Mandelstam noch Kunstgeschichte und Germanistik. Gehört hat er auch den später berühmt gewordenen Philosophen Emil Lask, dessen Lehrveranstaltungen er als *wunderbar*, ja sogar als *poetisch* beschrieben hat. Alles in allem dürfte er auf sieben oder acht Stunden Unterricht gekommen sein, ein nicht übermäßiges Pensum.

[23] Mandelstam schreibt fälschlicherweise Dgonson

Wir wissen nicht, wie regelmäßig der Student Mandelstam Vorlesungen und Seminare besuchte … Wir haben aber ein genaues Bild davon, daß er sich auch mit etwas anderem beschäftigte, und möglicherweise war diese »andere Sache« schon damals für ihn das Wichtigste. Das »andere« – damit sind natürlich die Gedichte gemeint,

schreibt Pavel Nerler in seinem Aufsatz über den Dichter in Heidelberg, dem ersten und bislang einzigen, der zu diesem Thema erschienen ist.

Ossip Mandelstam stand damals am Anfang seiner dichterischen Existenz. Am 16. Mai 1909 fand in St. Petersburg seine literarische Feuertaufe statt. Auf einem Treffen, zu dem einige der bekanntesten russischen Autoren der Zeit gekommen waren, las er eigene Gedichte vor. Bei einigen der Anwesenden hinterlassen die Verse des gerade 19 Jahre jungen Mannes tiefen Eindruck. Einer der Teilnehmer erinnerte sich später:

Einmal kam … Viktor Gofman in Begleitung eines blutjungen, schlanken Mannes in Zivil, der seine Nase so hoch hielt, daß sie schon fast nach hinten guckte, solch ein Selbstbewußtsein legte dieser junge Mann an den Tag. Es war Ossip Mandelstam. Nach dem Vortrag und den anschließenden Fragen der Zuhörer wurde er gebeten, Gedichte vorzutragen. Ich weiß nicht, was die anderen dabei empfanden …, mir gefielen seine Gedichte ganz außerordentlich gut.

In Heidelberg überfällt Mandelstam Heimweh nach Rußland. Trotz Besuchen von Landsleuten fehlt ihm die heimatliche Atmosphäre, insbesondere die vertraute sprachliche Umgebung – sowie Klarheit über sich selbst und den Wert seiner dichterischen Versuche.

Dem Element der russischen Sprache mehr denn je entrissen, muß ich mir nun ein Urteil über mich selbst bilden. Diejenigen, die mir ihre Aufmerksamkeit verwehren, helfen mir nun dabei. So half mir Mereschkowskij, der vor kurzem in Heidelberg zur Durchreise war. Er wünschte, nicht eine Zeile meiner Gedichte zu hören … Ihnen bin ich persönlich begegnet, und so habe ich die Hoffnung, daß Sie auf andere Art und Weise meine mühevolle Arbeit unterstützen werden.

Diesem Brief an Maximilian A. Woloschin, dem ersten aus einer ganzen Reihe aus Heidelberg, legt Mandelstam fünf Gedichte bei, darunter auch

> Vom feuchten Stein herunterschauend
> Ein Amor, er steht traurig, nackt,
> Sein Kinderbein hochhebend ragt
> Er dort wie voll von hellem Staunen
>
> Daß in der Welt es Alter gibt –
> Das grüne Moos, die feuchten Steine –
> Es flammt das Herz gesetzlos: seine
> Kindische Rache, die er liebt!
>
> Und jetzt bläst schon ein grober Wind
> Herein in die naiven Täler;
> Ich presse meine Lippen schmäler,
> Die nur noch Dulderlippen sind.[24]

Ob es damals einen erotengekrönten Springbrunnen in der Friedrich-Ebert-Anlage, der ehemaligen Leopoldstraße, gegeben hat, kann heute nicht mehr verifiziert werden. Möglich wäre es durchaus, denn derartige architektonische Spielereinen waren zu jener Zeit en vogue.

Mandelstam läßt nicht nur Woloschin an seiner Arbeit teilnehmen. Zu den Bekannten, die Post von ihm bekommen zählt auch der Dichter Wjatscheslaw Iwanow. Am 4. November offenbart er ihm:

---

[24] Copyright der Übersetzung Ralph Dutli, Heidelberg

Ich kann Ihnen nunmehr meine lyrischen Streifzüge und Ergebnisse nicht länger vorenthalten. So sehr ich Ihnen mit den ersten verpflichtet bin, so sehr gehören Ihnen die zweiten rechtmäßig,
schreibt er und fügt sechs Proben seiner lyrischen Produktion bei. *Vom Mond erhellt*, urteilt Pavel Nerler, *könnte in einer kalten Nacht bei weit geöffnetem Fenster geschrieben worden sein.*

Vom Mond erhellt die Nachtreviere
Der Feldmaus, die so lautlos geht;
Glashelle Bäume strecken ihre
Äste, von Dunkelheit umweht.

Die Eberesche hebt die Blätter –
Bald tot, was jetzt noch ragt –
Und neidvoll hält sie ihn und glättet
Ihren gehätschelten Smaragd –

Neidet das Los der Heimatlosen
Und das der Kinder, leuchtend zart;
Tausende grüner Finger kosen
Die Vielzahl ihrer Äste hart.[25]

Ob Mandelstam von einer Eberesche auf dem nahen Gaisberg zu diesem Gedicht inspiriert worden ist, sei dahingestellt. Zwar kommt diese Baumart dort vor, aber doch recht selten. In russischen Gedichten ist die Eberesche ein häufig genannter Baum. Vielleicht klingt ein unbewußter Wunsch des Dichters an, die Hügellandschaft um Heidelberg mit seiner fernen Heimat zu verbinden.

[25] Copyright der Übersetzung Ralph Dutli, Heidelberg

Das zweifellos schönste Gedicht, das Mandelstam in Heidelberg geschrieben hat, ist *Nicht ein Wort …* Auch der Dichter hat das gefühlt, denn im Gegensatz zu anderen Gedichten aus der Heidelberger Zeit, hat er es schon früh veröffentlicht, erstmals in der zweiten Auflage seines ersten Gedichtbandes *Kamen (Der Stein)*. Die Übersetzung stammt ebenfalls von Ralph Dutli, der die deutschsprachige Werkausgabe Mandelstams betreut und herausgibt.

Hier wohnte Mandelstam von 1909–1910

Nicht ein Wort ist zu verlieren,
Nichts zu lehren weit und breit –
Schön die Seele, Trauer spürend
Tier ist sie und Dunkelheit:

Keine Lehre will sie ziehn,
Nicht ein Wort, das sie behält –
Jung durchschwimmt sie, ein Delphin
Weiße Schluchten alter Welt.

Mandelstams literarische Formen entstammen dem russischen Symbolismus. Die Dichter dieser Epoche, die etwa von 1890 bis 1910 dauerte, suchten, getrieben von der Einsicht, in einer krisenhaften Zeit zu leben, leidenschaftlich nach neuen, individualistischen Ausdrucksformen. Sie erschaffen sich diese in der Entfaltung einer in Rußland bis dahin unbekannten literarischen Symbolwelt. *Indem sie diese Symbole schufen, erweiterten … Autoren wie Mereschkowvskij, Iwanow und Sologub ihre künstlerische Weltsicht und machten ihr eigenes Bild zum Prisma aller Lebenserscheinungen*, schreiben die Literaturwissenschaftler Hannelore Gärtner und Karlheinz Kasper. Hinzugefügt werden müssen die Dichter Alexander Blok und Andrej Belyj, von denen Mandelstam maßgeblich beeinflußt worden ist. Aber bei ihm kommt noch etwas besonderes hinzu, eine formale Prägnanz, eine stilistische Luzidität, wie sie den allzuoft schwammigen Symbolisten fremd war. Hier deutet sich schon ein Wandel in Mandelstams Schaffen an. Nach seiner Rückkehr nach Rußland hat er sich denn auch einem neuen literarischen Stil zugewandt, dem Akmeismus, der im Kontrast zum Sybolismus die Konzentration auf das Irdische, Organische, Konkrete forderte, sowie eine Rückkehr zur kunstvollen Genauigkeit des Handwerks und zu »apollinischer« Klarheit.

Mandelstams Heidelberger Aufenthalt während dem etwa 15 bis 23 Gedichte entstanden, wie Pavel Nerler vermutet, geht bereits im Frühjahr 1910 zu Ende. Er ist schon wieder in St. Petersburg, als ihn ein Brief aus Heidelberg erreicht, in dem die Universitätsverwaltung mitteilt, daß er wegen Nichtbezahlung von Gebühren aus der Liste der Studenten gestrichen worden sei.

Bleibt noch zu vermerken, daß Todesdatum und Sterbeort von Mandelstam, entgegen den Angaben auf der Gedenktafel, seit über fünfundzwanzig Jahren bekannt sind. Das Martyrium des Dichters beginnt 1934. Nachdem Mandelstam ein Epigramm gegen Stalin geschrieben hat, in dem er den Diktator einen *Seelenverderber und Bauernabschlächter* genannt hat, wird er im Mai desselben Jahres verhaftet und für drei Jahre nach Tscherdyn (Ural) verbannt, dann nach Woronesch. Im Mai 1938 wird er ein zweitesmal festgenommen und zu Zwangsarbeit in Sibirien verurteilt. Mandelstam stirbt am 27. Dezember 1938 im Transitlager Wtoraja Retschka bei Wladiwostok.

Wir fordern die Revolutionierung der Gesinnung!

Ernst Toller in Heidelberg

Im Herbst des dritten Kriegsjahres, im Oktober 1917, kommt Ernst Toller nach Heidelberg. Die Stadt macht einen tristen Eindruck auf ihn. Auf den Straßen fast nur Frauen, Kinder und Greise; die meisten Männer sind an der Front. Die wenigen Studenten sind Krüppel oder Kranke, die der Krieg ausgesondert hat. Toller bezieht ein Zimmer in der Friedrichstraße 8 und holt sich von Professor Gothein, einem damals hochangesehenen Kultur- und Wirtschaftshistoriker, eine Dissertation zum Thema *Schweinezucht in Ostpreußen.*

Ernst Toller

Von den Schrecken des Krieges gezeichnet, den er 1914 begeistert bejaht hat, wenige Tage nach seiner Entlassung aus dem Lazarett, nimmt Toller im Juni 1917 an einer Tagung auf der Festung Lauenstein teil. Der Verleger Eugen Diederichs hat einen bunten Kreis Gelehrter, Künstler, politischer Schriftsteller eingeladen, über *Sinn und Aufgabe unserer Zeit* nachzudenken. Zu den Teilnehmern gehören unter anderen Richard Dehmel, Walter von Molo, Theodor Heuss und der in Heidelberg lehrende Soziologe Max Weber. Das Treffen verläuft für Toller enttäuschend, aber von Weber ist er fasziniert. Als einziger Referent hat er sich massiv gegen den Krieg ausgesprochen und Kaiser Wilhelm II. aufgefordert, ihn wegen Majestätsbeleidigung anzuzeigen, damit er die Geißel des Krieges und die dafür

Hinweistafel des Verkehrsvereins in der Friedrichstraße 8 für Ernst Toller (geb. Samotschin bei Schneidemühl 1. 12. 1893, gest. – Freitod – New York 22. 5. 1939)

[27]

Hier lebte 1917
der Dichter
Ernst Toller

Verantwortlichen öffentlich anklagen könne. Um weiter Weber hören zu können, folgt Toller ihm nach Heidelberg.

Seine ersten Tage am Neckar vergehen im üblichen studentischen Rhythmus von Übungen und Vorlesungen. Gelegentlich wird er eingeladen, dann gibt es Kriegstee aus getrockneten Lindenblütenblättern und Kekse aus Kleie und Kartoffelmehl. Bald hat er sich einen kleinen Freundeskreis geschaffen, *junge Menschen, die wissen, daß die ›große Zeit‹ eine elend kleine Zeit ist.* Anfang November werden Toller und seine Freunde von der Nachricht aufgeschreckt, daß in München militant-nationalistische Studenten versucht haben, einen der konsequentesten deutschen Pazifisten, den Pädagogen Friedrich Wilhelm Foerster, im Hörsaal zu verprügeln. Toller reagiert sofort. Zusammen mit seinen Freunden veröffentlicht er einen Aufruf, den er als Flugblatt verbreitet und der von 135 Kommilitonen mitgetragen wird. Am zehnten November erscheint er auch in in der *Münchener Zeitung*. Es ist Tollers erster politischer Text.

Wir unterzeichneten Studierenden der Universität Heidelberg erheben Protest gegen die unwürdigen Vorgänge, die sich anläßlich der Wiederaufnahme der Vorlesungen durch Professor Foerster … abgespielt haben. Wir vertreten den Grundsatz, daß man eine in jedem Fall … Achtung gebietende Persönlichkeit niemals in dieser Weise zu politischen Sensationen und Lärmszenen mißbrauchen darf. … Hiebe sind keine wissenschaftlichen Argumente!

Der Aufruf bleibt nicht die einzige Reaktion auf die Ereignisse von München. Am 24. desselben Monats gründet Toller mit Freunden, sieben Frauen und drei Männern, den *Kulturpolitischen Bund der Jugend in Deutschland*, eine pazifistische Vereinigung, deren Zweck der Kampf für die friedliche Lösung der Widersprüche des Völkerlebens sein sollte, wie es in Artikel eins der Leitsätze heißt. In der Toller manchmal eigenen Mischung von *Dichtung und Wahrheit* erinnerte er sich später an die Heidelberger Tage und Aktionen:

Ich höre … Diskussionen zu. … Dieses Europa muß umgepflügt werden von Grund auf, geloben wir, die Väter haben uns verraten, die Frontjugend, hart und unsentimental, wird das Werk der Reinigung beginnen, wer hätte das Recht, wenn nicht sie. Was man uns weigert, das erzwingen wir. Es hat keinen Sinn, rufe ich, daß ihr anklagt, heute gibt es nur einen Weg, wir müssen Rebellen werden! Im Zimmer ist es still. Die Ängstlichen nehmen ihre Mäntel und gehen davon, die anderen finden sich zu einem Kampfbund.

Aus dem Bund der Jugend soll einmal ein Volksbund werden. (Er) ist kein reiner Zweckbund! Nicht damit ist es getan, daß wir Revisionisten unserer Handlungen werden! Wir fordern die Revolutionierung der Gesinnung!

Gründungsaufruf und Leitsätze werden an alle Universitäten im Deutschen Reich verschickt. Zustimmend reagieren unter anderen Friedrich Wilhelm Foerster, die Schriftsteller Walter Hasenclever, Carl Hauptmann, Karl Henckell, Heinrich Mann, Walter von Molo, Alfred Wolfenstein und der Physiker Albert Einstein. Auch einige Heidelberger Professoren stimmen dem Manifest zu: der Jurist Gerhard Anschütz, der Chemiker Theodor Curtius, der Theologe Martin Dibelius, der Historiker Hermann Oncken sowie der Psychiater und Philosoph Karl Jaspers. Natürlich gibt es auch vehementen Widerspruch. Jeden Tag ist der Briefkasten in der Friedrichstraße 8 voll mit anonymen Drohungen. Eine Heidelbergerin, eine ›deutsche Mutter‹, wie sie sich nennt, wünscht Toller, er möge in einem Granattrichter festgebunden und von englischen Geschossen zerrissen werden. Ein Veteran des Krieges von 1870/71 fordert, schwarze französische Soldaten sollten den Mitgliedern bei lebendigem Leibe die Haut abziehen. Selbstredend distanziert sich auch die Mehrheit der Heidelberger Studenten von Tollers Plänen und erklärt, daß (sie) diesen Bestrebungen völlig fern steht. Außerdem sei man fest davon überzeugt, mit den im Felde stehenden Kommilitionen gleicher Meinung zu sein. Die chauvi-

Haus in der Friedrichstraße 8

nistischen Schwärmer übersehen bei ihren Haßtiraden völlig, daß Toller gerade durch seine Fronterlebnisse zur Gründung des Bundes gelangt war. Seine *Erwiderung* in der *Heidelberger Zeitung* vom 20. November 1917 unterscheidet sich wohltuend vom Gegeifer seiner Gegner.

Schon immer wurde unbequemer Gesinnung der Vorwurf »nicht vaterländisch« oder »würdelos« gemacht. Ist der nicht vaterländisch, der den friedlichen Bund freier, selbständiger Völker erstrebt? Heißt das schon die schändlichen Taten irgend welcher Regierungen beschönigen zu wollen? – Dann hätte unsere Sprache ihren Sinn verloren. … Es liegt uns fern, »Parteipolitik« zu treiben. Politik treiben heißt für uns, sich für das Geschick seines Landes sittlich mitverantwortlich zu fühlen und dementsprechend zu handeln. Es gibt keine irgendwie begrenzte Sittlichkeit, es gibt nur eine Sittlichkeit, die für die ganze Menschheit gültig ist.

Obwohl sich Tollers Aktivitäten bislang in Briefaktionen und der Veröffentlichung von Aufrufen in Heidelberger Tageszeitungen erschöpfen, und der Kreis der Mitglieder sich kaum vergrößert hat, bekommen es die badische Regierung in Karlsruhe und das Generalkommando langsam mit der Angst zu tun. Mitte Januar trifft ein Schreiben des Großherzoglichen Ministeriums für Kultus und Unterricht bei der Universität ein.

Wie uns mitgeteilt wird, wird von einem Kreise von Studierenden der Universität Heidelberg ein Aufruf extrem pazifistischen Inhalts mit dem Rundschreiben unter Aufforderung zur Benennung von Vertrauensmännern an einzelne Angehörige der verschiedenen Hochschulen versandt. Der Aufruf stellt eine Reihe »kulturpolitischer Forderungen« auf, wie »statt Machterweiterung – Vertiefung der Kultur, die Menschensittlichkeit zum Inhalt hat; statt geistloser Organisation – Organisation des Geistes.« … Wir ersuchen um Bericht über den Sachverhalt soweit derselbe dortseits bekannt ist oder ohne Aufsehen zu erregen festgestellt werden kann.

Etwa zur gleichen Zeit stellt das Generalkommando beim Kultusministerium einen Verbotsantrag und begründet ihn mit dem Verdacht, daß der *Bund* wegen ausgesprochen pazifistisch-anarchistischer Tendenzen die Sicherheit des Reiches gefährde. Zu diesem Zeitpunkt ist Toller schon nicht mehr in Heidelberg. Nachdem Mitte Dezember bekanntgeworden ist, daß er dem *Bund* vorgestanden hat, erkennen die Mitglieder die Gefahr, in der er schwebt und warnen ihn. Als die Polizei in der Friedrichstraße aufkreuzt, findet sie den Gesuchten nicht. Auch seine Zimmerwirtin hält zu ihm. Obwohl sie den Aufenthaltsort ihres Mieters kennt, verrät sie ihn nicht. Über den letzten Tag in Heidelberg, vermutlich den 20. Dezember 1917, schreibt Ernst Toller in seiner Autobiographie *Eine Jugend in Deutschland:*

An dem Tag, an dem die Verfolgungen einsetzen, liege ich mit einer schweren Grippe im Krankenhaus. Eine Studentin bringt mir die Nachricht. – Man sucht sie schon in ihrer Wohnung. Sie müssen sofort abreisen, sonst werden Sie verhaftet. Fröstelnd und fiebernd sitze ich im Zug nach Berlin. Am nächsten Morgen gehe ich in den Reichstag, alarmiere demokratische und sozialistische Abgeordnete. Der Bund bleibt verboten.

Ernst Tollers Aufenthalt in Heidelberg währt nicht lange, vielleicht zehn, elf Wochen. Dennoch sind sie eine extrem wichtige Zeit. Hier vollzieht sich seine Wandlung vom kriegsbegeisterten Soldaten zum kämpferischen Pazifisten, zum unerbittlichen Kämpfer für Humanität und Völkerverständigung, zum prophetischen Warner vor dem Hitlerfaschismus, zu dem Toller, wie ihn die Welt kennt. In seiner Autobiographie sind die Wochen in Heidelberg mit *Auflehnung* überschrieben. Zu den Ideen, die im *Bund* virulent wurden, wurde er durch Gustav Landauers Schrift *Aufruf zum Sozialismus* geführt, die er in Heidelberg erstmals gelesen hat. Sie, er wurde nicht müde dies zu betonen, habe ihn entscheidend berührt und bestimmt.

Aber nicht nur der Pazifist Toller hat seine Wurzeln in Heidelberg, auch der Dichter. Eine Freundin berichtet, Toller habe an langen Herbst-und Frühwinterabenden der Gruppe seine neuesten Gedichte vorgelesen, die diese tief bewegt hätten. Auch sein erstes Drama *Die Wandlung*, das Ende September 1919 in Berlin uraufgeführt wird und den Untertitel *Das Ringen eines Menschen*, trägt, hat er in Heidelberg konzipiert. Damals hieß das Stück noch *Der Entwurzelte.* Die autobiographischen Bezüge sind evident.

Obwohl für Toller die Wochen in Heidelberg in hohen Maße lebensbestimmend waren, ist davon in der Stadt nicht allzuviel zu spüren. Eine Gedenktafel gibt es nicht, gerademal ein Standard-Hinweisschild. Und die Forderung einer Heidelberger Zeitung nach einer Ernst-Toller-Straße, erhoben vor mehr als zehn Jahren, wurde noch immer nicht eingelöst.

Hinweistafel des Verkehrsvereins in der Plöck 66 für Karl Jaspers (geb. Oldenburg - Oldenburg - 23. 2. 1883, gest. Basel 26. 2. 1969)

[28]

HIER WOHNTE
KARL JASPERS
WÄHREND SEINER HEIDELBERGER ZEIT
VON JANUAR 1923 BIS MÄRZ 1948

Unser Philosophieren wurzelt in der Tradition freien Denkens

Karl Jaspers in Heidelberg

Im Januar 1923 bezieht Karl Jaspers sein neues Domizil in der Plöck 66. Es handelt sich nur um einen innerstädtischen Umzug, denn er lebt – mit Unterbrechungen – schon seit 1901 in Heidelberg. In dem zurückliegenden Jahrzehnt hat sich Jaspers tiefgreifend verändert. Aus dem Psychiater ist ein Philosoph geworden. Allerdings war die Philosophie, wie er immer wieder bekannt hat, stets das Ziel seiner Arbeit. In ihr hat er, seit ihm mitgeteilt wurde, daß er an Bronchiektasen leidet, einer existenzbedrohenden Krankheit der Atemwege, Antworten auf Fragen gesucht, die ihm sein Leben schon früh gestellt hat. In seiner Reden und Aufsatzsammlung *Rechenschaft und Ausblick* schreibt er:

Karl Jaspers

Durch die Fragwürdigkeit aller Dinge, die Unheimlichkeit des Glücks, dazu durch eine ständige Anfälligkeit meines körperlichen Daseins … wurde ich immer unruhiger. Es blieb nur ein Weg: die Philosophie mußte die Wahrheit, den Sinn und das Ziel meines Lebens zeigen.

Von all den philosophischen Größen, die er kennenlernt, Emil Lask und Heinrich Rickert, Edmund Husserl und Moritz Geiger, Max Scheler und Georg Simmel, Georg Lukacs und Ernst Bloch, sowie später Martin Heidegger, wird keiner so wichtig für ihn wie Max Weber. Bei ihm findet er, was Philosophie für ihn bedeutet: universale Bildung, höchsten wissenschaftlichen Anspruch und verläßliche Persönlichkeit.

Vielen von uns ist Max Weber als Philosoph erschienen. Es ist diesem großen Manne nicht gemäß, für einen besonderen Beruf oder eine einzelne Wissenschaft in Anspruch genommen zu werden. Wenn er aber ein Philosoph war, so war er es vielleicht als einziger in unserer Zeit ... Seine philosophische Existenz ist mehr, als wir im Augenblick zu fassen vermögen.

In das Jahr des Umzuges fällt auch Jaspers letzte psychologische Lehrveranstaltung; ab 1923 bietet er ausschließlich philosophische Übungen und Vorlesungen an, insbesondere zu Kant und Hegel. Außerdem betreut er eine beträchtliche Anzahl von Promotionen. Unter seinen Doktoranden sind die Germanisten Otto Mann und Benno von Wiese, sowie der Japaner Junyn Kitayama. Für die Dissertation der jungen Hannah Arendt schreibt er ein Gutachten.

Nur wenige Monate nach dem Einzug in das Haus in der Plöck wird Jaspers in den Fall Gumbel involviert. Der pazifistische Jurist hat im Juli 1924 in der Stadthalle einen Vortrag über die Folgen des Ersten Weltkriegs gehalten und dabei an den sinnlosen Tod von Millionen Soldaten erinnert. Seine Ausführungen gipfelten in den Worten:

Diese armen Menschen, die im Krieg, ich will nicht sagen auf dem Felde der Unehre gefallen sind, aber auf schreckliche Weise ums Leben kamen! Diesen Vortrag nehmen die national-konservativen Kräfte der Universität zum Anlaß, Gumbel die Lehrbefugnis zu entziehen. Eine Kommission wird eingesetzt, der auch Jaspers angehört. Nach vielem Hin-und-Her, während dem Gumbel zusätzlich noch mit einer üblen Verleumdungskampagne überzogen wird, legt die von der Philosophischen Fakultät eingesetzte Dreier-Kommission zwei Berichte vor, von denen einer, das Schlußgutachten, von Jaspers unterzeichnet ist. Ursprünglich hatten auch die anderen Kommissionsmitglieder das

Dokument unterzeichnet, dann aber ihre Unterschrift zurückgezogen, weil ihnen dessen Tenor nicht paßte. Das Resümee des von Jaspers vorgelegten Berichts lautet:

Fasse ich zusammen, so sehe ich in Gumbels Persönlichkeit zwar nichts Gemeines, aber eine ungewöhnliche Taktlosigkeit, zwar keine intrigante Neigung zur Lüge, aber unbekümmerte, unbesonnene Rücksichtslosigkeit, die im politischen Kampf und im praktischen Leben die Dinge unkritisch verschiebt.

Im Klartext bedeutete das eine schallende Ohrfeige für Emil Julius Gumbel, allerdings nicht die von den rechtsgerichteten Kreisen gewünschte Entziehung der venia legendi. Daß der Verlauf der deutschen Geschichte ab 1933 dem wachen Zeitgenossen Gumbel mit seiner Einschätzung der Lage Recht gegeben hat und nicht Jaspers, muß nicht betont werden.

Das Wohnhaus Jaspers' in der Plöck 66

In der zweiten Hälfte der zwanziger Jahre arbeitet Jaspers an einem Buch, das ihn bei seinem Erscheinen 1931 einer weiten Öffentlichkeit bekannt macht und seine Reputation unter Fachkollegen deutlich stärkt. Die kleine Schrift, das tausendste Bändchen der *Sammlung Göschen* gibt eine Analyse der geistigen Situation der Zeit. Die hier ausgebreiteten Gedanken werden in der nur ein Jahr später veröffentlichen *Philosophie*, einem der Hauptwerke Jaspers, noch einmal verschärft und breiter dargelegt. Im Vorwort zum ersten Band seiner *Philosophie* schreibt Jaspers über die Quellen seines Denkens:

Unser Philosophieren wurzelt in der Tradition freien Denkens der vergangenen Jahrtausende … Von daher geführt, verdankt mein

Philosophieren … die Grundgedanken den Philosophen, in deren aneignendem Verständnis es erwachsen ist … ich nenne die erlauchten Namen: Kant, den Philosophen schlechthin, keinem anderen vergleichbar in dem Adel seiner besonnenen Menschlichkeit, die sich offenbart als die Reinheit und Schärfe seines menschlich bewegten Denkens, durch das auf keinen Grund zu stoßen ist; Plotin, Bruno, Spinoza, Schelling, die großen Metaphysiker als Schöpfer zu Wahrheit werdender Träume; Hegel in seinem Reichtum an erblickten Gehalten, die er mit einziger sprachlicher Kraft in konstruktivem Denken zum Ausdruck bringt; Kierkegaard, den in der Wurzel Erschütterten, …; W. v. Humboldt, die Verkörperung deutscher Humanitas in der Weite der großen Welt; Nietzsche, den Psychologen und unerbittlichen Enthüller aller Täuschungen … Max Weber, der der Not unserer Zeit ins Auge blickte, und sie mit umfassendem Wissen erkannte, in einer zerfallenden Welt sich auf sich selbst stellend.

Der Beginn der nationalsozialistischen Terrorherrschaft überrascht Jaspers nicht, löst aber doch *großen Schrecken* bei ihm aus. Wie so viele glaubt er an ein schnelles Vorübergehen. Als er erfährt, daß seine Doktorandin Hannah Arendt emigriert ist, meint er:

Die Emigration wird die Dummheit ihres Lebens sein. Was nun ist, wird vergehen, wie es über uns gekommen ist: wie ein schlechter Spuk.

Auch die tragisch hellsichtige Meinung seines jüdischen Schwagers Ernst Mayer, der sehr großen Anteil an Jaspers philosophischer Arbeit hat, daß man *uns Juden eines Tages in Baracken bringen und die Baracken anzünden* wird, hält er für pure Phantasie. Es kam anders. 1937, nur vier Jahre nach dem Beginn der Nazi-Diktatur, war der braune Terror nicht vergangen; im Gegenteil: Die Schmutzfluten haben das Haus in der Plöck erreicht. Jaspers, der seit 1910 mit der Jüdin Gertrud Mayer verheiratet ist, wird von der alles vernichtenden Rassen-Ideologie erfaßt. Ein Zermürbungskrieg beginnt. Den Anfang markiert ein Brief, in dem Jaspers mitgeteilt wird, daß der Reichsstatthalter der SS ihn in den Ruhestand versetzt hat. Er versucht die Entlassung in eine Entpflichtung umzuwandeln, was jedoch mißlingt. 1939 schlägt er eine Einladung nach Frankreich aus. Zum einen aus Angst vor der fremden Sprache, zum anderen, weil er noch immer sehr mit Deutschland verwurzelt ist. Im selben Jahr wird Jaspers im Telefonbuch mit dem Beinamen Israel abgedruckt. Mehr und mehr fühlt Jaspers, wie der Lebenskreis für ihn und seine Frau immer enger wird, wie Kontakte und Freundschaften sich aufzulösen beginnen. In seinem *Tagebuch* für die Jahre von 1939 bis 42 findet sich unter dem Datum 11. Februar 39 folgende Eintragung:

Wir müssen das stille Fallengelassenwerden erdulden, das in der Situation liegt. Die Amtsentlassung war eine Sensation. … Nun es aber ernst wird, an Leib und Leben zu gehen droht, zieht man sich still zurück, spricht nicht, streckt keine helfende Hand aus. Das ist dem Einzelnen nicht vorzuwerfen. Es ist ein Grundtatbestand unseres menschlichen Daseins, der nur von Ausnahmen durchbrochen werden kann. Wie so vieles, wie alles falsch wird im Rückerinnern, was einst gesagt wurde! … Da neue Leben ist nur noch möglich in Selbstmordbereitschaft.

Nach 1942 lebt das Ehepaar Jaspers in größter Bedrängnis, ständig bereit, gemeinsam in den Tod zu gehen. Hilfe und Unterstützung erhält es von nur ganz wenigen Freunden, vor allem von einfachen Bürgern, kaum aus dem Kollegenkreis. Im März 1945 erfährt Jaspers über geheime Kanäle, daß er und seine Frau am 14. April im Rahmen der »Endlösung der Judenfrage« abtransportiert werden sollen. Doch dazu kommt es glücklicherweise nicht. Wenige Tage vorher marschieren amerikanische Truppen in Heidelberg ein und machen der faschistischen Gewaltherrschaft ein Ende. Für die Stadt ist es eine Befreiung, denn hier hatte der Nationalsozialismus – das gilt gerade auch für die Universität – besonders tiefe Wurzeln geschlagen. Trotz der wiedergewonnenen Sicherheit waren die ersten Nachkriegswochen auch eine Zeit existentiellen Fragens.

Wir Überlebenden haben nicht den Tod gesucht. Wir sind nicht, als unsere jüdischen Freunde abgeführt wurden, auf die Straße gegangen, haben nicht geschrien, bis man auch uns vernichtete. Wir haben es vorgezogen, am Leben zu bleiben, mit dem schwachen, wenn auch richtigen Grund, unser Tod hätte nichts helfen können. Daß wir leben, ist unsere Schuld. Wir wissen …, was uns tief demütigt.

Der Jasperskenner Hans Saner urteilt über das Verhalten des Philosophen in der Nazizeit:

In der durchdachten Vorsicht dieser Jahre hat Jaspers keinem Menschen das Leben gerettet, es sei denn das seine und das seiner Frau; er hat nicht die Wahrheit bezeugt, es sei denn in der Stille der Arbeit und in der Integrität seiner Person; er hat nicht das Leben aufs Spiel gesetzt, es sei denn im Vorsatz, äußerstenfalls der Gewalt durch den freien Tod ein Ende zu machen; er war nicht heroisch, es sei denn in der Kraft, trotz allem an der Vernunft nicht zu verzweifeln.

Das scheint auf den ersten Blick wenig und ist doch viel, wenn bedacht wird, was dieses Verhalten, von Millionen praktiziert, bewirkt hätte.

Nach Kriegsende widmet Jaspers seine ganze Kraft der Wiedergründung der Universität. Am 5. April 1945 konstituiert sich im Beisein amerikanischer Offiziere in Jaspers Wohnung ein Ausschuß, der Mitglieder für einen neuen Lehrkörper benennen soll. Ein weiterers Gremium soll die Entnazifizierung der Universität in Gang bringen. In dieser Phase des Aufbaus erreicht ihn eine Einladung zu Gastvorlesungen nach Basel. Die Universität erneuert damit ein Angebot, das sie schon 1942 gemacht hat, das aber anzunehmen Jaspers von der NS-Bürokratie verboten worden war. Den Vorlesungen folgt ein Ruf, den Jaspers annimmt. 1948, mit der Übersiedelung nach Basel, gehen die vier Jahrzehnte, die er und seine Frau in

Heidelberg verbracht haben, zu Ende. Zwei Jahre vor seinem Tod hat er noch einmal zusammengefaßt, was diese lange Zeit für ihn bedeutet hat:

Heidelberg war durch 40 Jahre uns Heimat, geistig die einzige Heimat, geworden. Unser Schicksal war mit der Stadt verbunden, in der fast jede Straße, jeder Winkel, der Schloßpark, die Landschaft zu uns sprachen, voll Erinnerungen aus herrlichen und schrecklichen Zeiten. Da waren die guten Menschen in der Bevölkerung, die uns in der Nazizeit getragen hatten, als die Kollegen (mit wenigen Ausnahmen) uns verließen; da waren die Freunde, das Haus, in dem wir gerne wohnten. … Wir fühlten uns zugehörig einem geschichtlichen Kreis. Jetzt … sollten wir uns trennen? Hart schien es und dann wieder wie eine Befreiung.

Denn alles war anders geworden. Die Heidelberger Gegenwart gab es doch nur als Erinnerung für uns, die Heidelberger gegenwärtige Realität war voller Schmerz.

Editorische Notiz

Wenn ich mich recht entsinne, war es an einem schönen Samstagmorgen Ende 1994: Bei einem Gang durch die Heidelberger Hauptstraße sprach mich unversehens ein Tourist an. Ob ich wisse, fragte er mich, wer dieser Robert von Mohl sei, dessen Name da oben, Hausnummer 78, auf einer kleinen Gedenktafel stehe; denn außer dem Zeitraum seines Wohnens, enthalte die Tafel leider keine weiteren Informationen. Ein Blick in die angegebene Richtung bestätigte die Kritik des Besuchers. Er würde gerne mehr über die vielen solcherart Geehrten wissen, fuhr er dann fort, die ihn überall in der Vor- und Kernaltstadt von Gedenktafeln herunter gewissermaßen »anblickten«. So entstand die Idee, ein wenig über die zu erzählen, die in Heidelberg durch Tafeln geehrt wurden. Ich fragte dann Michael Utz, ob er ein solches Unternehmen mit Fotografien begleitend unterstützen würde, und als er dies bejahte, war das Projekt geboren.

Das Ergebnis ist *»Folg' ich meinem Genius«* – ein kleiner Führer zu einigen Persönlichkeiten, die in Heidelberg im Laufe der Zeit mit Gedenktafeln geehrt wurden. Damit ist auch gesagt, was das Buch nicht sein will und kann: ein illustriertes Kompendium zur Heidelberger Kunst-, Musik-, Wissenschafts- und Kulturgeschichte. Es bietet auch keine neuen Forschungsergebnisse, basiert auf der vorhandenen Literatur und hat nicht den Ehrgeiz, in Streitfragen, die es übergenug gibt, neue Aspekte aufzuzeigen. *»Folg' ich meinem Genius«* erhebt lediglich den Anspruch, erste grundlegende Informationen über die auf den Tafeln genannten Personen zu geben. Wer mehr möchte, wer durch Lektüre und Betrachtung motiviert ist, tiefer einzusteigen, kommt nicht umhin, zusätzliche Literatur zur Hand zu nehmen. Die angefügte Auswahlbibliographie bietet dazu erste Möglichkeiten.

Das Heidelberger Stadtarchiv besitzt eine sehr gut geführte, ständig ergänzte Übersicht über Gedenktafeln in Heidelberg. Wer sie in die Hand nimmt, wird über die Fülle des Materials erstaunt sein, das da zusammengetragen wurde, will sagen, daß die Autoren von Anfang an vor dem Problem der Auswahl standen. Sie geben hier gleich zu, daß sie sich bewußt sind, es nur unzureichend gelöst zu haben. Berücksichtigen wollten wir Frauen und Männer, Wissenschaftler und Künstler, Bekannte und Unbekannte, Ausländer und Deutsche, Personen der Zeitgeschichte und der Vergangenheit.

Manche Namen wird man vergebens suchen: Hölderlin zum Beispiel. Er hat zwar eines der schönsten und bekanntesten Gedichte über Heidelberg geschrieben, sich aber sonst nicht über die Stadt geäußert. Unter diesen Bedingungen war ein Artikel nicht zu schreiben. Über Friedrich Eberts Kindheit und Jugend liegt zwar inzwischen eine Publikation vor, aber die dort versammelten Dokumente reichten für eine Kurzbiographie im Stile der anderen nicht aus. Eine Vermehrung des Materials war nicht möglich, da Eberts Nachlaß im Zweiten Weltkrieg vernichtet wurde. Auch Jacob Gould Schurman hätten wir gerne berücksichtigt, da es aber bislang nur eine Kurzbiographie über den Freund und Förderer der Heidelberger Universität gibt, hätte ein Beitrag zwangsläufig plagiathafte Züge besessen. Über andere Persönlichkeiten, die wir gerne aufgenommen hätten, zum Beispiel Peter Beron und Muhammad Iqbal, lag ebenfalls kein verwertbares Material vor. So manche, die uns am Herzen gelegen haben, wurden bis heute nicht mit Tafeln geehrt. Doch auch dies ist ein Stück Stadtgeschichte.

In der Regel wurden Zitate nach den Originalen bzw. nach den maßgeblichen Ausgaben wiedergegeben und nicht nach der Sekundärliteratur. Das hat zur Folge, daß die Orthographie schwankt. Angleichung war weder gewollt, noch wurde sie vorgenommen. Einige gar zu fremd anmutende Schreibweisen wurden allerdings stillschweigend korrigiert. Sämtliche Zitate und Titel erscheinen kursiv.

Bei der Entstehung dieses Buches wurde uns vielfache Unterstützung zuteil; wir richten unseren herzlichen Dank an:
- Das Deutsche Freimaurer-Museum in Ansbach, das Literatur über Bluntschli zur Verfügung stellte.
- Ralph Dutli, der bislang unveröffentlichte Gedichte von Ossip Mandelstam zur Verfügung stellte.
- Das Fritz-Reuter-Museum in Stavenhagen.
- Harald Gerlach, Leimen, für sein Vorwort.
- Ursula Hosse, Wilhelmsfeld, die uns Literatur über José Rizal zur Verfügung gestellt hat.
- Elsbeth Janda, die uns bei Liselotte von der Pfalz beraten hat.
- Gerhard Klare, der Literatur über Max Wolf zur Verfügung stellte und die Biographien der Naturwissenschaftler durchgesehen hat.
- Die Mitarbeiter/innen des Heidelberger Stadtarchivs, insbesondere, Hans Jürgen Holtermann für vielseitige Unterstützung.
- Dieter Klein von der Heidelberger Universitätsbibliothek für unermüdliche Bücherbeschaffung.
- Ewald Keßler vom Universitätsarchiv für Hilfe bei der Bildbeschaffung.
- Christine Wolf, für Ihre Arbeit im Fotolabor.

Leimen und Heidelberg im Juli 1997

JÜRGEN VON ESENWEIN
MICHAEL UTZ

Anhang

Über die in diesem Buch genannten Gedenktafeln hinaus gibt es in Heidelberg noch viele andere. Die folgende Auswahl basiert auf der *Liste der Gedenktafeln-, Steine-, Inschriften*, die Stadtarchivar Hans Jürgen Holtermann 1983 erstellt hat und die laufend aktualisiert wird.

Weitere Gedenktafeln in Heidelberg (Auswahl):

I. Straßenliste

Akademiestraße 3 für den böhmischen Philosophen, Theologen und Pädagogen *Johann Amos Comenius*

Augustinergasse 7 für den Gründer und Leiter des Archäologischen Instituts der Universität Heidelberg *Karl Bernhard Stark*

Augustinergasse 7 für den Pfälzer Mundartdichter *Karl Gottfried Nadler*

Bachstraße 24 für den Nationalökonomen und Kultursoziologen *Alfred Weber*

Dossenheimer Landstraße, Handschuhsheimer Schlößchen, für den Maler *Carl Rottmann*

Elisabethweg beim Heidelberger Schützenhaus für die habsburgische Kaiserin *Elisabeth von Österreich*, genannt *Sissi*

Erwin-Rohde-Straße 2 für den klassischen Philologen *Erwin Rohde*

Friedhofweg, Ziegelhausen, alter Friedhof, Rückseite der Kapelle, für den Zeichner *Joachim Lutz*

Friedrich-Ebert-Anlage, Hotel Europäischer Hof, für den rumänischen Staatsmann *Alexander Ioan Cuza*

Friedrich-Ebert-Anlage 7, jetzt im Hauseingang, für den Historiker *Ludwig Häusser*

Friedrich-Ebert-Anlage 42 für *Wilhelmine von Kotzebue*, Witwe des ermordeten Dichters August von Kotzebue

Friesenweg, oberhalb Schloß, für den Maler *Ernst Fries*

Fritz-Frey-Straße, Einmündung in die Dossenheimer Landstraße, für den Heimatforscher *Fritz Frey*

Grabengasse, Neue Universität, im Treppenhaus, für den amerikanischen Botschafter, Freund und Mäzen der Universität *Jacob Gould Schurman*

Große Mantelgasse, Synagogenplatz, zum Gedenken an die in der Nacht vom 9. auf den 10. November 1938 zerstörte *Synagoge* der jüdischen Gemeinde in der Altstadt

Hauptstraße, Heiliggeistkirche, zum Gedenken an den einstigen Standort der *pfälzischen Universitäts- und Landesbibliothek*

Hauptstraße 47 – 51, Psychologisches Institut, für den ungarischen Begründer der modernen Gravitationsforschung *Lorand Eötvös*

Hauptstraße 52 für den Geologen *Wilhelm Salomon-Calvi*

Hauptstraße 97 für den Chirurgen *Maximilian Josef von Chelius*

Hauptstraße 196 für Goethes Bekannte *Dorothea Delph*

Heiliggeiststraße 11 für den Gründer der Freiwilligen Feuerwehr *Karl Metz*

Heiliggeiststraße 17 für den Dichter *Karl Schmitthenner*

Heiliggeiststraße 17 für den Pfarrer, Widerstandskämpfer gegen die Nazidiktatur und Freund Israels Dekan *Hermann Maas*

Heumarkt 1 für den Dichter *Berthold Auerbach*

Karlsruher Straße, Stadtteil Rohrbach, zum Gedenken an den Dichter *Joseph von Eichendorff*

Karlstraße 8 für den Juristen sowie Abgeordneten des Vorparlaments und der Frankfurter Nationalversammlung *Karl Joseph Anton Mittermaier*

Karlstraße 13 für den bulgarischen Gelehrten *Peter Beron*

Kehrweg 4 für den ersten Präsidenten der Bundesrepublik Deutschland *Theodor Heuss*

Klingenteichstraße 6 für den Dichter *Alfred Mombert*

Klingenteichstraße 27 für den Schöpfer des »Zupfgeigenhansl« *Hans Breuer*

Klostergasse, Stadtteil Wieblingen, für die Pädagogin und Widerstandkämpferin gegen die Nazidiktatur *Elisabeth von Thadden*

Königsberger Straße 2, Geschwister-Scholl-Schule, für die Widerstandskämpfer gegen die Nazidiktatur *Sophie* und *Hans Scholl* und *Christoph Probst*

Märzgasse 18 für den Juristen *Carl Adolf Vangerow*

Mittelbadgasse 12 für den Dichter *Max Halbe*

Molkenkurweg 4 für die *Kaiserin Elisabeth von Österreich*, genannt *Sissi*

Mombertstraße, Stadtteil Emmertsgrund, für den Dichter *Alfred Mombert*

Neckarstaden 32, im Foyer des Edith-Stein-Studienzentrums für die Philosophin und Ordensfrau *Edith Stein*

Neuenheimer Feld 348, Geographisches Institut der Universität Heidelberg, für den Geographen *Alfred Hettner*

Neuenheimer Landstraße für den pakistanischen Philosophen und Dichter *Muhammad Iqbal*

Neuenheimer Landstraße, Einmündung Bergstraße, zum Gedenken an das dort gefundene antike *Mithras-Heiligtum*

Oberdorfstraße 1, Kirchheim, zum Gedenken an einen Besuch *Goethes*

Obere Neckarstraße 7, zum Gedenken an den bulgarischen Gelehrten *Peter Beron*

Oberer Fauler Pelz für den Begründer der freiwilligen Feuerwehr *Karl Metz*

Peterstaler Straße, Gartenanlage bei der Neckarschule im Stadtteil Ziegelhausen, für den Gründer des Internationalen Roten Kreuzes *Henry Dunant*

Pfaffengasse 18 für den ersten Reichspräsidenten *Friedrich Ebert*

Philosophenweg, Eichendorff-Anlage zum Gedenken an *Joseph von Eichendorff*

Philosophenweg, Hölderlin-Anlage, zum Gedenken an eines der schönsten Heidelberg-Gedichte von *Friedrich Hölderlin*

Plöck 40, für den Internisten *Adolf Kußmaul*

Plöck 54, für den Chemiker *Leopold Gmelin*

Plöck 65, für den Theologen und Schriftsteller *David Friedrich Strauß*

Plöck 70, für den Chemiker *Hermann Kopp*

Rathausstraße, Rohrbach-Ortsmitte, zum Gedenken an die in der Nacht vom 9. auf den 10. November 1938 zerstörte *Synagoge* der jüdischen Gemeinde in Rohrbach

Schloß, Gläserner Saalbau, für den Retter der Ruine des Heidelberger Schlosses *Charles de Graimberg*

Schloß, Scheffelterasse, für den Dichter *Joseph von Scheffel*

Schurmanstraße, in den Anlagen, für den pakistanischen Philosophen und Dichter *Mohammad Iqbal* und dessen Heidelberg-Gedicht

Steingasse 9, zum Gedenken an die von den Nazis ermordeten *Sinti* und *Roma*

II. Namensliste

Auerbach, Berthold, Dichter, Heumarkt 1

Beron, Peter, bulgarischer Gelehrter, Karlstr. 13 und Obere Neckarstr. 7

Breuer, Hans, Schöpfer des »Zupfgeigenhansl«, Klingenteichstraße 27

Chelius, Maximilian Josef von, Chirurg, Hauptstraße 97

Comenius, Johann Amos, böhmischer Philosoph, Theologe und Pädagoge, Akademiestr. 3

Cuza, Alexander Ioan, rumänischer Staatsmann, Friedrich-Ebert-Anlage, Hotel Europäischer Hof

Delph, Dorothea, Bekannte Goethes, Hauptstraße 196

Dunant, Henry, Gründer des Internationalen Roten Kreuzes, Peterstaler Straße, Gartenanlage bei der Neckarschule im Stadtteil Ziegelhausen

Ebert, Friedrich, erster Reichspräsident, Pfaffengasse 18

Eichendorff, Joseph von, Dichter, Karlsruher Straße, Stadtteil Rohrbach sowie Eichendorff-Anlage am Philosophenweg

Elisabeth von Österreich, habsburgische Kaiserin, genannt Sissi, Elisabethweg beim Heidelberger Schützenhaus und Molkenkurweg

Eötvös, Lorand, Begründer der modernen Gravitationsforschung, Hauptstraße 47 – 51, Psychologisches Institut

Frey, Fritz, Heimatforscher, Fritz-Frey-Straße, Einmündung in die Dossenheimer Landstraße

Fries, Ernst, Maler, Friesenweg, oberhalb Schloß

Gmelin, Leopold, Chemiker, Plöck 54

Goethe, Johann Wolfgang von, zum Gedenken an einen Besuch Goethes, Oberdorfstraße 1, Kirchheim

Graimberg, Charles de, Retter der Ruine des Heidelberger Schlosses, Schloß, Gläserner Saalbau

Halbe, Max, Dichter, Mittelbadgasse 12

Häusser, Ludwig, Historiker, Friedrich-Ebert-Anlage 7, jetzt im Hauseingang

Heiliggeistkirche, zum Gedenken an den einstigen Standort der pfälzischen Universitäts- und Landesbibliothek

Hettner, Alfred, Geograph, Neuenheimer Feld 348, Geographisches Institut der Universität Heidelberg

Heuss, Theodor, erster Präsident der Bundesrepublik Deutschland, Kehrweg 4

Hölderlin, Friedrich, Dichter, zum Gedenken an eines der schönsten Heidelberg-Gedichte, Hölderlin-Anlage am Philosophenweg

Iqbal, Muhammad, pakistanischer Philosoph und Dichter, Neuenheimer Landstraße 58 und Schurmanstraße (in den Anlagen)

Jüdische Gemeinde, zum Gedenken an die in der Nacht vom 9. auf den 10. November 1938 zerstörte Synagoge der jüdischen Gemeinde in der Altstadt Große Mantelgasse, Synagogenplatz,

Kopp, Hermann, Chemiker, Plöck 70

Kotzebue, Wilhelmine von, Witwe des ermordeten Dichters August von Kotzebue, Friedrich-Ebert-Anlage 42

Kußmaul, Adolf, Internist, Plöck 40

Lutz, Joachim, Zeichner, Friedhofweg, Ziegelhausen, alter Friedhof, Rückseite der Kapelle

Maas, Dekan Hermann, Pfarrer, Widerstandskämpfer gegen die Nazidiktatur und Freund Israels, Heiliggeiststraße 17

Metz, Karl, Gründer der Freiwilligen Feuerwehr, Heiliggeiststraße 11 und Oberer Fauler Pelz

Mithras-Heiligtum, zum Gedenken an die dort gefundene antike Anlage, Neuenheimer Landstraße, Einmündung Bergstraße

Mittermaier, Karl Joseph Anton, Jurist sowie Abgeordneter des Vorparlaments und der Frankfurter Nationalversammlung, Karlstr. 8

Mombert, Alfred, Dichter, Klingenteichstraße 6

Mombertstraße, Stadtteil Emmertsgrund

Rohde, Erwin, klassischer Philologe, Erwin-Rohde-Straße 2

Nadler, Karl Gottfried, Pfälzer Mundartdichter, Augustinergasse 7

Rottmann, Carl, Maler, Dossenheimer Landstraße, Handschuhsheimer Schlößchen

Salomon-Calvi, Wilhelm, Geologe, Hauptstraße 52

Scheffel, Joseph von, Dichter, Schloß, Scheffelterasse

Schmitthenner, Karl, Schriftsteller, Heiliggeiststraße 17

Scholl, Sophie und Hans sowie Probst Christoph, Widerstandskämpfer gegen die Nazidiktatur, Königsberger Straße 2

Schurman, Jacob Gould, amerikanischer Botschafter, Freund und Mäzen der Universität, Neue Universität, im Treppenhaus

Sinti und Roma, zum Gedenken an die von den Nazis ermordeten Sinti und Roma, Seingasse 9

Stark, Karl Bernhard Stark, Gründer und Leiter des Archäologischen Instituts der Universität Heidelberg, Augustinergasse 7

Stein, Edith, Philosophin und Ordensfrau, Neckarstaden 32, im Foyer des Edith-Stein-Studienzentrums

Strauß, David, Friedrich, Theologe und Schriftsteller, Plöck 65

Synagoge der jüdischen Gemeinde in Rohrbach, zur Erinnerung an die in der Nacht vom 9. auf den 10. November 1938 zerstörte Synagoge, Stadtteil Rohrbach, Rathausstraße

Thadden, Elisabeth von, Pädagogin und Widerstandkämpferin gegen die Nazidiktatur, Klostergasse, Stadtteil Wieblingen

Vangerow, Carl Adolf, Jurist, Märzgasse 18

Weber, Alfred, Nationalökonom und Kultursoziologe, Bachstr. 24

Bibliographie der zitierten Werke

Es werden in der Regel nur Bücher genannt, die in den Artikeln zitiert wurden.

Allgemein

ADB (Allgem. deutsche Biographie)

Benz, Richard: Heidelberg – Schicksal und Geist, Konstanz 1961

Birkenmaier, Willy: Das russische Heidelberg, Heidelberg 1995

Buselmeier, Michael (Hg.): Heidelberg Lesebuch. Stadt-Bilder von 1800 bis heute, Frankfurt a. Main 1986 (it 913)

Buselmeier, Michael: Literarische Führungen durch Heidelberg. Eine Kulturgeschichte im Gehen, Heidelberg 1991

Debon, Günther: Der Weingott und die Blaue Blume. Dichter zu Gast in Heidelberg, Heidelberg 1995

Hartmann, Emil (Hg.): Wir rühmen Dich, Heidelberg. Dichter und Denker preisen Stadt und Schloß, Heidelberg o. J.

Mays, Albert: Heidelberg gefeiert von Dichtern und Denkern. Mit einem Nachwort von Reinhard Düchting, Heidelberg 1994 (Reprint der Ausgabe von 1886)

Musik in Heidelberg 1777–1888. Eine Ausstellung des Kurpfälzischen Museums der Stadt Heidelberg in Zusammenarbeit mit dem Musikwissenschaftlichen Seminar der Universität, Ausstellungskatalog Heidelberg1985

NDB (Neue deutsche Biographie)

Pfeiffer, Harald: Heidelberger Musikleben in der ersten Hälfte des 19. Jahrhunderts (Buchreihe der Stadt Heidelberg, Bd. 1. Im Auftrag der Stadt Heidelberg herausgegeben von Rudolf Benl.) Heidelberg 1989

Pfeifer, Ilse (Hg.): Geschichte Heidelbergs – Heidelberger Geschichten. Ein Auswahlverzeichnis heimatkundlichen Schrifttums aus dem nordbadischen Raum anläßlich des

Jubiläums der Stadtbücherei Heidelberg 1906 – 1981, Stadtbücherei Heidelberg 1981

Underwood, Sabine (Hg.), Heidelberg in alten und neuen Reisebeschreibungen, Düsseldorf 1993

Semper Apertus. Sechshundert Jahre Ruprecht-Karls-Universität Heidelberg 1386 – 1986. Festschrift in sechs Bänden, hg. von Wilhelm Doerr in Zusammenarbeit mit Otto Haxel, Karlheinz Misera, Hans Querner, Heinrich Schipperges, Gottfried Seebaß, Eike Wolgast, Berlin, Heidelberg, New York, Tokyo 1985

Arnim, Achim und Brentano, Clemens

Seebaß, Friedrich (Hg.): Brentano, Clemens, Briefe, Bd. 1, 1793 bis 1809, Nürnberg 1951

Kastinger Riley, Helene M.: Achim von Arnim. Reinbek b. Hamburg 1979 (Rowohlts monographien Nr. 277)

Kastinger Riley, Helene M.: Clemens Brentano, Stuttgart 1985

Debon, Günther: Das Heidelberger Jahr Joseph von Eichendorffs, Heidelberg 1991

Bluntschli, Johann Caspar

Bluntschli, Johann Caspar: Eine autobiographische Skizze. In: Die Gegenwart, 5. Bd., Nr. 22 v. 30. Mai 1874, S. 344 ff. und Nr. 23 v. 6. Juni 1874, S. 358 ff.

Nekrolog über Br.: J. C. Bluntschli …, gehalten in der Trauerloge der Modestia cum Libertate im Or. Zürich am 28. Januar 1882 von F. C. Bluntschli, Zürich 1882

Seyerlen, Rudolf (Hg.): Denkwürdiges aus meinem Leben von J. C. Bluntschli, 3 Bde, Nördlingen 1884

Boisserée, Melchior und Johann Sulpiz

Aus Bertram's Unterhaltungen, in: Morgenblatt zur Bayerischen Zeitung, Nr. 194 v. 17. Juli 1863, S. 673 ff.

Boisserée, Sulpiz: Briefwechsel/Tagebücher, 2 Bde., Faksimiledruck nach der 1. Auflage von 1862, ergänzt durch ein Personenregister, Göttingen 1970 (Deutsche Neudrucke, Reihe: Texte des 19. Jahrhunderts, hg. v. Walter Killy)

Debon, Günther: Goethes Begegnungen mit Heidelberg. 23 Studien und Miniaturen, Heidelberg 1992

Firmenich-Richartz, Eduard: Sulpiz und Melchior Boisserée als Kunstsammler. Ein Beitrag zur Geschichte der Romantik, Jena 1916 (Die Brüder Boisserée. Erster Band)

J.W. Goethe: Autobiographische Schriften, BA, Bde 13–16, Berlin 1976 ff.

Poensgen, Georg: Die Begegnung Goethes mit der Sammlung Boisserée in Heidelberg, in: Ruperto Carola XII, Jhrg., Band 27, Juni 1960

Waetzoldt, Wilhelm: Deutsche Kunsthistoriker. Von Sandrart bis Rumohr, Leipzig 1921

Brahms, Johannes

Brahms, Johannes: Briefe 16 Bd. Nachdruck der Ausgabe 1910 ff. Tutzing 1974

Eberts, Karl: Johannes Brahms in Ziegelhausen, in: Neue Musik-Zeitung, 37, 1916 S.

Eberts, Karl: Die Komponierhöhle am Neckar. Ziegelhäuser Brahms-Erinnerungen, in: Heidelberger Tageblatt v. 28.5.1926

Kahlbeck, Max: Johannes Brahms, 4 Bde, Nachdruck Tutzing 1976

Koch, Adolf: Johannes Brahms in Ziegelhausen. Ein Erinnerungsblatt. Frankfurter Zeitung v. 15. April 1902, Nr. 104, Erstes Morgenblatt

Litterscheid, Richard (Hg.): Johannes Brahms in seinen Schriften und Briefen, Berlin 1943

Stephenson, Kurt (Hg.): Johannes Brahms' Heimatbekenntnis in Briefen an seine Hamburger Verwandten, Hamburg ²1948

Stephenson, Kurt (Hg.): Johannes Brahms in seiner Familie. Der Briefwechsel, Hamburg 1973

Bunsen, Robert Wilhelm

Lockemann, Georg: Robert Wilhelm Bunsen. Lebensbild eines deutschen Naturforschers, Stuttgart 1949 (Große Naturforscher Bd. 6)

Ostwald, Wilhelm und Bodenstein, Max (Hg.): Gesammelte Abhandlungen von Robert Bunsen, 1. Bd., Leipzig 1904

Roscoe, Sir Henry: Gedenkrede auf Bunsen, in Ostwald, Wilhelm und Bodenstein, Max (Hg.), Gesammelte Abhandlungen von Robert Bunsen, 1. Bd., Leipzig 1904

Eichendorff, Joseph Freiherr von

Brandenburg, Hans: Joseph von Eichendorff. Sein Leben und sein Werk, München 1922

Debon, Günther: Das Heidelberger Jahr Joseph von Eichendorffs, Heidelberg 1991

Frey, Karl Otto: Eichendorffs Käthchen, in: Neue Heidelberger Jahrbücher. NF, Heidelberg 1938, S. 52–87

Frühwald, Wolfgang / Schillbach, Brigitte / Schultz, Hartwig (Hg.): Joseph von Eichendorff, Werke in sechs Bänden, Frankfurt/M. 1985 ff. (Benutzt wurden die Bände 1 und 5)

Reiprich, Walter: Eichendorff in Heidelberg. Das Erlebnis von Landschaft, Menschen und einer großen Liebe, in: Heidelberger Jahrbücher 12, 1968, S. 112–134

Stöcklein, Paul: Eichendorff, Hamburg ¹⁶1993 (rororo Monographie Nr. 84)

Feuerbach, Henriette

Braun-Artaria, Rosalie (Hg.): Von berühmten Zeitgenossen, München [4]1918

Dach, Charlotte v. (Hg.): Josef Viktor Widmann, Briefwechsel mit Henriette Feuerbach und Ricarda Huch, Zürich/Stuttgart 1965

Radbruch, Gustav: Gestalten und Gedanken, Stuttgart 1954

Schimpf, Hans: Henriette Feuerbach. Leitlinien ihrer Lebensgestaltung, in: Anselm Feuerbach, Seine Familie und ihre Zeit (Beiträge zur Speyerer Stadtgeschichte, Heft 3, hg. v. d. Bezirksgruppe Speyer des historischen Vereins der Pfalz), Speyer 1975

Stauffacher, Werner: Carl Spitteler, Biographie, Zürich/München 1973

Uhde-Bernays, Hermann (Hg.): Henriette Feuerbach, Ihr Leben in ihren Briefen, Berlin/Wien 1912

Wartensleben, Helene: Henriette Feuerbach, ihr äußeres und inneres Leben, Leipzig 1926

Fischer, Kuno

Falkenheim, Hugo: Kuno Fischer, in: Biographisches Jahrbuch und Deutscher Nekrolog für das Jahr 1907

Fischer, Kuno: Die Apologie meiner Lehre nebst Replik auf die »Abfertigung« des Herrn Schenkel, Mannheim 1854

Fischer, Kuno: Die Schicksale der Universität Heidelberg, Heidelberg [4]1903

Flamm, H.: Großherzog Friedrich von Baden und Kuno Fischers Berufung nach Heidelberg, in: Deutsche Revue, 33. Jg., Zweiter Band, April bis Juni 1908, S. 364ff.

Strauß, David Friedrich: Poetisches Gedenkbuch. Gedichte aus dem Nachlasse, eingeleitet von Eduard Keller (Gesammelte Schriften von David Friedrich Strauß …, 12. Bd.), Bonn 1877

Traumann, Ernst: Aus Kuno Fischers Korrespondenz. Sieben Briefe, in: Deutsche Revue, 33. Jg., Erster Band, Januar bis März 1908, S. 10 ff.

Fohr, Carl Philipp

Bringezu-Paschen, Maria: Carl Philipp Fohr und sein Freundeskreis. Zwei wiederentdeckte Zeichnungen des Malers, in: Heidelberger Fremdenblatt v. 1. März 1961, Ausgabe 18 1960/61

Dieffenbach, Philipp: Das Leben des Malers Karl Fohr. Mit einer Vorrede von Dr. Paul F. Schmidt neu herausgegeben von Rudolf Schrey, Frankfurt/M. 1918

Härtling, Peter: Zum Abschied ein Blick in den Spiegel, in: art. Das Kunstmagazin, 9/1993, S. 48 – 49

Jensen, Jens Christian: Carl Philipp Fohr in Heidelberg und im Neckartal. Landschaften und Bildnisse, Karlsruhe 1968

Pagenstecher, Alexander (Hg.): Als Student und Burschenschaftler in Heidelberg von 1816 bis 1819. Erster Teil der Lebenserinnerungen von Dr. med. T. H. Alexander Pagenstecher, Leipzig o. J. (1913), (Voigtländers Quellenbücher Band 56)

Poensgen, Georg: Carl Philipp Fohr. Zum Gedenken an den 150. Todestag des Künstlers (29. Juni 1968), in: Ruperto Carola, 20. Jhrg., Bd. 43/44, Juni 1968 S. 132 – 141

Roos, Johanna: Carl Philipp Fohr, in: Baden-Württembergische Portraits, Stuttgart 1988

Gervinus, Georg Gottfried

Boehlich, Walter (Hg.): Georg Gottfried Gervinus, Einleitung in die Geschichte des neunzehnten Jahrhunderts, Frankfurt a. M. 1967 (sammlung insel 24/1)

Boehlich, Walter (Hg.): Der Hochverratsprozeß gegen Gervinus, Frankfurt a. M. (samlung insel 24/2)

Craig, Gordon A.: Die Politik der Unpolitischen. Deutsche Schriftsteller und die Macht 1770 – 1871, München1993

Gervinus, Georg Gottfried: Leben. Von ihm selbst (1860), Leipzig 1893

Hübinger, Gangolf: Georg Gottfried Gervinus. Historisches Urteil und politische Kritik, Göttingen 1984

Wagner, Jonathan F.: Georg Gottfried Gervinus nach der Revolution. Der Wandel eines enttäuschten Liberalen zum radikalen Republikaner. Sechs Briefe aus den Jahren 1849 – 1852, Heidelberg 1978 (Sonderdruck aus: Darstellungen und Quellen zur Geschichte der deutschen Einheitsbewegung im neunzehnten und zwanzigsten Jahrhundert, hg. v. Christian Probst, zehnter Band, Heidelberg 1978)

Wehler, Hans-Ulrich (Hg.): Deutsche Historiker, Göttingen 1973

Wolgast, Eike: Politische Geschichtsschreibung in Heidelberg – Schlosser, Gervinus, Häusser, Treitschke, in: Semper apertus. Sechshundert Jahre Ruprecht-Karls-Universität Heidelberg 1386 – 1986, Bd. II, Berlin, Heidelberg, New York, Tokyo 1985

Goethe, Johann Wolfgang von; Willemer, Marianne von

Debon, Günther: Goethes Begegnung mit Heidelberg. 23 Studien und Miniaturen, Heidelberg 1992

Friedenthal, Richard: Goethe. Sein Leben und seine Zeit, München 1963

Goethe, Poetische Werke, Gedichte und Singspiele, BA, Bd. 3, Berlin (Ost) 1979

Weitz, Hans-J. (Hg.): Marianne und Johann Jakob Willemer. Briefwechsel mit Goethe. Dokumente, Lebens-Chronik, Erläuterungen, Frankfurt a. M. 1965

Hebbel, Friedrich

Hebbel, Friedrich: Tagebücher 1835 – 1863, 3 Bde, München 1984 (dtv Literatur, Philosophie, Wissenschaft 5947)

Klinke, Willibald: Friedrich Hebbel, eine Autobiographie nach Tagebüchern und Briefen, Zürich 1945

Matthiesen, Hayo: Friedrich Hebbel in Selbstzeugnissen und Bilddokumenten, Reinbek b. Hamburg 1970 (rororo monographie 160)

Schoof, Wilhelm: Friedrich Hebbel in Heidelberg. Die Stadt der Romantik im Urteil eines Norddeutschen, in: Badische Heimat, Sonderheft Heidelberg, 43. Jg. 1963, Heft 1/2, S. 182

Werner, Richard Maria (Hg.): Friedrich Hebbel, Sämtliche Werke. Hist.-kritische Ausgabe (in drei Abteilungen), Berlin 1904 – 1907 (Zitiert wurde aus dem ersten Band der dritten Abteilung [Briefe])

Hegel, Georg Wilhelm Friedrich

Hegel 1770 – 1970. Leben. Werk. Wirkung. Eine Ausstellung des Archivs der Stadt Stuttgart. Veröffentlichungen des Archivs der Stadt Stuttgart, 2. Sonderband, hg. von Kurt Leipner, Stuttgart 1970

Höffe, Otfried (Hg.): Klassiker der Philosophie, Bd. II (Von Immanuel Kant bis Jean-Paul Sartre), München 1981

Hoffmeister, Johannes (Hg.): Briefe von und an Hegel (4 Bände), Hamburg ^{4}1969

Koesters, Paul-Heinz: Deutschland, deine Denker. Geschichten von Philosophen und Ideen, die unsere Welt bewegen, Hamburg ^{2}1980

Nicolin, Friedhelm: Von Stuttgart nach Berlin. Die Lebensstationen Hegels, in: Marbacher Magazin, Sonderheft 56/1991, Marbach a. Neckar, Deutsche Schillergesellschaft 1991

Nicolin, Günther (Hg.): Hegel in Berichten seiner Zeitgenossen, Hamburg 1970

Pagenstecher, Alexander (Hg.): Als Student und Burschenschaftler in Heidelberg von 1816 bis 1819. Erster Teil der Lebenserinnerungen von Dr. med. T. H. Alexander Pagenstecher, Leipzig o.J. (1913), (Voigtländers Quellenbücher Band 56)

Uexküll, Jürgen-Detlev Freiherr von (Hg.): Armeen und Amouren. Ein Tagebuch aus napoleonischer Zeit von Boris Uxkull, Reinbek bei Hamburg 1965

Wiedemann, Franz: Hegel, Reinbek b. Hamburg 1965 (rororo Monographie110)

Jaspers, Karl

Gumbel, Emil Julius: Verschwörer. Beiträge zur Geschichte und Soziologie der deutschen nationalistischen Geheimbünde seit 1918, Wien 1924

Leonhard, Joachim-Felix: Karl Jaspers in seiner Heidelberger Zeit, Heidelberg 1983, Heidelberger Bibliotheksschriften 8 (Dokumentationsband zur Ausstellung in der Universitäts-Bibliothek Heidelberg vom 9. Juni bis 27. August 1983)

Jaspers, Karl, Heidelberger Erinnerungen, Heidelberger Jahrbücher V, S. 1 – 10, Heidelberg 1961

Jaspers, Karl, Philosophie, Berlin 1932

Jaspers, Karl, Rechenschaft und Ausblick. Reden und Aufsätze, München 1951

Jaspers, Schicksal und Wille, Autobiographische Schriften, hg. v. Hans Saner, München 1967

Reinhardt, Hannes (Hg.): Das Selbstportrait. Große Künstler und Denker unserer Zeit erzählen von ihrem Leben und ihrem Werk, Hamburg 1967

Salamun, Kurt: Karl Jaspers, München 1985 (Große Denker, Beck'sche Schwarze Reihe Bd. 508)

Saner, Hans: Jaspers, Reinbek b. Hamburg 1970 (rororo monographie 169)

Kekulé von Stradonitz, August

ADB

Anschütz, Richard: August Kekulé, 2 Bde., Berlin 1929

Keller, Gottfried

Ackerknecht, Erwin: Heidelberg im Leben Gottfried Kellers, Heidelberg 1949

Jakob Baechtold: Gottfried Keller's Leben. Seine Briefe und Tagebücher, 3 Bde., ^{4}Berlin 1895 ff.

Helbling, Carl (Hg.): Gottfried Keller, Gesammelte Briefe, 4 Bde, Bern 1950 – 54

Lenau, Nicolaus

Castle, Eduard (Hg.): Nikolaus Lenaus sämtliche Werke in zwei Bänden. Mit Bildnis, Lebensgeschichte und Würdigung des Dichters, Leipzig o. J. (1900)

Grün, Anastasius (Hg.): Nikolaus Lenau, Lebensgeschichtliche Umrisse. Mit einem Anhang: Briefe von und an Lenau, ausgewählt und erläutert von Johannes Proelß, Stuttgart und Berlin (Cotta'sche Handbibliothek Bd. 24)

Hoehl, Egbert (Hg.): Nikolaus Lenau, Werke in einem Band. Mit dem Essay »Der Katarakt« von Reinhold Schneider, Hamburg 1966

Mayer, Karl (Hg.): Nicolaus Lenaus's Briefe an einen Freund. Mit Erinnerungen an den Verstorbenen, Stuttgart 1853

Luther, Martin

Brendler, Gerhard: Martin Luther. Theologie und Revolution, Köln 1983

Fausel, Heinrich: D. Martin Luther, Leben und Werk 1483 bis 1521, München/Hamburg 1966 (Calwer-Luther-Ausgabe 11 = Siebenstern TB 63)

Greschat, Martin: Martin Bucer. Ein Reformator und seine Zeit 1491 - 1551, München 1990

Junghans, Helmar (Hg.): Die Reformation in Augenzeugenberichten. Mit einer Einleitung von Franz Lau, München 1973 (dtv TB 2705)

Luther, Martin, Werke, WA I, Weimar 1883 ff.

Mandelstam, Ossip

Beyer, Thomas R.: Jr. Osip Mandel'stam and the University of Heidelberg: Three Documents, in: The Slavonic and East European Review, Volume 65, 1987, S. 236

Brodsky, Joseph: Flucht aus Byzanz, Essays, München 1988

Mandelstam, Ossip, Der Stein. Frühe Gedichte 1908 - 1915. Aus dem Russischen übertragen und hrsg. v. Ralph Duttli, Zürich 1988

Nerler, Pavel: Osip Mandel'stam in Heidelberg, in: Russica Palatina 21, 1992, S. 3 ff.

Mohl, Robert von

Angermann, Erich: Robert von Mohl 1799 - 1875. Leben und Werk eines altliberalen Staatsgelehrten, Neuwied 1962

Ehrle, Peter M. / Schäfer, Volker (Hg.): Robert von Mohl (1799 - 1875). Ausstellung zu seinem 100. Todestag veranstaltet von der Universitätsbibliothek und dem Universitätsarchiv Tübingen, Tübingen 1975

Kerler, Dietrich (Hg.): Lebenserinnerungen von Robert von Mohl 1799 - 1875, Stuttgart/Leipzig 1902

Siemens-Helmholtz, Ellen von (Hg.): Anna von Helmholtz. Ein Lebensbild, 2 Bde., Berlin 1929

Reuter, Fritz

Engel, Franz (Hg.): Briefe von Fritz Reuter an seinen Vater aus der Schüler-, Studenten- und Festungszeit, 2 Bde., Braunschweig 1896

Reuter, Fritz: Gesammelte Werke und Briefe, hg. v. Kurt Batt, Rostock 1967

Töteberg, Michael: Fritz Reuter, in Selbstzeugnissen und Bilddokumenten dargestellt, Reinbek b. Hamburg 1978 (rororo bildmonographie Nr. 271

Rizal, José

Bernhard Dahm: Bernhard, José Rizal der Nationalheld der Filipinos, Göttingen/Zürich 1988

Rizal, José: Noli me tangere, Roman, Frankfurt 1987

Heidelberger Tageblatt vom 16./17. Juni 1961

Ruperto Carola, Juni 1964

Schlosser, Friedrich Christoph

Gervinus, Georg Gottfried: Friedrich Christoph Schlosser. Ein Nekrolog, Leipzig 1861

Erdmannsdörfer, Bernd: Friedrich Christoph Schlosser (geb. 17. Nov. 1776, gest 23. Sept. 1861). Gedächtnisrede zur Feier von Schlossers hundertjährigem Geburtstag am 17. November 1876, Heidelberg 1876

Weber, Georg: Friedrich Christoph Schlosser der Historiker. Erinnerungsblätter aus seinem Leben und Wirken. Eine Festschrift zu seiner hundertjährigen Geburtstagsfeier am 17. November 1876, Leipzig 1876

Wolgast, Eike: Politische Geschichtsschreibung in Heidelberg – Schlosser, Gervinus, Häusser, Treitschke, in: Semper apertus. Sechshundert Jahre Ruprecht-Karls-Universität Heidelberg 1386 – 1986, Bd. II, Berlin, Heidelberg, New York, Tokyo 1985

Schumann, Robert

Draheim, Joachim: Robert Schumann in Heidelberg, in: Musik in Heidelberg 1777-1885 (s. Bibliographie »Allgemein«)

Eismann, Georg (Hg.): Robert Schumann, Tagebücher. Band I, 1827-1838, Leipzig 1971

Kroó, György (Hg.): Wenn Schumann ein Tagebuch geführt hätte ..., Budapest 1967

Mayeda, Akio: Schumann in Heidelberg. Ein Skizze über den Komponisten., in: Musik in Heidelberg 1777-1885 (s. Bibliographie »Allgemein«)

Schumann, Christine (Hg.): Jugendbriefe von Robert Schumann, Leipzig 1898

Toller, Ernst

Brief des Großh. Bad. Ministeriums für Kultus und Unterricht v. 14. Januar 1918 (ungedruckt)

Frühwald, Wolfgang u. Spalek, John M. (Hg.): Ernst Toller, Gesammelte Werke (5 Bde.), München 1978. (Die *Leitsätze für einen kulturpolitischen Bund der Jugend in Deutschland* sind in Band 1, S. 31 ff. abgedruckt; *Eine Jugend in Deutschland* in Bd. 4)

Frühwald, Wolfgang u. Spalek, John M. (Hg.): Der Fall Toller. Kommentar und Materialien, München/Wien 1979

Lutz, Georg: Schweinezucht in Ostpreußen, oder wo, bitte, gehts zur Ernst-Toller-Straße? Zum neunzigsten Geburtstag eines Unbequemen. In: Communale v. 8. 12. 1983, Nr. 39

Toller, Ernst: Aufruf, Münchener Zeitung v. 10. 11. 1917

Toller, Ernst, Erwiderung, in: Heidelberger Tageblatt v. 20. 11. 1917

Turnowsky-Pinner: Margarete, A Student's Friendship with Ernst Toller, in: Publications of the Leo Baeck Institute, Year Book XV, S. 211 – 222, 1970

Trübner, Wilhelm

Sabine Bock: Die künstlerische Gestaltung des Heidelberger Universitätsjubiläums. Kunsthistorisches Institut der Universität Heidelberg, Heft 28, 1993, S. 201 ff.

Martin, Kurt: Trübner-Anekdoten, in: Badische Heimat, 31. Jg., 1951, Heft 1, S. 90 – 93

Rohrrandt, Klaus: Wilhelm Trübner (1851 – 1917). Kritischer und beschreibender Katalog sämtlicher Gemälde, Zeichnungen und Druckgraphik. Biographie und Studien zum Werk, Diss. phil, (Maschinenschrift) Kiel 1972

Rosenhagen, Hans: Wilhelm Trübner, in: Zeitschrift für bildende Kunst, 49. Jg., 1913/14, Neue Folge Band XXV. Heft 1, S. 81 – 91

Trübner, Wilhelm, Personalien und Prinzipien, eingeleitet von Emil Waldmann, Berlin 1907

Trübner in Heidelberg. Wilhelm Trübner aus Anlaß seines 50. Todestages zum Gedächtnis. Ausstellungskatalog, Heidelberger Kunstverein, 25. November 1967 bis 7. Januar 1968, Heidelberg o. J.

Wilhelm Trübner 1851 – 1917, Ausststellungskatalog. Kurpfälzisches Museum der Stadt Heidelberg, 10. Dezember 1994 bis 19. Februar 1995, Heidelberg o. J. (1995)

Wolf, Max

Freiesleben, Hans Christian: Max Wolf. Der Bahnbrecher der Himmelsphotographie 1863 – 1932, Stuttgart 1962 (Große Naturforscher Bd. 26)

Schaifers, Karl: Max Wolf (1863 – 1932), in: Semper Apertus. Sechshundert Jahre Ruprechts-Karl-Universität Heidelberg 1386 – 1986, Bd. III, Berlin, Heidelberg, New York, Tokyo 1985

Bildnachweis

Fotos der Gedenktafeln und der Gebäudeansichten: Michael Utz.

Seite 9	Original Hamburger Kunsthalle. Kupferstichkabinett Foto: Elke Walford
Seite 13	Joachim Rogge: Bildbiographie Martin Luther, sein Leben, seine Zeit. Holzschnitt 1520. Berlin Ost 1982, Repro: M. Utz
Seite 17	Niedersächsisches Landesmuseum Landesgalerie, Hannover
Seite 25	Kurpfälzisches Museum Heidelberg
Seite 33	Stadtarchiv Heidelberg
Seite 39	Stadtarchiv Heidelberg
Seite 41	Stadtarchiv Heidelberg
Seite 51	Kurpfälzisches Museum Heidelberg
Seite 59	Stadtarchiv Heidelberg
Seite 64	Weitz, Hans-J. (Hg.) Marianne und Johann Jakob Willemer. Briefwechsel mit Goethe. Dokumente, Lebens-Chronik, Erläuterungen, Frankfurt a. M. 1965
Seite 67	Universitätsarchiv Heidelberg, Repro: M. Utz
Seite 77	Universitätsarchiv Heidelberg, Repro: M. Utz
Seite 85	Universitätsarchiv Heidelberg, Repro: M. Utz
Seite 91	Universitätsarchiv Heidelberg, Repro: M. Utz
Seite 99	Schumann Gedenkstätte Zwickau, Repro: M. Utz
Seite 107	Deutsches Literaturarchiv Marbach a. N.
Seite 115	Universitätsbibliothek Heidelberg, Repro: M. Utz
Seite 123	Universitätsbibliothek Heidelberg, Repro: M. Utz
Seite 127	Universitätsbibliothek Heidelberg, Repro: M. Utz
Seite 133	Universitätsarchiv Heidelberg, Repro: M. Utz
Seite 141	Universitätsarchiv Heidelberg, Repro: M. Utz
Seite 149	Kurpfälzisches Museum Heidelberg

Seite 157 Universitätsarchiv Heidelberg, Repro: M. Utz
Seite 165 Deutsches Museum München
Seite 167 Kurpfälzisches Museum Heidelberg
Seite 177 Universitätsarchiv Heidelberg, Repro: M. Utz
Seite 183 Universitätsarchiv Heidelberg, Repro: M. Utz
Seite 191 Sternwarte Königstuhl
Seite 201 Universitätsbibliothek Heidelberg. Zeichnung von Jean-Joseph Bonaventura Laurens 1853, Repro: M. Utz
Seite 203 Privatbesitz
Seite 204 Privatbesitz
Seite 205 Universitätsbibliothek Heidelberg, Repro: M. Utz
Seite 209 Bürgermeisteramt Wilhelmsfeld, Repro: M. Utz
Seite 213 Bürgermeisteramt Wilhelmsfeld, Repro: M. Utz
Seite 215 Universitätsbibliothek Heidelberg, Repro: M. Utz
Seite 223 Yale University Library New Haven USA
Seite 205 Universitätsarchiv Heidelberg, Repro: M. Utz

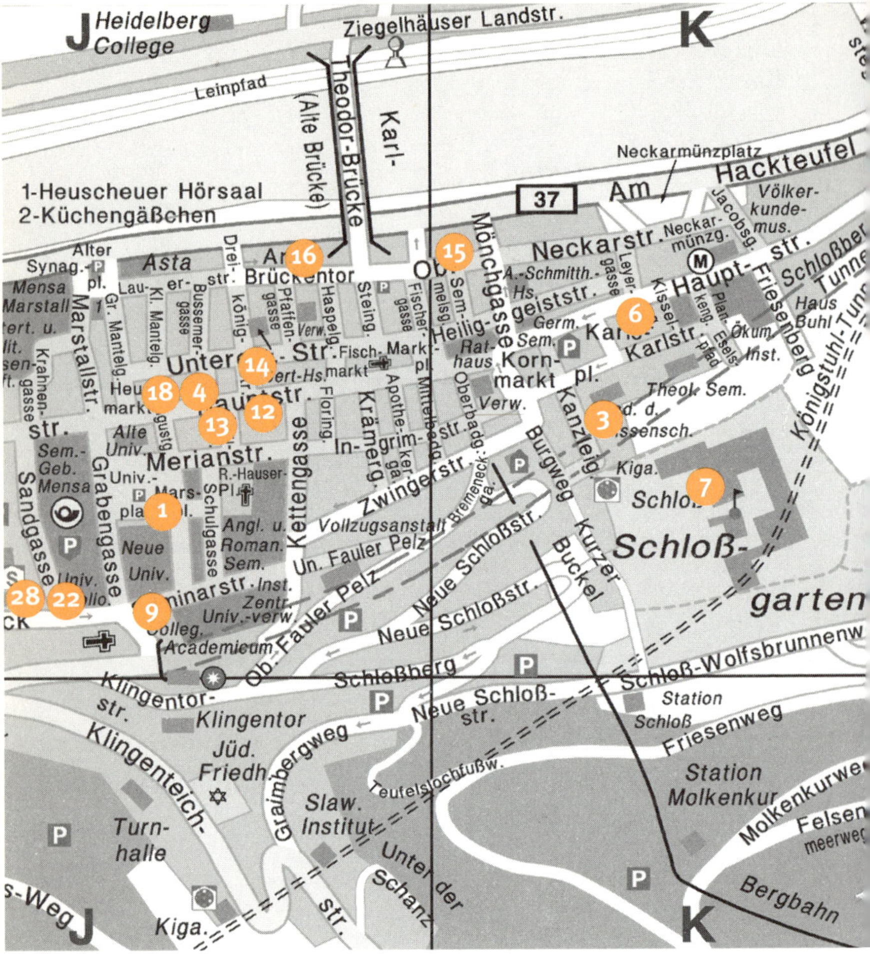

J
K
Heidelberg College
Ziegelhäuser Landstr.
Leinpfad
Karl-Theodor-Brücke (Alte Brücke)
Neckarmünzplatz
Am Hackteufel
37
Völkerkunde-mus.
1-Heuscheuer Hörsaal
2-Küchengäßchen
Alter Synag.-pl.
Asta
Am Brückentor
Neckarstr.
Neckarmünzg.
Jacobsg.
Mensa Marstall
Marstallstr.
Lauerstr.
Dreikönig-str.
Pfaffengasse
Haspelg.
Steing.
Fischergasse
Semmelsg.
Mönchgasse
A.-Schmitth.-Hs.
Leyergasse
Heiliggeiststr.
Kisselgasse
Hauptstr.
Schloßberg
Friesenberg
Tunnel
Haus Buhl
Gr. Mantelg.
Kl. Mantelg.
Bussemergasse
Verw.
Untere Str.
Fisch-markt
Markt-pl.
Rat-haus
Kornmarkt
Germ. Sem.
Karlstr.
Plan.-keng.
Eselspfad
Ökum. Inst.
Königstuhl-Tunnel
Krahnengasse
Heumarkt
Hauptstr.
Floring.
Krämerg.
Apotheker-g.
Mittelbadg.
Oberbadg.
Verw.
Theol. Sem.
Kanzleig.
Alte Univ.
Merianstr.
Ingrimstr.
Sem.-Geb.
Mensa
Univ.-Mars-pl.
R.-Hauser-Pl.
Kettengasse
Zwingerstr.
Bremeneckg.
Burgweg
Kiga.
Schloß
Sandgasse
Grabengasse
Schulgasse
Angl. u. Roman. Sem.
Neue Univ.
Vollzugsanstalt
Un. Fauler Pelz
Neue Schloßstr.
Kurzer Buckel
Schloß-garten
Univ.-Bibl.
Seminarstr.
Inst.
Zentr. Univ.-verw.
Colleg. Academicum
Ob. Fauler Pelz
Neue Schloßstr.
Schloß-Wolfsbrunnenweg
Klingentorstr.
Schloßberg
Station Schloß
Klingentor
Neue Schloßstr.
Friesenweg
Klingenteichstr.
Jüd. Friedh.
Graimbergweg
Teufelslochfußw.
Station Molkenkur
Molkenkurweg
Felsenmeerweg
Slaw. Institut
Turnhalle
Unter der Schanz
Bergbahn
Kiga.
1
3
4
6
7
9
12
13
14
15
16
18
22
28